長村祥知著

中世公武関係と承久の乱

吉川弘文館

目次

凡例

一、先行研究の副題は基本的に省略する。

一、本書の各章において、別の章を注記する場合は、最初の注記のみ　長村祥知「『六代勝事記』の歴史思想」（『年報中世史研究』三一、二〇〇六年。本書第七章）のごとく論文名を挙げ、次からは　本書第七章　のごとく略す。

一、本書で付した傍線・傍点・返り点は、特に注記しない場合、全て筆者による。史料原本に返り点や振仮名等が付されている場合は基本的に省略する。割注・細字は〈　〉、中略は……、改行は／で表す。

一、本書で引用する史料の本文・頁は、特に注記しない場合、以下の刊本により、適宜略称を用いる。各記事について、一つの史料に複数の刊本がある場合は、基本的に「史料纂集」「大日本古記録」「図書寮叢刊」「日本史史料叢刊」を用いるが、妥当と判断した場合は他の刊本の翻刻を用いる。『大日本史料』に拠る史料は全て本文中に注記する。刊本の頁は、例えば『愚管抄』巻○—△頁のごとく表記する。適宜、刊本の校訂注を参照して、最善と思われる本文にして引用する。

「岩波文庫」：『梅尾明恵上人伝記』『神皇正統記』

「改訂史籍集覧」『歴代皇紀』（『皇代暦』）

「群書類従」：『貫首秘抄』『禁秘抄』『皇帝紀抄』『皇年代略記』『承久軍物語』『大槐秘抄』『伝宣草』『若狭国守護職次第』

「講談社学術文庫」：『今鏡』
国書刊行会刊：『玉葉』『明月記』
「古典文庫」（現代思潮社）：流布本『承久記』
思文閣出版刊：『玉蘂』
「重要古典籍叢刊」：『保暦間記』
「史料纂集」：『明月記』『葉黄記』
「新釈漢文大系」：『貞観政要』『詩経』（『毛詩』）
「新訂増補国史大系」：『吾妻鏡』『公卿補任』『百練抄』『帝王編年記』『尊卑分脈』（刊本○篇△頁は『尊卑分脈』○―△頁のごとく略）、『本朝文粋』『本朝続文粋』
「新日本古典文学大系」：慈光寺本『承久記』（適宜、『慈光寺本』と略）、半井本『保元物語』
「増補史料大成」：『春記』『中右記』『台記』『吉記』『山槐記』『三長記』『平戸記』
「増補続史料大成」：『鎌倉年代記』『鎌倉大日記』
「続群書類従」：『式目聞書』『承久兵乱記』
「大日本古記録」：『小右記』『中右記』『猪隈関白記』『民経記』
「中国古典新書」：『帝範』
「中世日記紀行文学全評釈集成」：『源家長日記』
「中世の文学」：『六代勝事記』
「中世法制史料集」：鎌倉幕府追加法、『御成敗式目』『沙汰未練書』『清原業忠貞永式目聞書』『清原宣賢式目抄』『蘆雪本御成敗式目抄』『御成敗式目注　池邊本』『御成敗式目注　岩崎本』

「図書寮叢刊」：『玉葉』
「日本史史料叢刊」：『吉記』
「日本古典文学大系」：『愚管抄』『増鏡』、流布本『太平記』
勉誠出版刊：延慶本『平家物語』
冷泉家時雨亭叢書：藤原定家本『公卿補任』、『明月記』
・その他
京大本『梅松論』：『国語国文』三三—八・九、一九六四年。

前田家本『承久記』：日下力・田中尚子・羽原彩編『前田家本承久記』（汲古書院、二〇〇四年）。

『予陽河野家譜』：景浦勉編『予陽河野家譜』（歴史図書社、一九八〇年）。

「六条八幡宮造営注文」：海老名尚・福田豊彦「田中穣氏旧蔵典籍古文書『六条八幡宮造営注文』について」（『国立歴史民俗博物館研究報告』四五、一九九二年）。

『平安遺文』○巻□号や『鎌倉遺文』○巻□号は、平遺○—□・鎌遺○—□のごとく略記し、適宜、文書名や典拠を改める。

「群書系図部集　第○」所収の系図は、『系図名』（群系○—△頁）のごとく略記する。

序章　研究史と本書の課題

はじめに

本書の課題は、承久の乱を中心とする、日本中世前期における公武関係を考察することにある。

日本の平安後期～鎌倉時代における武家政権の成立、その公家政権からの分立は、日本史上はもちろんのこと、世界史的にも解明すべき最重要課題の一つである。中世前期の貴族・公家政権と武士・武家政権との、それぞれの成立・変容や相互関係の展開には、律令官人社会から中世貴族社会への変容、院政という政治形態の定着、荘園公領制に代表される中世的支配体制の成立と変容、武士の成立と武家棟梁の登場、平家・木曾義仲の台頭・滅亡と鎌倉幕府の成立、両統迭立、蒙古襲来、鎌倉幕府の崩壊などのさまざまな段階がある。

その中で武家優位の公武分立体制が確定した一画期として、承久の乱を挙げることに大方の異論はないであろう。すなわち承久三年（一二二一）、鎌倉の執権北条義時追討を命じた後鳥羽院が、日本史上初めて、皇統を背後に持たない武士勢力に敗北し隠岐に流された。そして鎌倉の要請により、後堀河天皇が践祚し、守貞親王が践祚を経ずに治天（後高倉院）となり、政務を執ることとなったのである。この承久の乱が日本史上きわめて重要な事件であることは言を俟たないが、その重要性に比して研究は意外なほど進んでいない。同時代史料が僅少なことに加えて、さまざまな勢力が関わったこともあり、出来事の日付や人名比定等の基礎的な事実関係さえも十分明らかにされていないのである。

まず本章では、先行研究の展開と課題を把握し、本書の具体的論点を提示したい。その際、中世前期公武関係に関しては関連分野が多岐にわたるため大まかな流れと主要な論点に限定し、本書の直接的な課題群となる承久の乱に関してはやや詳しく整理することとする。

なお「公武関係」という場合、一般には朝幕交渉に関わる諸制度や政治過程等の政権的次元の諸関係を指すことが多いが、それに加えて本書では、各々の構成要素たる〈院・天皇・貴族と武士との関係〉という社会集団的次元の諸関係をも含意して、この語を用いることとする。特に本書では、院と武士との関わりを論ずることが、主要な論点の一つとなる。

また本書では、おおよそ後三条親政期から治承・寿永内乱期を指して「平安後期」の称を用いる。当該期は従来一般に「院政期」と称されているが、「院政期」の語は論者によって白河院政期〜平氏政権成立前に限定する場合や、治承・寿永内乱期以降の後白河院政期・後鳥羽院政期をも含めて用いる場合がある。「院政期」は、「摂関期」と対比する上では使い易い語だが、主に「鎌倉前期」との対比を意図する本書では議論の混乱を招く恐れがある。私は院権力自体のあり方としては白河〜後白河と後鳥羽の連続面を重視すべきと考えているが、その一方で院を取り巻く環境が大きく変化したという点で、やはり鎌倉幕府の成立は大きな転換点である。まずは議論の混乱を避けるために、そしてなにより当該期の議論をより精緻に深めるために、先の時期呼称を用いることとする。

殿の専制から、反貴族的性格を有した豪族的領主層の合議と北条氏の権力伸長とを基調とする執権政治へ、という構図をいかに具体化するかで議論が深められてきた(11)。その過程で、執権政治論の陰に隠れていた感のある三代目鎌倉殿源実朝の位置付けについても議論がなされた(12)。ただし近年では、合議・専制論の視角自体が相対化されつつある(13)。また既述のごとく、かつてとは異なり武士と京・貴族の親和的・同質的関係が解明されつつある今日、執権政治を反貴族的とする理解を無批判に前提とすることなく、新たな歴史像を組み直す段階に来ている。

以上のごとく、中世公家政権研究・武士論研究の双方で平安時代と鎌倉時代の研究上の断絶があり、公武それぞれの中世前期を通じた歴史像を構築していくことが今後の課題の一つとなる。

中世前期の公武関係研究は、一方の前提たる公家政権に関する研究を蓄積するところから始まったが(14)、今なお中世公家政権論に武士・武家政権論を組み込んだ議論はきわめて少ない(15)。上横手氏の後、意識的に公武関係を扱った研究として、鎌倉時代の朝廷と幕府の交渉・意思伝達にあたる関東申次・東使や(16)、鎌倉幕府が京都に設置した六波羅探題についての研究が進展したが(17)、その重点は鎌倉中~後期にあった。鎌倉前期では、個別の事件等に関わる政治過程論はより精緻となったが(18)、かえって鎌倉前期を通じた特質を見出す研究は停滞気味で、今日なお上横手氏の研究が通説的位置を占めているのである。

ただし平安後期に限定すれば、武士論の見直しを踏まえて、公武対立を所与の前提としない公武関係像が描かれていることが注目される(19)。武士論とともに平家政権の研究が進んだのも、かかる研究史的動向に位置付けることができよう(20)。筆者も、そうした研究史の流れを受けて、平家都落ち後に在京武力の中枢に位置した木曾義仲についての研究を進めている(21)。

今後は、平安後期の公武関係が治承・寿永内乱を経ていかに変容したか、あるいは維持しているかを意識的に考察する必要がある。その際、貴族と武士の共通の基盤というべき京に重点を置くことで、平安時代と鎌倉時代を通じた歴史像が描けるのではないだろうか。京は、公家政権の拠点であり、列島各地で展開する政治・経済等諸関係の結節点であり、さらに武士の活動の場でもあったことが近年の研究で重視されている。諸国の武士が在京して活動し、院や貴族諸家と関係を取り結び、京・畿内近国における軍事・警察活動を担っていたのであり、このことへの注目は、武士の実態解明のみならず、院権力を頂点とする公家政権の一側面に迫りうる重要な論点となるはずである。

二　承久の乱の研究史と課題

続いて、承久の乱に即した研究史と課題を把握しておきたい。

1　承久の乱研究の出発

(1) 近代以前

中世から昭和に至る承久の乱の呼称を検討した安田元久氏の研究成果は、近代以前における承久の乱像の推移を示している。氏によれば、中世においては承久の「兵乱」「逆乱」「合戦」などと称し、近世の新井白石・頼山陽や明治前半期には承久の「乱」「役」が一般的であり、大正から昭和初期には「変」「乱」「役」が混在しており呼称にこだわっていなかった、ただし近世の水戸学派の史書に承久の「難」「変」との称が見え始めており、大正九年（一九二〇）発行の第三期国定教科書で「変」が用いられて以後、昭和十年代後半には承久の「変」と呼ぶことが常識的になっていたという(22)。江戸時代は、史学研究としての過去の探求を意識し始めた時代といえようが、如上の安田氏の指摘は、近世における歴史学者に類する人々の承久の乱像の諸特質を示している。また関幸彦氏も、「至尊主義」という語で近世・近代における承久の乱の評価を概観している。[23]

明治・大正時代には西洋から近代史学の方法論が移入されたが、当該期においても承久の乱自体を研究対象として論点を析出し考察したものは少ない。承久の乱を叙述するにあたり、『吾妻鏡』や『承久記』に記された京方・鎌倉方の動向、後鳥羽院の敗北、通史的に見た幕府の勢力伸長という事実を説明し、若干の論評を加えるにとどまったものがほとんどである。[24]ただし、例えば三浦周行氏の通史的叙述は、簡潔ながら鋭い指摘とともに必要な事実経過を網羅しており、今日でも参考となる。[25]

また当該期には、戦後の研究に継承されなかった論点も提示されていた。例えば三浦周行氏は、承久の乱時に多く見える一族分裂を家族的専制への反抗とするなど、家族制度の視角から承久の乱に言及している（注（25）三浦論文一四二頁）。龍粛氏も承久の乱での一族分裂の多発に注目している。[26]一族分裂につき、今日の研究水準では別の説明が必要と思うが、戦前の着眼には改めて注目すべき点も少なくないのである。

昭和前期には、例えば龍粛氏が承久の乱の経過を詳述しながら論文末尾で「国体」を持ち出すなど（注（26）龍論文）、時局が色濃く反映されるようになる。昭和三年（一九二八）五月二十二日には「承久殉難五忠臣」大祭典・大講演会が執行開催された。その記録の随所に、承久の乱を「明治維新」「建武の中興」の先駆として位置付けていたことや、建武の「忠臣」に比して承久の「忠臣」の顕彰が不十分であることが記されている。[27]昭和前期における承久の乱の位置付けは、既述の安田元久氏の研究からも窺えよう（注（22）安田論文参照）。

かかる状況下では、承久の乱が注目されたとしても、総体として研究が進展するはずはない。承久の乱の本格的研究は戦後に展開することとなる。

（2）上横手雅敬氏の総合的研究

一九五〇年代に、初めて承久の乱に関する体系的研究を提示したのは上横手雅敬氏である。

上横手氏の研究は、六波羅探題の前身たる京都守護の周辺で軍事警察活動に従事し、承久の乱で京方に属した畿内近国御家人への注目から始まった。氏は、御家人たる後藤基清等が承久京方に属した理由を、彼ら畿内武士が幕府だけではなく荘園本所や院に多重に隷属していたことに求めた[28]。

また、成立期以来の院政が、畿内の国衙と在地領主を社会的基盤とし、中下級貴族を院近臣としながらも、それらを組織できず、承久の乱で権門としての院政は敗北したとする。ただし荘園領主勢力全体は温存され、乱後の幕府は寺社・貴族と妥協して御家人の発展を制約し荘園制擁護の機能を果たすようになったとして、承久の乱をテルミドール（革命の反動化）とみなした[29]。

そして、以上の成果に、鎌倉幕府内部と公家政権内部の各権力構造や治承・寿永内乱期以降の両政権の交渉についての検討を加味して、鎌倉前期の政治過程に承久の乱を位置付けた。そこでは、源氏将軍の貴族性・独裁制と執権政治の反貴族性・合議制という初期幕府の矛盾が、少なからぬ武士を院方に走らせたとする論点等が付加されている[30]。

領主制論の全盛期、東国武士の動向を以て領主制の発展を代表させていた研究史的段階にあって、院政の基盤に注目した点や、畿内武士が東国武士に抑圧される存在であったことに注目した点は、それ以前はもとより、その後の研究史の展開を見ても、きわめて独創的であった。その後に発表された上横手氏の承久の乱理解は細部で微妙に変化するが[31]、個別の事件の評価や論証はほぼ七〇年代以前に定まっている[32]。

さらに上横手氏の研究で注目すべきは、承久の乱の思想史上の意義をも論じたことである。上横手氏は、承久の乱で院・天皇が敗北したことによって、儒教の徳治主義に基づき、天皇には帝徳が必要であり不徳の君は討伐しても良いとする政治思想（帝徳批判）が広まったとし、その源流が平安後期の貴族社会にあるとした[33]。氏の思想史研究は南北朝期より前については簡略であるが、平安貴族社会との関連を指摘した点は今日再評価すべきものがある。

政治過程論・政治構造論のみならず政治思想論をも組み込んだ承久の乱の総合的研究は、上横手氏以後提示されておらず、唯一の体系的研究として今日に至るまで重要な位置を占めているのである。

2　承久京方武士を中心とした軍事関係の諸研究

承久の乱そのものを対象とする研究が低調な中で、承久京方武士についての研究は比較的進展した。

（1）領主制論主導期

既述の上横手氏の在京御家人研究と同時期に、実証的手法で承久京方の所領を網羅的に検出したのが田中稔氏である。田中氏は、承久の乱後の新地頭の分布を分析し、乱で京方についた武士は西国、特に院領出身の者が多く、乱後の新地頭は東国武士が多いことを解明した[34]。なお承久の乱後の史料によく見える「新補地頭」に関しては、戦後早く安田元久氏が新恩地頭と新補率法地頭の二つの意味があることを指摘している[35]。

また石井進氏は、安芸国の守護である宗孝親が京方に属したのは在国司を兼ねていたために知行国制度を通じて動員されたとし、他の西国守護にも同様の事情を想定した[36]。のちに田中稔氏は、石井氏の指摘を踏まえて、承久京方の所領に占める国衙領の割合の高さにも注目している[37]。

一方、福田豊彦氏は、承久の乱で確認できる二つの主従制原理の存在に注目し、院方の位階官職を媒介とした主従制が武家政権の所領給与を媒介とする主従制に敗北したと位置付けている[38]。

これら一九六〇年代以前の研究では、在地領主たる武士と荘園領主たる貴族・寺社の対抗関係を前提とし、前者の発展を歴史の進歩とする領主制論に立脚した視角から、武士・在地領主制の発展をいかに評価するかが焦点となった。その評価軸にそって、東国武士の進出を重視する田中・石井氏と、畿内・西国武士の被抑圧を重視する上横手氏との間に学説の相違が生まれたのである。福田氏の理解も、領主制を社会の進化の基軸と見る理解と位置付けることができよう。

ただし、そこでは、平安後期における京の武力のあり方や、院政をはじめとする公家政権の政治制度についての検討が少なく、その展開の上に後鳥羽院政ひいては承久の乱を位置付けるという視角が希薄であった。そのため、後鳥羽院による武士の組織・動員を異常視せねばならず、正当に位置付けることができなかったのである。

（2）権門体制論の提起以後

黒田俊雄氏による、在地領主制ではなく荘園制こそが中世社会の基軸であり、中世国家は国王である天皇のもとに異なる職能を分掌する公家・寺家・武家が支配者として相互補完の関係にあったとする権門体制論の提唱は(39)、戦後中世史研究の諸分野と同様、承久の乱研究にも大きな影響を与えた。公武の相互依存・融和的関係や承久の乱後の荘園制の安定等を理論として積極的に位置付けることが可能となり、領主制論とは異なる評価軸から承久京方を取り上げる研究も見えるようになったのである。

ただし、早くから後鳥羽と鎌倉殿源実朝の個人的友好関係は有名であり、鎌倉前期に限れば公家と武家の相互依存関係という理解自体は権門体制論の提起された頃にも見えるなど(40)、鎌倉前期政治過程の実証的理解が早くから権門体制論に通じる水準であったことも忘れてはならない。

改めて上横手氏は、建久元年（一一九〇）の頼朝上洛を画期に公武関係が「対立」から「融和」に転換し、以後は鎌倉幕府が公家政権下の軍事権門として諸国守護を担うようになったとし、承久の乱の際の西国守護の京方加担を守護制度の公的性格から位置付ける見通しを示した(41)。また五味文彦氏は、承久の乱に至る院支配の基盤が庄公下職にあったことを重視した(42)。

如上の承久京方に関する諸研究を総括したのが平岡豊氏である。平岡氏は、承久の乱における院の軍事動員を、権門的動員と治天の君的動員に分類し、後者に十分な制度的裏付けが無く完全に機能しなかったため、院は敗北したとする(43)。氏の研究は、上横手氏の権門後鳥羽敗北説を深め具体化したものといえよう。その他、平岡氏は、後鳥羽院政期にのみ設置され京中の強訴対応や承久の乱での軍事的活動が見える西面の専論をも著しており、網羅的に検出した西面の系譜や活動の所見を検討して、彼らが基本的に鎌倉幕府御家人であったとしている(44)。また、鎌倉幕府御家人ではなく京方の総大将を務めた藤原秀康についても、基礎的な諸情報を網羅した研究を公表している(45)。

平岡氏の研究には、戦況の段階差への注目や『慈光寺本』の利用など、後述する近年の諸研究の先駆的な着眼点も示されている。また、後鳥羽院政期の史料を渉猟した実証には学ぶべき点が多い。しかし、例えば西面創設の契機や構成員が御家人か否かという点については、芸能的側面を重視する秋山喜代子氏の異論も提示されている(46)。また、鎌倉殿に諸国守護権を授与したはずの後鳥羽が、鎌倉幕府から在京御家人の指揮権を付与されたとする点など（注(44)平岡論文）、平岡氏の個別の論点には再検討を要するものもある(47)。

そして当該期においても、平安後期における京の武力と後鳥羽院政との連関は注意されていなかった。

3　新たな研究視角と今日の課題

(1) 平安後期在京武力研究と個別武士団・地域史研究

承久京方への注目は近年まで続いているが、特筆すべきは、平安後期在京武力論や武士論の進展をうけて新たな位置付けが可能となりつつあることである。

かつての承久京方武士への関心は、武家政権成立後でありながら、鎌倉幕府ではなく院に属したことを異常視するところに興味を発していたと思われる。しかし近年では、平安後期の院による武士組織・軍事動員の具体相が明らかとなっており、それと後鳥羽院との同質性・連続性の側面が重視されている。

宮田敬三氏は、網羅的に検出した承久京方の本拠が京を中心とする同心円上に分布することから、平安時代以来の国家軍制の視角で後鳥羽による京方動員を位置付けている[48]。また川合康氏は、院が武士を直接指揮する武士社会の秩序が承久の乱で解体されたとする見通しを提示している（注(10)論文）。今後は、これらの研究の問題関心を継承した上で、より具体的に鎌倉前期の京における院と武士の関係を、平安後期との連続性や断絶に注意して考え直すべきであろう。

また、院と武士の関係を考え直す際には、動員者たる院のみならず、被動員者たる武士の特質にも注目することが必要であろう。今日の武士論研究では、平安後期の京が武士の活動の場として正当に位置付けられており、武士自体の貴族との同質性や政治的親和性、広域的な存在形態、一族内分業等が注目されている（注(10)諸論文参照）。ただし、武士論の先行諸研究は個別地域史や個別武士団を扱ったものが多く、京の武士を扱ったものの多くは治承・寿永内乱期以前を対象としている。如上の視角を取り入れて、鎌倉幕府成立後の在京武士の存在形態や歴史的特質を解明することにより、承久京方についても新たな知見が得られるはずである。

特に近年では、承久の乱前後の各地域や個別武士の動向についての実証的研究も、各自治体史をはじめとして進められている[49]。いずれも重要な成果であり、上級権力の次元で乱の特質に迫る場合もそれらを踏まえねばなるまい。

（2）事前工作・具体的な戦況への注目

かつては後鳥羽が無為無策に承久の乱を起こしたかのごとく理解されてきたが、近年では後鳥羽がさまざまな事前工作を進めていたとする理解が出されている。

谷昇氏は、従来看過されてきた修法史料を用いて、皇族将軍構想を有した後鳥羽が源実朝と北条義時の暗殺を謀ったが、後者が生き延びたため承久の乱を起こしたとする説を提示している[50]。史料的制約を克服する意図は重要であり、停滞していた後鳥羽の政権構想論に取り組み、従来幕府内部の抗争とされてきた実朝暗殺を公家政権と関連させて論じた点は注目される。しかし、後鳥羽と実朝との親密な関係を勘案すると、にわかに首肯しかねる点もあり、さらなる検討が必要であろう。

白井克浩氏は、後鳥羽が造内裏役免除を提示して東国武士を義時追討に誘導しようとしたとする[51]。また谷昇氏は、承久年間に表れる後鳥羽による熊野社への一国平均役免除を承久京方への誘引策とする[52]。宮田敬三氏は、承久の乱の戦況と後鳥羽による軍事動員の諸段階を整理している（注(45)宮田C論文）。従来看過されてきた承久の乱の具体的戦況をも組み込んだ論には学ぶべき点も多く、今後継承すべき視角である。ただし、白井・谷両氏の事前誘導説については、まさしく乱の戦況経過と合わせて再検討する必要があるのではないかと思われる[53]。

（3）鎌倉幕府と東国御家人

承久京方の研究の進展に比して、総体として承久鎌倉方を扱った研究はほとんどない。個別武士団研究の一環として承久の乱時の鎌倉方としての動向に言及するものは多いが、それを別とすれば、北条政子の演説を聞いた御家人が鎌倉殿との主従制を重視したという、『吾妻鏡』や『承久記』等に記される程度の説明しかなされていない。

従来は鎌倉方が京方と戦うことは自明と考えられていたのであろうが、しかし近年の武士論の見直しを踏まえれば、鎌倉方についても改めて考察する必要があろう。また、ひと言で承久鎌倉方武士といっても、関与した武士の数は国によって大きく異なっていた。こうした地域的偏差を具体的に明らかにすることが一つの課題となる。

承久の乱後、鎌倉幕府の国家的意義が上昇したことはいうまでもない。西国に所領を得た東国御家人の西遷については、個別の武士一族や所領に即してさまざまな研究がなされてきた[54]。また、地頭と本所との相論が増えるなどの対立的側面が顕在化したことは早くから指摘されてきたが、近年では国家財政に占める幕府の必要不可欠な位置が重視され、承久の乱後に関東御公事が制度的に成立したことが指摘されている[55]。今後も、個々の御家人や幕府総体といったさまざまな次元での検討を進める必要があろう。

（4）公家政権の制度と貴族諸家

一九八〇年代以降、中世公家政権論の視角から後鳥羽院政研究が進展したことは既述の通りだが、特に承久の乱に直接関係するものとして、河野房雄氏、白根靖大氏、塩原浩氏による「張本公卿」の研究や、槇道雄氏による近臣僧の研究がある[56]。また荘園制論の一環として、承久の乱後の幕府による王家領の没収と返付により王家領の領有体系が再編されたこと等が指摘されている[57]。武士・在地領主や公武両政権間の関係に限らず、貴族諸家にとっての承久の乱の意義は、今後も追究されねばならないであろう。

院政下の意思伝達・政務決裁制度については、後鳥羽院政期においても研究はなされているが、なお不十分と言わねばならない。後鳥羽院政期では女房による伝奏が重視されているが[58]、男性廷臣による伝奏はどうなっていたのか、あるいは北条義時追討文書の発給でいかなる制度が用いられたのか等、公家政権の制度に関する客観的考察を後鳥羽院政期でも進め、承久の乱研究にも組み込む必要があろう。

(5) 帝王をめぐる思想と歴史像

政治制度史的研究の進展に比して、承久の乱の思想史的研究は停滞している。

既述のごとく、上横手氏は承久の乱後に展開する帝徳批判の源流を平安貴族社会に見出したが、氏の研究以後は、かえって平安時代との連続性が看過されるようになった。玉懸博之氏、石毛忠氏の政治思想史研究では、徳治主義・帝徳批判を武家の思想とする前提のもとで、武家が為政者としての正当性をいかに主張したかが考察されている[59]。ただし、徳治主義・帝徳批判は貴族においてこそ明確に見えるものであり、武家の思想とする前提では解明できない部分も多い[60]。

このことは政治思想史研究のみならず、歴史思想史研究にとっても大きな問題となる。従来は、『愚管抄』が、歴史を動かす起因を人間不可測なもの(超越者の主体的意志や末法等の超越的原理)と捉える歴史観であり、『神皇正統記』が人間と捉える歴史観であることから、鎌倉前期から南北朝期にかけて歴史観が転換するという理解が共有されてきた[61]。しかし、従来はその転換の契機について十分な説明がなされていない。南北朝期の歴史叙述が人間起因の歴史観とされてきたのは、帝徳批判の見地から過去を意味付けているからであり、それゆえ、歴史観の転換は帝徳批判に立脚する歴史叙述が成立した時点に求められる。従来から考察されてきた著名な歴史叙述以外の、帝徳批判を本質とする歴史叙述を見出し、その特質を検討することが必要であろう。

また、承久の乱自体が後世にいかなる事件として理解・説明されているのかを考えることも、歴史思想史上の重要課題であろう。承久の乱は、その重要性を反映して、後世のさまざまな史料で取り上げられているが、実際の承久三年の出来事から乖離した歴史像を描くものも多い。例えば、一般に承久の乱は、後鳥羽院による討幕計画に発するとされているが、西島三千代氏は、主に『承久記』の検討から、文学作品において承久の乱に討幕の視点が表れるのは南北朝期以降であるとしている。(62)その当否を含めて、後世における〈承久の乱〉像の変容を具体的に跡付けるべきであり、それは承久の乱の実態解明にも資するに違いない。

4　史料刊行の進展と史料論

ここでは少し視点を変えて、史料論に注意しておきたい。

そもそも承久の乱の研究が立ち遅れている主たる要因は、承久の乱当時、さらには後鳥羽院政期の信頼できる史料が限られていることにある。承久三年の古記録がほとんどなく、古文書も決して多いとはいえない。それゆえ、従来は承久の乱に関する出来事の日付や人名比定といった基礎的事実の解明さえも十分ではなかったのである。そうした課題は、史料論を意識することで、いささかなりとも克服できると考えられる。以下、後鳥羽の執政期を含めて、史料の刊行状況やそれぞれの留意点に触れておきたい。

古記録では、明治四十四年～四十五年（一九一一～一九一二）に国書刊行会から『明月記』（一～三巻）が刊行されているが、翻刻にやや難があった。厳密な校訂を意図した「史料纂集」の『明月記』は一巻で止まっているが、近年、冷泉家時雨亭文庫所蔵原本や徳大寺家旧蔵写本の影印本が刊行され、「冷泉家時雨亭叢書」から『翻刻明月記』の刊行も始まり、格段に利用しやすくなった。明月記研究会による研究雑誌『明月記研究』（一三号まで刊行済）も公表されている。

その他、近衛家実の『猪隈関白記』は、厳密な校訂を意図した「大日本古記録」（全六巻）で一九八三年に完結。九条道家の『玉蘂』は今川文雄氏の校訂本が思文閣出版から一九八四年に刊行された。個人による古記録の翻刻という今川氏の多大な労に敬意を表すべきはもちろんだが、本文の校訂を要する個所が散見し、今後さらに読解を進めることで新しい史実の発見につながる可能性が高い。

古文書では、承久年間の文書を収めた竹内理三編『鎌倉遺文』四巻・五巻が刊行されたのは一九七三年、補遺一巻は一九九四年、補遺二巻は一九九五年の刊行である。そこに翻刻された『民経記』紙背文書は、承久の造内裏役賦課に対する地頭の対捍を契機に後鳥羽が挙兵したとする目崎徳衛氏や、京方誘引策に造内裏役免除を用いたとする白井克浩氏の研究で用いられている(63)。『鎌倉遺文』全四六巻（一〜四二と補遺一〜四）が完結したのは一九九五年のことであり、承久の乱のことを記した乱後の古文書を利用する条件は格段に整備された。

典籍では、『吾妻鏡』の比較的良質な校訂本が「続国史大系」（一九〇三年）・「新訂増補国史大系」（一九三二年）により刊行され、版を重ねるごとに訂正が進んでいる。鎌倉幕府の基本史料であり、承久の乱研究で最もよく用いられているが、従来の研究では承久三年記の歴史叙述としての作為性や所引文書の検討が十分とはいえない。また、北条本を底本とする「新訂増補国史大系」に対して、校訂注に記された吉川本等の異本の表記を意識した厳密な検討を加える必要がある。近年、吉川本を底本とする高橋秀樹編『新訂吾妻鏡』（和泉書院、二〇一五年三月に一巻刊行）の刊行が始まったのが注目される。

『愚管抄』は、「国史大系」・「新訂増補国史大系」のほか、詳細な注釈を付して一九六七年に岩波書店の「日本古典文学大系」の一冊として刊行された。また中島悦次『愚管抄全註解』（有精堂出版、一九六九年）もある。作者が九条家出身の慈円であることから作為の方向性を捕らえやすく、政治史史料として比較的信頼度が高いこともあって、鎌倉前期の政治過程論ではよく利用されている。また、『愚管抄』は、当該期の思想史研究を代表する著作となっている(64)。ただし、原文が難解なこともあり、本文の誤写をも想定して(65)、今後も新しい読みの可能性を摸索すべきであろう。

『六代勝事記』は、「群書類従」に収められていたが、高橋貞一氏による注釈や弓削繁氏による校訂本・注釈が刊行されたのは一九八〇年代に入ってからのことであった(66)。従来はその存在自体があまり知られていないこともあり、ほとんど利用されていないが、思想史上きわめて重要な位置にあると考えられる。

『承久記』は、『国史叢書　承久記』（国史研究会、一九一七年）に流布本のみならず慈光寺本や前田家本も収められていたが、多くの叢書で翻刻され研究でも用いられたのは流布本『承久記』と『承久兵乱記』であった。『承久軍物語』は、流布本『承久記』を『吾妻鏡』で増補したものであることが早くから解明されている(67)。

慈光寺本『承久記』は、他の諸本と叙述が大きく異なるためか、『大日本史料』では『承久記』諸本中最後に、すなわち最も信憑性に欠けるかのごとく配置されていた。しかし文学分野の研究では、『慈光寺本』が最も古態を示すことが知られており、近年では『慈光寺本』独自の記述が注目され、具体的な検討もなされている(68)。ただし、その本文が利用しやすい形で提供されたのは最近のことであった。すなわち、現代思潮社「新撰日本古典文庫」の『承久記』に翻刻されたのが一九七四年、岩波書店「新日本古典文学大系」で注釈が付されたのが一九九二年である。近年に至るまで『慈光寺本』の利用が簡便でなかったことは、流布本『承久記』に従った先行研究が多いことにも、少なからず影響を与えていよう。

従来の歴史学ではあまり注意されてこなかったが、文学作品（特に軍記）は諸本によって叙述内容を異にすることが多い。また文学分野の詳細な注釈はきわめて有用であるが、時に誤っている場合もある。文学作品は、諸本の相違に注意して、本文はもちろんのこと注釈にも批判的検討を怠らず、可能性と限界を見極めて用いる必要があろう。

実は、承久三年五月・六月のことを記した史料の大半は、早く大正時代に刊行された『大日本史料』第四編之十六（東京帝国大学、一九一八年）に収録されている。『大日本史料』のうち、三浦周行氏が編纂に関わった文治元年（一一八五）十一月から承久三年（一二二一）七月を対象とする第四編は最も早く完結した編でもあった。『大日本史料』が鎌倉前期研究の盛行の基礎として果たした役割は大きく、近年の谷昇氏（注(50)論文）の用いた修法史料の大半が収録されている等、なお手つかずの史料も多いと思われる。ただし、早期に編纂が終了したことは、この時代の史料が限られていることを端的に示している。

とはいえ、近年では『承久三年具注暦』や『賀茂旧記』といった新出史料も紹介され(69)、朝日新聞社から「冷泉家時雨亭叢書」の影印本や刊本が刊行されている。例えば本書第二章でも取り上げる通り、「冷泉家時雨亭叢書」所収の藤原定家本『公卿補任』は、同時代人の筆になり、流布本とは異なる記述がある等、承久の乱の真相に迫ることのできる重要史料である。こうした新出史料はもちろんのこと、『吾妻鏡』『承久記』といった編纂物所引文書や系図の注記等、従来看過されてきた史料を「発見」し、その意義を追究する意識が必要であろう。

三　本書の構成

既述の課題全てに取り組むことは困難であるが、以上で本書の前提となる研究史は把握できたものと思われる。中世前期公武関係を考える上で、承久の乱はさまざまな課題の集約点といえる。承久の乱を中心とする中世前期公武関係の体系的な研究には、在地領主・鎌倉幕府に重点を置き、平安時代からの連続性を重視し、思想史論をも含んだ上横手雅敬『日本中世政治史研究』第三章（一九七〇年）がある。しかし上横手氏以後、中世公家政権論、武士論等の多分野で新たな研究視角や成果が提示されており、それを踏まえた新たな歴史像を提示すべき段階に至っている。一方、思想史的視角からの研究は停滞しており、かつ進展著しい政治史研究と乖離している。そして、特に承久の乱研究を進めるには、史料的制約を打破し、基礎的な事実関係から明らかにしていく必要がある。

これらの課題に対して本書は、貴族と武士の共通の基盤というべき京に重点を置き、平安後期と鎌倉前期の連続性や段階差に注意して、武士論を基軸とする政治過程・政治構造論、史学史・思想史論、史料論についての考察を展開する。

第一章では、鎌倉前期における在京武士の存在形態と、後鳥羽院による軍事動員・権門武力組織の特質を考察する。京武者と在京御家人の相違や院との関わりに注目して、承久京方の中核となる在京武士の特質を解明したい。

第二章では、『慈光寺本』所引の承久三年五月十五日「院宣」が実在した可能性、および同日付「官宣旨」の発給手続きを、網羅的に収集した後鳥羽院宣、および古記録類から復元できる文書発給制度と対照させて解明したい。

第三章では、後鳥羽院による北条義時追討計画と、後世におけるその歴史像の変容を考察する。『承久記』や『公卿補任』といった史料において、承久の乱が討幕の事件と理解されるに至る段階を明らかにしたい。

第四章では、従来看過されてきた『吾妻鏡』所引交名の作成者の考察、記載人名の出自比定から、『吾妻鏡』の原材料や承久宇治川合戦のさまざまな側面、鎌倉方の軍勢形態や国別分布を具体的に明らかにしたい。

第五章では、承久の乱に参じた武士の特質を、戦前に注目されていた京方・鎌倉方に分裂した武士一族と、一族同心して京方に属した武士一族とを対比して解明し、『御成敗式目』十七条との関連を考えたい。

第六章では、承久の乱の戦況経過を復元し、後鳥羽院や北条義時の軍事動員命令の特質と、それを受容した武士の動向から、当該期における上級権力の位置付けを論じたい。

第七章では、承久の乱前後の歴史叙述との比較、および儒教に基づき帝王を批判する言説（帝徳批判）の平安時代～南北朝時代における展開から、『六代勝事記』という従来無名の歴史書の思想史的意義を論じたい。

注

（1）上横手雅敬『日本中世政治史研究』（塙書房、一九七〇年）。

（2）上横手雅敬『鎌倉時代政治史研究』（吉川弘文館、一九九一年）。上横手雅敬『日本中世国家史論考』（塙書房、一九九四年）。そこに収められた主要な論文は、大半が一九七〇年代以前の執筆である。近年の上横手雅敬「公武関係の展開」（上横手雅敬・元木泰雄・勝山清次『日本の中世 八 院政と平氏、鎌倉政権』第二部、中央公論新社、二〇〇二年）も参照。

（3）橋本義彦『平安貴族社会の研究』（吉川弘文館、一九七六年）、橋本義彦『平安貴族』（平凡社、一九八六年）。

（4）後掲の注で言及するもの以外では、棚橋光男『中世成立期の法と国家』（塙書房、一九八三年）、中原俊章『中世公家と地下官人』（吉川弘文館、一九八七年）、槇道雄『院政時代史論集』（続群書類従完成会、一九九三年）、鈴木茂男『古代文書の機能論的研究』（吉川弘文館、一九九七年）、本郷恵子『中世公家政権の研究』（東京大学出版会、一九九八年）、金井静香『中世公家領の研究』（思文閣出版、一九九九年）、下郡剛『後白河院政の研究』（吉川弘文館、一九九九年）、川端新『荘園制成立史の研究』（思文閣出版、二〇〇〇年）、佐藤健治『中世権門の成立と家政』（吉川弘文館、二〇〇〇年）、百瀬今朝雄『弘安書札礼の研究』（東京大学出版会、二〇〇二年）、中原俊章『中世王権と支配構造』（吉川弘文館、二〇〇五年）、丸山仁『院政期の王家と御願寺』（高志書院、二〇〇六年）野村育世『家族史としての女院論』（校倉書房、二〇〇六年）、細谷勘資『中世宮廷儀式書成立史の研究』（勉誠出版、二〇〇七年）、上島享『日本中世社会の形成と王権』（名古屋大学出版会、二〇一〇年）、栗山圭子『中世王家の成立と院政』（吉川弘文館、二〇一二年）、佐藤雄基『日本中世初期の文書と訴訟』（東京大学出版会、二〇一二年）等。

（5）河野房雄『平安末期政治史研究』（東京堂出版、一九七九年）、井原今朝男『日本中世の国政と家政』（校倉書房、一九九五年）、美川圭『院政の研究』（臨川書店、一九九六年）、高橋秀樹『日本中世の家と親族』（吉川弘文館、一九九六年）、松薗斉『日記の家』（吉川弘文館、一九九七年）、白根靖大『中世の王朝社会と院政』（吉川弘文館、二〇〇〇年）、岡野友彦『中世久我家と久我家領荘園』（続群書類従完成会、二〇〇二年）、秋山喜代子『中世公家社会の空間と芸能』（山川出版社、二〇〇三年）、西谷正浩『日本中世の所有構造』（塙書房、二〇〇六年）、遠藤基郎『中世王権と王朝儀礼』（東京大学出版会、二〇〇八年）、山田彩起子『中世前期女性院宮の研究』（思文閣出版、二〇一〇年）、市沢哲『日本中世公家政治史の研究』（校倉書房、二〇一一年）、遠藤珠紀『中世朝廷の官司制度』（吉川弘文館、二〇一一年）、樋口健太郎『中世摂関家の家と権力』（校倉書房、二〇一一年）、佐古愛己『平安貴族社会の秩序と昇進』（思文閣出版、二〇一二年）、佐伯智広『中世前期の政治構造と王家』（東京大学出版会、二〇一五年）等。

（6）政治制度史的研究に限らないが、近年、谷昇「後鳥羽上皇研究の進展と課題」（同『後鳥羽院政の展開と儀礼』思文閣出版、二〇一〇年）が後鳥羽に関する研究史を整理した。

戦前の三浦周行氏の精細な達成を承け、戦後～一九六〇年代に承久京方武士を主要な論点としつつ、乱の積極・消極の評価が進行し、権門体制論が提示され、後鳥羽研究の枠組みの基本が形成された。以後、一九七〇～一九八〇年代に承久の乱中心から建久・建暦年間へと対象時期が拡大し、一九九〇～二〇〇〇年代に論点も多様化し議論が深化している。しかし、政治過程が先行し政治制度の整備・確立が追随した「動的」な武家政権の研究に対して、公家政権研究が対象や枠組み・方法（権門体制論）ともに「静的」な側面を有している、と概括する。

（7）鹿野賀代子「承久の乱に関する一考察」（『学習院史学』二、一九六五年）。

（8）上横手雅敬「承久の乱の諸前提」（注(1)著書。初出一九五三・一九五六・一九六二年）。赤羽洋輔「建久九年土御門天皇受禅事情とその背景」（『政治経済史学』二三、一九六四年）、赤羽洋輔「後鳥羽院政研究の一視角」（『政治経済史学』八五、一九七三年）、赤羽洋輔「後鳥羽院政期の知行国に関する一考察」（『政治経済史学』一〇〇、一九七四年）、赤羽洋輔「土御門通親と高倉家」（『政治経済史学』二〇〇、一九八三年）。

（9）例えば、後鳥羽の院司に関して高島哲彦「後鳥羽院々司の構成について」（『史友』一三、一九八一年）、平岡豊「後鳥羽院上北面について」（『国史学』一三〇、一九八六年）、平岡豊「後鳥羽院西面について」（『日本史研究』三一六、一九八八年）等。

近臣・芸能に関して河野房雄「承久京方張本公卿とその家系」（注(5)著書）、五味文彦『明月記の史料学』（青史出版、二〇〇〇年）、槇道雄「二位法印尊長と院政」（同『院近臣の研究』続群書類従完成会、二〇〇一年）、秋山喜代子『中世公家社会の空間と芸能』（山川出版社、二〇〇三年）、辻浩和「院政期における後鳥羽芸能の位置」（『史学雑誌』一一六―七、二〇〇七年）等。

家格秩序・儀式に関して元木泰雄「五位中将考」（『日本国家の史的特質　古代・中世』思文閣出版、一九九七年）、白根靖大『中世の王朝社会と院政』（吉川弘文館、二〇〇〇年）、佐伯智広「中世貴族社会における家格の成立」（上横手雅敬編『鎌倉時代の権力と制度』思文閣出版、二〇〇八年）、注(6)谷著書等。

政務決裁関係の諸制度に関して美川圭「関東申次と院伝奏の成立と展開」（同『院政の研究』臨川書店、一九九六年。初出一九八四年）、永井英治「鎌倉前期の公家訴訟制度」（『年報中世史研究』一五、一九九〇年）、白井克浩「鎌倉前期公家訴訟制度の特質」（『高野山史研究』六、一九九七年）、白井克浩「鎌倉期公家政治機構の形成と展開」（『ヒストリア』一五八、一九九八年）、白根靖大『中世の王朝社会と院政』（前掲）等。

もちろん、ある項目に挙げた論文が他の項目に関係している場合も多々あり、これらは便宜的な分類にすぎない。また後鳥羽院政期の貴族諸家の動向や特徴については、不十分ながら長村祥知「後鳥羽院と公家衆」（鈴木彰・樋口州男編『後鳥羽院のすべて』新人物往来社、二〇〇九年）参照。

(10) 研究史・論点整理として、元木泰雄「武士論研究の現状と課題」（『日本史研究』四二一、一九九七年）、野口実「「鎌倉武士」の成立と武士論研究の課題」（『東北中世史研究会会報』一二、二〇〇〇年）、川合康「鎌倉幕府研究の現状と課題」（『日本史研究』五三一、二〇〇六年）、伊藤瑠美「東国武士・武士団研究の軌跡」（『茨城大学中世史研究』四、二〇〇七年）、伊藤瑠美「関東武士研究の軌跡」（高橋修編『実像の中世武士団』高志書院、二〇一〇年）、伊藤瑠美「中世武士のとらえ方はどう変わったか」（秋山哲雄・田中大喜・野口華世編『日本中世史入門』勉誠出版、二〇一四年）、田中大喜「中世の武士と社会の特質を考える」（前掲『日本中世史入門』）参照。

(11) 合議に重点を置く佐藤進一「鎌倉幕府政治の専制化について」（同『日本中世史論集』岩波書店、一九九〇年。初出一九五五年）六八頁、佐藤進一「合議と専制」（前掲『日本中世史論集』。初出一九八八年）、佐藤進一『日本の中世国家』（岩波書店、一九八三年）等。
専制が基調であるとする、上横手雅敬「鎌倉初期の公武関係」（注(1)著書。初出一九五三・一九六二・一九六六年）、杉橋隆夫

「鎌倉執権政治の成立過程」（『御家人制の研究』吉川弘文館、一九八一年）、杉橋隆夫「執権・連署制の起源」（『立命館文学』四二四～四二六、一九八〇年）等。

執権政治の具体相については前掲論文の他に、岡田清一「「執権」制の確立と建保合戦」（同『鎌倉幕府と東国』続群書類従完成会、二〇〇六年。初出一九八九年）、仁平義孝「執権政治期の幕政運営について」（『国立歴史民俗博物館研究報告』四五、一九九二年）等参照。

(12) 五味文彦「源実朝」（同『増補　吾妻鏡の方法』吉川弘文館、二〇〇〇年。初版一九九〇年。論文初出一九七九年）、注(11)杉橋論文（一九八〇年）、折田悦郎「鎌倉幕府前期将軍制についての一考察」（『九州史学』七六・七七、一九八三年）、仁平義孝「鎌倉前期幕府政治の特質」（『古文書研究』三一、一九八九年）、松島周一「和田合戦の展開と鎌倉幕府の権力状況」（『日本歴史』五一五、一九九一年）、白井克浩「『金槐和歌集』の政治的背景」（『藝林』五三―一、二〇〇四年）、坂井孝一『源実朝　「東国の王権」を夢見た将軍』（講談社選書メチエ、二〇一四年）等。

(13) 保永真則「鎌倉幕府の官僚制化」（『日本史研究』五〇六、二〇〇四年）、秋山哲雄「問題の所在と本書の課題」（同『北条氏権力と都市鎌倉』吉川弘文館、二〇〇六年）。

(14) 一九八〇年代初頭段階の研究状況は、森茂暁「はしがき」（同『増補改訂　南北朝期公武関係史の研究』思文閣出版、二〇〇八年。原版一九八四年）が、鎌倉・南北朝時代の公武関係の先行研究として、戦前の著書以外では通史概説書といくつかの論文を挙げるにとどまり、公武関係の前提たる公家政権に関わる研究に注目しているところからも窺える。

(15) 平安後期に関しては、髙橋昌明『増補改訂　清盛以前』（文理閣、二〇〇四年。原版一九八四年）、五味文彦『院政期社会の研究』（山川出版社、一九八四年）、元木泰雄『院政期政治史研究』（思文閣出版、一九九六年）等があり、鎌倉時代に関しては、森茂暁『鎌倉時代の朝幕関係』（思文閣出版、一九九一年）、本郷和人『中世朝廷訴訟の研究』（東京大学出版会、一九九五年）、注(5)美川著書、注(5)白根著書等が希少な成果である。

(16) 注(15)森著書、山本博也「関東申次と鎌倉幕府」（『史学雑誌』八六―八、一九七七年）、美川圭「関東申次と院伝奏の成立と展

開」（同『院政の研究』臨川書店、一九九六年。初出一九八四年）、白根靖大「関東申次の成立と展開」（注（5）白根著書）、本郷和人「西園寺氏再考」（『日本歴史』六三四、二〇〇一年）、溝川晃司「鎌倉幕府派遣の対朝廷使者と朝幕交渉」（中野栄夫編『日本中世の政治と社会』吉川弘文館、二〇〇三年）。先駆的研究として、龍粛「後嵯峨院の素意と関東申次」（同『鎌倉時代　下』春秋社、一九五七年）がある。

（17）注（15）森著書、高橋慎一朗『中世の都市と武士』（吉川弘文館、一九九六年）、森幸夫『六波羅探題の研究』（続群書類従完成会、二〇〇五年）、木村英一「六波羅探題の成立と公家政権」（『ヒストリア』一七八、二〇〇二年）、熊谷隆之「六波羅探題考」（『史学雑誌』一一三―七、二〇〇四年）等。

（18）杉橋隆夫「鎌倉初期の公武関係」（『史林』五四―六、一九七一年）、上横手雅敬「建久元年の歴史的意義」（同『鎌倉時代政治史研究』吉川弘文館、一九九一年。初出一九七二年）、佐伯智広「一条能保と鎌倉初期公武関係」（『古代文化』五八―一、二〇〇六年）、注（12）白井論文等。

（19）元木泰雄『武士の成立』（吉川弘文館、一九九四年）、注（4）元木著書等。

（20）髙橋昌明『増補改訂　清盛以前』（文理閣、二〇〇四年。原版一九八四年）、髙橋昌明『平清盛　福原の夢』（講談社、二〇〇七年）、髙橋昌明『平家と六波羅幕府』（東京大学出版会、二〇一三年）。元木泰雄『平清盛の闘い』（角川書店、二〇〇一年）、元木泰雄『敗者の日本史　五　治承・寿永の内乱と平氏』（吉川弘文館、二〇一三年）等。

（21）長村祥知「木曾義仲の畿内近国支配と王朝権威」（『古代文化』六三―一、二〇一一年）、長村祥知「治承・寿永内乱期の在京武士」（『立命館文学』六二四、二〇一二年）、長村祥知「木曾義仲の発給文書」（『信濃』六五―一二、二〇一三年）、長村祥知「木曾義仲」（野口実編『中世の人物　京・鎌倉の時代編　二』清文堂出版、二〇一四年）等。

（22）安田元久「歴史事象の呼称について」（『学習院大学文学部研究年報』三〇、一九八三年）。

（23）関幸彦「承久の記憶」（同『敗者の日本史　六　承久の乱と後鳥羽院』吉川弘文館、二〇一二年）。

（24）例えば、池田晃淵「承久の乱の起因について」（『史学雑誌』七―二・四・六、一八九六年）、藤原継平「承久之役の原因に就て」

（『歴史地理』四―八・一一・一二、一九〇二年）、藤原継平「承久之役に就て」（『歴史地理』五―六・八、一九〇三年）、藤原継平「承久之役の影響に就て」（『歴史地理』一七―三・六、一九一一年）、龍粛「承久の変の発端」（『歴史と地理』二―一・六、一九一八年）等。

(25) 三浦周行『鎌倉時代史』（同『日本史の研究　新輯一』岩波書店、一九八二年。初版一九〇七年。改版一九一六年）。

(26) 龍粛「承久の乱」（『鎌倉時代史論』日本図書センター、一九七六年。初出一九三一年）。

(27) 『國學院雑誌』三四―六・七、「承久殉難五忠臣」特輯、一九二八年。関連論文の執筆者は上田萬年・植木直一郎・和田英松・河野省三の諸氏等。

(28) 上横手雅敬「六波羅探題の成立」（同『鎌倉時代政治史研究』吉川弘文館、一九九一年。初出一九五三年）。

(29) 上横手雅敬「承久の乱の歴史的評価」（『史林』三九―一、一九五六年）。

(30) 上横手雅敬「承久の乱」（『岩波講座日本歴史　中世一』岩波書店、一九六二年）。

(31) 例えば上横手雅敬「鎌倉幕府と公家政権」（同『鎌倉時代政治史研究』吉川弘文館、一九九一年。初出一九七五年）では、鎌倉幕府の守護―御家人制を公権力と位置付け、承久の乱で後鳥羽は、権門として西国守護個々人を私兵に編成しながらも、守護―御家人制は編成できなかったとした。

(32) 上横手雅敬『日本中世政治史研究』第三章（塙書房、一九七〇年）として整理された。

(33) 上横手雅敬「南北朝時代の天皇制論」（同『権力と仏教の中世史』法蔵館、二〇〇九年。初出一九六二年）。

(34) 田中稔「承久京方武士の一考察」（同『鎌倉幕府御家人制度の研究』吉川弘文館、一九九一年。初出一九五六年）。

(35) 安田元久「新補地頭」（同『地頭及び地頭領主制の研究』山川出版社、一九六一年。初出一九四八年）。

(36) 石井進「平氏・鎌倉両政権下の安芸国衙」（『石井進著作集　三　院政と平氏政権』岩波書店、二〇〇四年。初出一九六一年）。石井進『日本中世国家史の研究』（岩波書店、一九七〇年）。

(37) 田中稔「承久の乱後の新地頭補任地〈拾遺〉」（同『鎌倉幕府御家人制度の研究』吉川弘文館、一九九一年。初出一九七〇年）。

(38) 福田豊彦「承久院方武力にみる鎌倉初期の二つの主従制」(同『中世成立期の軍制と内乱』吉川弘文館、一九九五年。初出一九六九年)。
(39) 黒田俊雄「中世の国家と天皇」(同『日本中世の国家と宗教』岩波書店、一九七五年。初出一九六三年)。
(40) 例えば一九六二年刊行の注(30)上横手論文一四七頁に、文治の地頭問題に関して、次の文章がある。

従って幕府は、武士・土民の蜂起に対しては、貴族政権とともに共同防衛に当っているのであり、幕府のこの客観的機能は、原則的にはその滅亡まで変らなかった。公武の対立も、かかる相互依存を前提とする対立であり、そこにいわゆる「二重政権」の生まれる理由があったのである。

この文章は、傍線部を「だった」に変更して、注(11)上横手論文三〇一頁に収録されている。これは上横手氏の実態理解の先見と、権門体制論への対応を示すものとして注目される。また飯田久雄「鎌倉時代における朝幕関係」(『歴史教育』一一—六、一九六三年)四一頁は「幕府権力の古代的性格を否定し得ないとすれば、朝幕共に封建領主制の進展の過程で両者が依存妥協しなければならぬ点があった筈である」とする。
(41) 上横手雅敬「建久元年の歴史的意義」(同『鎌倉時代政治史研究』吉川弘文館、一九九一年。初出一九七二年)一六二頁。
(42) 五味文彦「院支配の基盤と中世国家」(同『院政期社会の研究』山川出版社、一九八四年。初出一九七五年)。
(43) 平岡豊「承久の乱における院方武士の動員についての概観」(『史学研究集録』九、一九八四年)。
(44) 平岡豊「後鳥羽院西面について」(『日本史研究』三一六、一九八八年)。
(45) 平岡豊「藤原秀康について」(『日本歴史』五一六、一九九一年)。近年では大和典子「「承久の乱」における京方将軍藤原秀康とその周辺」(『政治経済史学』五〇〇、二〇〇八年)もある。
(46) 秋山喜代子「西面と武芸」(同『中世公家社会の空間と芸能』山川出版社、二〇〇三年)。
(47) 近年の川合康『鎌倉幕府成立史の研究』(校倉書房、二〇〇四年)や中世後期研究会編『室町・戦国期研究を読みなおす』(思文閣出版、二〇〇七年)の諸論文が示す通り、かつて支配的であった公権委譲論や権限授受論の視角そのものを相対化し、実態面から権限の意義を見極めるべきであろう。
(48)　宮田敬三A「鎌倉幕府成立期の軍事体制」（『古代文化』五〇―一一、一九九八年）、宮田敬三B「「承久京方」表・分布小考」（『立命館史学』二二、二〇〇一年）、宮田敬三C「承久の乱における京方の軍事動員」（『古代文化』六一―三、二〇〇九年）。宮田C論文一〇七頁では、十世紀前半から十三世紀前半までの軍制を「京都軍制」と概念化している。
(49)　自治体史等の概説的叙述を除き、地域（武士団の名字地所在国）ごとに列挙する。
山城：杉橋隆夫「承久の兵乱と上賀茂社」（大山喬平監修『上賀茂のもり・やしろ・まつり』思文閣出版、二〇〇六年）。
摂津：小山靖憲「椋橋荘と承久の乱」（『市史研究とよなか』創刊号、一九九一年）。
尾張：目崎徳衛「山田重忠とその一族」（同『貴族社会と古典文化』吉川弘文館、一九九五年。初出一九八六年）。錦昭江「京方武士群像」（鈴木彰・樋口州男編『後鳥羽院のすべて』新人物往来社、二〇〇九年）。藤本元啓「鎌倉幕府と熱田大宮司家」（同『中世熱田社の構造と展開』続群書類従完成会、二〇〇三年。初出一九九一・一九九五年）。松島周一「山田重貞とその一族」（『日本文化論叢』一〇、二〇〇二年）。
三河：松島周一「承久の乱と三河国中条氏」（峰岸純夫編『日本中世史の再発見』吉川弘文館、二〇〇三年）。
近江：上横手雅敬「近江守護佐々木氏」（同『鎌倉時代政治史研究』吉川弘文館、一九九一年。初出一九七九年）。
武蔵：菊池紳一「承久の乱に京方についた武蔵武士」（『埼玉地方史』二〇、一九八七年）。
相模：野口実「承久の乱における三浦義村」（『明月記研究』一〇、二〇〇五年）。
下総：野口実「千葉氏と西国」（同『中世東国武士団の研究』高科書店、一九九四年。初出一九九一年）。
信濃：田中稔「大内惟義について」（同『鎌倉幕府御家人制度の研究』吉川弘文館、一九九一年。初出一九八九年）。彦由一太「鎌倉初期政治過程に於ける信濃佐久源氏の研究」（『政治経済史学』三〇〇、一九九一年）。
下野：彦由三枝子「「承久京方」前後に於ける前武蔵守足利義氏」（『政治経済史学』一〇〇、一九七四年）。
北陸道：浅香年木「承久の乱と北陸道」「衆徒・堂衆・神人集団と鎌倉政権」（同『治承・寿永の内乱論序説』法政大学出版局、一九八一年)。
紀伊：宮地直一「承久の役と三山」「戦後の経過(上)」「戦後の経過(下)」(同『熊野三山の史的研究』理想社、一九五六年)。小山靖憲「源平内乱および承久の乱と熊野別当家」(同『中世寺社と荘園制』塙書房、一九九八年。初出一九九三年)。高橋修「別当湛増と熊野水軍」(『ヒストリア』一四六、一九九五年)。高橋修「中世武士団の内部構造」(同『中世武士団と地域社会』清文堂出版、二〇〇〇年)。
安芸：注(36)石井進「平氏・鎌倉両政権下の安芸国衙」。
淡路：高尾一彦「淡路国への鎌倉幕府の水軍配置」(『兵庫県の歴史』七・八、一九七二年)。田中茂樹「淡路国大田文における承久没官地」(『阪大法学』五五―一、二〇〇五年)。
伊予：山内譲「承久の乱と地方武士団の動向」(同『中世瀬戸内地域史の研究』法政大学出版局、一九九八年。初出一九八二年)。
(50) 谷昇「承久の乱にいたる後鳥羽上皇の政治課題」(同『後鳥羽院政の展開と儀礼』思文閣出版、二〇一〇年。初出二〇〇五年)。
(51) 白井克浩「承久の乱再考」(『ヒストリア』一八九、二〇〇四年)。
(52) 谷昇「承久の乱における後鳥羽上皇の寺社政策」(同『後鳥羽院政の展開と儀礼』思文閣出版、二〇一〇年。初出二〇〇六年)。
(53) 谷説については、長村祥知「(書評) 谷昇著『後鳥羽院政の展開と儀礼』」(『古文書研究』七三、二〇一二年)。
(54) 網羅的情報として、川島孝一「西国に所職をもつ東国御家人一覧」(『栃木史学』一〇、一九九六年)参照。
(55) 清水亮「鎌倉幕府御家人役賦課制度の確立過程」(同『鎌倉幕府御家人制の政治史的研究』校倉書房、二〇〇七年。初出一九九六年・二〇〇二年)。
(56) 河野房雄「承久京方張本公卿とその家系」(同『平安末期政治史研究』東京堂出版、一九七九年。初出一九七五年)。白根靖大「承久の乱の歴史的意義」(同『中世の王朝社会と院政』吉川弘文館、二〇〇〇年。初出一九九八年)。塩原浩「頼宗公孫一条家の消長」(中野栄夫編『日本中世の社会と政治』吉川弘文館、二〇〇三年)。槇道雄「二位法印尊長と院政」(同『院近臣の研究』続群書類従完成会、二〇〇一年)。

(57)　高橋一樹「重層的領有体系の成立と鎌倉幕府」(同『中世荘園制と鎌倉幕府』塙書房、二〇〇四年)。
(58)　美川圭「関東申次と院伝奏の成立と展開」(同『院政の研究』臨川書店、一九九六年。初出一九八四年)等。
(59)　玉懸博之「鎌倉武家政権と政治思想」(同『日本中世思想史研究』ぺりかん社、一九九八年。初出一九七六)、石毛忠「北条執権の政治思想」(石田一良編『日本精神史』ぺりかん社、一九八八年)。
(60)　こうした問題は、承久の乱に限らず、中世前期の貴族の思想が十分に研究されていない点に起因する。既往の思想史研究では、宗教思想の研究が主流であり、その関心から貴族の信仰を取り上げることはあっても、現実の政治的・社会的環境の中で生きた彼らの政治思想が(政治制度史研究を踏まえて)議論されることは少ない。長村祥知「『六代勝事記』の歴史思想」(『年報中世史研究』三一、二〇〇六年。本書第七章)は、承久の乱の研究という目的を構成するものとして本書に配置しているが、中世前期の貴族思想や史学史の進展に寄与することをも意図している。
なお、近年、森新之介『摂関院政期思想史研究』(思文閣出版、二〇一三年)が発表された。森著書は、貴族思想研究の欠を埋めんとする意欲作であるが、政治史を中心とする中世貴族に関する先行研究の把握が今日の研究水準に及んでいない(平雅行「専修念仏の弾圧をめぐって」〈『仏教史学研究』五六―一、二〇一三年〉六〇頁以下参照)。
(61)　尾藤正英「日本における歴史意識の発展」(『岩波講座日本歴史　別巻一』岩波書店、一九六三年)、石毛忠「中世における歴史意識をめぐる対立」(今井淳・小澤富夫編『日本思想論争史』ぺりかん社、一九七九年)、玉懸博之「軍記物と『増鏡』・『梅松論』」(『日本思想史講座　三』雄山閣出版、一九七六年)、玉懸博之『日本中世思想史研究』(ぺりかん社、一九九八年。初出一九六七年～八九年)等。
(62)　西島三千代「慈光寺本『承久記』の乱認識」(『国文学研究』一三〇、二〇〇〇年)。
(63)　目崎徳衛『史伝後鳥羽院』(吉川弘文館、二〇〇一年)一五七頁。注(51)白井論文。
(64)　石田一良『愚管抄の研究』(ぺりかん社、二〇〇〇年)等。『愚管抄』について、近年では大隅和雄『愚管抄を読む』(講談社学術文庫、一九九九年。原版一九八六年)、尾崎勇『愚管抄の創成と方法』(汲古書院、二〇〇四年)、尾崎勇『愚管抄の言語空間』

（汲古書院、二〇一四年）、深沢徹『『愚管抄』の〈ウソ〉と〈マコト〉』（森話社、二〇〇六年）等がある。

(65) 塩見薫「愚管抄のカナ（仮名）について」（『史林』四三―二、一九六〇年）。

(66) 高橋貞一「六代勝事記新註」（同『高橋貞一国文学論集 二』思文閣出版、一九八二年）。弓削繁校注『六代勝事記・五代帝王物語』（三弥井書店「中世の文学」、二〇〇〇年）。

(67) 龍粛「承久軍物語の成立」（同『鎌倉時代 上』春秋社、一九五七年。初出一九一八年）。

(68) 野口実「慈光寺本『承久記』の史料的評価に関する一考察」（『京都女子大学宗教・文化研究所 研究紀要』一八、二〇〇五年）、野口実「承久の乱」（鈴木彰・樋口州男編『後鳥羽院のすべて』新人物往来社、二〇〇九年）、松島周一「山田重貞とその一族」（『日本文化論叢』一〇、二〇〇二年）、松島周一「承久の乱と三河国中条氏」（峰岸純夫編『日本中世史の再発見』吉川弘文館、二〇〇三年）、注(48)宮田C論文、長村祥知「承久三年五月十五日付の院宣と官宣旨」（『日本歴史』七四四、二〇一〇年。本書第三章）等。

(69) 山下克明「『承久三年具注暦』の考察」（同『平安時代陰陽道史研究』思文閣出版、二〇一五年。初出一九九八年）。尾上陽介「賀茂別雷神社所蔵『賀茂神主経久記』について」（『東京大学史料編纂所研究年報』一一、二〇〇一年）。

第一章　後鳥羽院政期の在京武士と院権力
――西面再考――

はじめに

本章の課題は、鎌倉前期における在京武士の存在形態と、後鳥羽院による在京武士の動員・組織の特質を論ずることにある。

承久三年（一二二一）、後鳥羽院が、皇統を背後に持たない武士勢力に敗北し、隠岐に流された。この承久の乱の先行研究で中心的課題とされてきたのは、武家政権たる鎌倉幕府の成立後にあって、後鳥羽が武士、とりわけ多くの西国守護を動員しえた理由の解明であった。

諸説の中で今日に至る研究史の基礎となったのは、在京御家人に注目した上横手雅敬氏の研究である。氏は、畿内近国守護であり洛中警固を担った後藤基清等の在京御家人を、後鳥羽が北面・西面や検非違使に組織していたことを重視した(1)。そして、後鳥羽は守護個人を組織しながらも、守護の管国の御家人は組織しえなかったとし、承久の乱は権門後鳥羽に対して公権力である幕府の守護―御家人制が勝利したと論じたのである(2)。

その後、上横手氏は、具体的論証は伴わないものの、「近国守護―御家人の体制が、諸国守護の一環である以上、彼らに対する命令者は、鎌倉殿でも院でもよい筈」とし、院の権門的側面を重視した過去の自説の見直しを示唆した(3)。かかる守護制度の公的性格という見通しを批判して、院の権門的側面の重視を徹底したのが平岡豊氏である。氏は、幕府の積極的関与を前提として、在京御家人が西面に祗候していたため、後鳥羽は彼らを京中の軍事活動に動員しえたとした[4]。また平岡氏は、承久の乱の院方軍事動員についても、権門としての私的動員は成功したが、治天の君としての公的動員は非制度的なものであったため失敗し、乱に敗北したと論じている[5]。

これら鎌倉幕府の守護・御家人を主軸とする研究では、承久の乱後の六波羅探題との対比で後鳥羽院による軍事動員を位置付けることが多かった。それに対して近年では、平安後期在京武力の展開史上に後鳥羽院政期を位置付ける試みがなされつつある。平安後期在京武力研究の成果の中で、本章の前提として踏まえるべき論点は次の二点であろう。第一に、白河・鳥羽院政期には京武者が京の軍事・警察力の中枢であり[6]、院が京武者を北面等に組織し、強訴防禦等に動員していたこと[7]。第二に、京は、京武者のみならず、東国はじめ諸地域の侍層武士にとっても、重要な意義を持つ活動の場であったことである[8]。

如上の研究動向を受けてのことと思われるが、洛中警固を担う武士を組織・動員した主体への注目から、白河・鳥羽院政期と後鳥羽院政期の類似が指摘されている[9]。とりわけ川合康氏は、院が武士を直接指揮する伝統的な武士社会の秩序を「「京武者」秩序」と呼び、「鎌倉幕府権力をも呑み込んで機能していた」その秩序が解体された事件として、承久の乱を位置付ける見通しを提示している[10]。本章も、平安後期在京武力の展開史上に後鳥羽院政を位置付ける視角は共有したい。ただし論稿の性質上、川合氏は次の二点を明示しておらず、実態に即して検討する必要があろう。

第一は、鎌倉前期における「在京武士」の特質である。川合氏は、「「京武者」秩序」という呼称を用いながら、鎌倉幕府成立後の京武者がいかなる存在であったのかには触れていない。かかる鎌倉時代の京武者[11]の不十分な位置付けは、既往の研究状況に起因する。既往の鎌倉前期在京武士研究は、主に西国守護を中心とする在京御家人に関する研究として進められてきた[12]。その反面、御家人としては発展しなかった、あるいは非御家人である京武者についての研究は不十分であった。西国守護についても、在京武士の中で果たした意義や当該期における特質など、なお未解明の点が多々残されている。在京御家人に限らず、京武者や、その他の在京する武士を含む、在京武士総体の特質を解明する必要があろう。

今日の武士論分野では、武士と京・貴族との関係の究明が重要な論点となっている[13]。しかし既往の研究の多くは、個別武士団内部の在京者や、平安後期の京武者、鎌倉期の在京御家人と、議論の対象が分散している。また、平安後期に比して鎌倉前期の武士論は低調である。鎌倉前期在京武士の研究は、院権力による組織・動員を考える前提であるとともに、如上の武士論研究の現状からも要請される課題と考えられる。

第二は、院権力による在京武士の動員・組織の特質や性格である。従来、後鳥羽による御家人動員の根拠として、西面などの院の権門内の武力組織が重視されてきた。また守護制度の公的性格も注目されている。しかし、従来は看過されてきた院の公権力という側面にこそ注意する必要があろう。白河・鳥羽院は、他権門の家人を含む武士を公権力により動員することができ、その上で北面を拡充する方向性を有していた（注(7)横澤論文）。すなわち、権門内の支配関係や守護制度が存在せずとも院は武士を動員しえたのである。鎌倉幕府による御家人動員を基準とせず、院権力による武士動員を基準に、後鳥羽期の特質を解明するという視角を採りたい。また、西面の軍事的意義に関する先行研究の理解には見直すべき点もある。後鳥羽院の公権力と権門という二つの性格について、改めて考察すべきであろう。

以上の問題関心から、京武者と在京御家人それぞれの特質と相違を踏まえた上で、後鳥羽による軍事動員と権門武力組織を論ずることとしたい。

一　後鳥羽院政期在京武士の武力構成

まず、後鳥羽院政期の洛中警固を担った在京武士の武力を概観しておく。特に、従来研究されてきた在京御家人と、白河・鳥羽院政期に在京武士の中枢であった京武者との対比に注目したい。なお、厳密な区別は困難だが、既往の研究と同様に、[14]強訴防禦や追討等の大規模軍事活動と、盗人追捕や儀式警備等の警察活動とを区別し、動員された武士の武力規模をはかる指標とする。

当該期に、西国守護を中心とする在京御家人と、京武者とは、ともに警察活動を遂行する武力を保持していた[15]。しかし、大規模軍事活動の所見は大きく異なる。表1には、後鳥羽院政期の京・近国における大規模軍事活動の事例と、それに関与した武士の名を整理した。ここに挙げた事例のうち、正治～元久年間の謀叛人追討・山門堂衆追討（表1―2～9）と、建保元年～六年の強訴防禦（表1―14・15・17）に動員された武士は、ほぼ全て御家人であることが確認できる。これらの事例全てに、西国守護やその子息が所見する[16]。

その他でも、建永元年（一二〇六）九月二十五日に近江国今津浜・和邇浜の在家に乱入した延暦寺堂衆を追討したのは、御家人の「左衛門尉（大友能直カ）某、親能法師子」・小野義成・後藤基清である（『天台座主記』六八―承円、『明月記』）。この時も主力は在京御家人であろう（表1―10）。ただし同二十七日、小野義成・小野成時・後藤基清とともに、院の童鶴丸が、堂衆に同意した八島次郎を追討している[17]（『明月記』）。この鶴丸の活躍が、表1において御家人と確認できない者の軍事活動の初見であり、鶴丸はのちに西面祗候が確認できる。

建暦三年（一二一三）の清水寺・清閑寺相論鎮圧（表1―13）の際は「西面」が活躍したが、後述するごとく主力は

動員方法･経過･詳細等	史料
『古』「関東武士者、為相禦衆徒入洛、如雲参洛」	古･自
『明』「新中将雑色召取之参院、先向惟義許、武士守護被渡院御所」	百･猪･明･愚
『吾』官軍（幕府の使節渋谷高重･土肥惟光到着以前に発向）	明･吾
『吾』5･17「不知行方之処、広綱弟信綱伺得件在所、今月九日誅戮之」	吾
『明』「武士馳走……山堂衆搦」	明
『明』「山僧〈学生〉登山云々、今日之由兼日申之、為扶持被遣武士」。『天』「差遣官軍」。『吾』10･26「官軍三百人」	明･天･吾･業
『明』「山堂衆猶不落居之由有其聞云々。召左衛門尉定綱被仰含云々。頭弁仰定綱朝臣、著狩衣参入」	明
『明』3･21後鳥羽、藤頼実と議定し、「伊賀国可吏務之由仰朝雅、即可追討云々」。『明』3･22「追討使二百騎許発向、其勢不幾」。『三』4･2「追討使武蔵守朝雅入洛。逆賊皆伏誅了。下著以前尾張武士誅伐」。『仲』4･2「当国住人并尾張美濃軍兵去月二十一（八ヵ）日合戦」	明･仲･三･吾･紀･尊
『吾』3･10「謀叛人事、発向彼国可令糺弾之由、被仰朝雅」。『吾』3･29「随武蔵守朝雅下知可発向之旨、重被仰京畿御家人之中」	
『天』「仰近江国守護武士并住人等、可令追却堂衆余党於境外之由宣下。……差遣武蔵守朝雅、左衛門尉広綱等、欲被追討之処、堂衆引城郭退散、依国中永不可令安堵之由、重所被宣下也」	明･天
『明』9･25「親能入道辺甲兵成群……以左衛門尉〈某、親能法師子〉被追討云々、義成･基清等候于御所、常参輩皆参、或坐或臥、夜半許名謁之後、猶宿候」。『不』9･26「武士等奉院宣、向三井寺并同末寺小蔵称妙寺」。『不』9･27「検非違使義成奉院宣欲搦召之間、忽以合戦……官軍多被疵」。『仲』9･27「親能入道家守護武士」	明･天･仲･不
『薬』7･19「任先例以官軍可上（止ヵ）帰歟」。『天』8･19「堂衆可被勅免之由……含院宣」。「中労若年之輩」が、8･20「奉振七社神輿於山上……西坂本切堤以西武士馳集、為奉禦神輿云々」	天･薬
『明』5･4「山大衆騒動、京中武士馳奔」。『天』「根元者大津神人於越前国有出挙事、当国守護惟義朝臣代官重頼致狼藉」。『明』5･27土御門院武者所	明･天
『明』8･3「先遣検非違使……相次遣庁官……被仰西面之輩并在京武士近臣家人等、囲彼寺四至、不泄一人搦取由宣下」。『吾』8･14「自公家先遣検非違使有範、惟信、基清等……忽被仰西面之輩并在京健士近臣家人等、囲彼寺四至、不残一人、可生虜之由　宣下」。『天』8･3「即差遣近江守頼茂、駿河大夫判官惟信、検非違使親清、秀能、并西面衆」。『六』「官兵西面の衆」	明･仲･仁･天･吾･皇

表1　後鳥羽院政期の京・畿内近国における大規模軍事動員

	年　月　日		内　　容	命令者	動員された武士等
A　寺社問題・追討等					
1	建久九（1198）	10·	興福寺衆徒強訴の聞こえ	幕府	
2	正治元（1199）	2·14	後藤基清·小野義成·中原政経、世を乱すの風聞		●**大内惟義**　**←中原親能**
3	正治二（1200）	11·26	【近江】柏原弥三郎（為永）を追討	後鳥羽 幕府	●三尾谷十郎　（→）源仲章·**佐々木定綱**　←渋谷高重·土肥惟光
4	建仁元（1201）	5·9	【近江】柏原弥三郎を誅戮		●佐々木信綱　（→）**佐々木定綱**
5	建仁三（1203）	9·13	入洛した山堂衆を搦む		
6		10·15	【近江】山門堂衆を追討	後鳥羽	●葛西清重·同重元·豊島朝経·**佐々木定綱**·同広綱·**同経高**·**同盛綱**·同重綱·伊佐太郎·熊谷三郎·**大内惟義**·大岡時親·**安達親長**·**斎（首カ）藤経俊**
7	元久元（1204）	1·21	【近江】山門堂衆を追討	後鳥羽	●**佐々木定綱**
8		3·22	【伊勢·伊賀】進士基度等の謀叛を追討	後鳥羽	◎●（→）**平賀朝雅**　●紀泰永（奉永）·関実忠·**首藤経俊**·**同通時**
				幕府	
9		7·23	【近江】山門堂衆余党を追却	後鳥羽	●**佐々木定綱**·同広綱·**平賀朝雅**
10	建永元（1206）	9·25	【近江·宇治·京】今津浜等乱入の堂衆と八島次郎を追討	後鳥羽	●**中原親能子（大友能直カ）**·**後藤基清**·小野義成·同成時·鶴丸（御所中間童）
11	建暦元（1211）	8·20	山門衆徒を防禦	後鳥羽	
12	建保元（1213）	5·4	山門大衆を防禦		
13		8·3	清水寺·清閑寺相論鎮圧	後鳥羽	●源頼茂·**大内惟信**·**後藤基清**·五条有範·中原親清·藤原秀能·源広業·野三左衛門尉·新藤左衛門尉（景家）·糟屋左衛門尉（久季）·花山佐藤兵衛尉·志幾佐恵兵衛尉·熊江兵衛尉（直宗）·庄日太郎·糟屋七郎·上毛及左衛門子息·野三左衛門子息·中原尚綱·藤原実員·藤原忠村·佐伯

『明』11・13武士。『明』11・15官軍。『仲』11・17官兵。『一』11・22「十一月五日検非違使基清・惟俊（信カ）等向宇治」	一・明・仲
『吾』8・13「在京士卒悉以奉勅定、為防禦向于宇治勢多」。『一』官兵	仁・皇・百・吾
『天』「山門衆徒企発向之処、公家遮差遣官軍」	天・百
『吾』9・29「遣北面衆被防禦之、又在京健士光員・基清・能直・広綱等依勅定馳参宮門」	天・吾・仁・百
『百』7・13「洛中武士馳走、是依院宣被追討右馬権頭源頼茂」。『吾』7・25「頼茂依背叡慮、遣官軍於彼在所昭陽舎」。『六』「ちか比西面とてえらびおかれたる、いつはりて弓馬の芸を称するたぐひ」。『愚』「伊予ノ武士河野ト云ヲカタライケル」	仁・百・吾・愚・六

『吾』3・16「平家与党越中二郎兵衛尉盛継已下隠居近国之由有風聞。早可追討之由、被仰兵衛尉基清云々」	吾
『吾』1・24「伴類多在京云々、依可捜求之旨所下知惟義・広綱等」。『吾』2・20「同七日広綱・基清相共先追捕」	明・吾
『吾』2・3「長茂……申可追討関東之宣旨、然而依無勅許長茂逐電。有清水坂之由風聞之間、朝政等雖馳向、不知行方云々」	百・猪・三・吾
『吾』2・5「可伺尋有所之由、被仰京畿御家人」	吾
『吾』3・4官軍	吾
『吾』6・24「頼全可誅之由、被仰相模権守、佐々木左衛門尉等」。『吾』7・25「催遣在京御家人等」	吾・尊
『明』7・26「自関東実朝加判示送状云、朝雅謀反者也、在京武士駈畿内家人可追討者」。「官軍甚少」。『明』7・29「ササキ中務入道〈一日為官軍先登輩也〉称可被追討之由、召聚従類閉門」	明・吾・愚・尊・清
『吾』元年3・23「山門騒動事、任被仰下之旨、相催京畿御家人、可警固園城寺之由、被仰駿河守季時、左衛門尉広綱等」	明・吾（元年）
『吾』5・9「在京武士不可参向、於関東者令静謐畢、早可守護　院御所、又謀叛之輩廻西海之由有其聞、可致用意之由也、宗被仰佐々木左衛門尉広綱云々」。『吾』5・22「自院有御禁制、亦在京士率雖申可参向之由、有天気為警固洛中被留之」	明・吾
『吾』11・25大江広元の「在京家人」	吾

	明

					正任　←大友能直
14		11·15	【宇治】興福寺衆徒を防禦	後鳥羽	●後藤基清·惟俊(大内惟信ヵ)
15	建保二（1214）	8·7	【宇治·勢多】興福寺衆徒を防ぐ	後鳥羽	(→)大内惟信
16	建保三（1215）	3·16	【近江】園城寺衆徒の三井別所城郭を破却	後鳥羽	
17	建保六（1218）	9·16	山門衆徒上洛を防禦	後鳥羽	●加藤光員·同光資·後藤基清·大友能直·佐々木広綱
18	承久元（1219）	7·13	源頼茂追討	後鳥羽	●平宗成·左衛門尉盛時

B　幕府内紛·幕府の指令

19	建久四（1193）	3·16	【丹波】越中盛継追討	幕府	◎後藤基清
20	正治二（1200）	2·7	梶原景時与党芝原長保を追捕	幕府	◎大内惟義　◎●佐々木広綱 ●後藤基清　←安達親長
21	建仁元（1201）	1·23	城長茂、頼家追討宣旨を請う		●小山朝政·中原親能·佐々木定綱
22		2·22	【吉野奥】城長茂を誅す	幕府	
23		2·29	城長茂余党を誅す		
24	建仁三（1203）	7·16	頼全(阿野法橋全成男)を誅す	幕府	◎(→)源仲章　◎●佐々木定綱　←大江能範
25	元久二（1205）	⑦·26	平賀朝雅を追討	幕府	●金持広親·首藤持寿丸(通基)·安達親長·後藤基清·五条有範·佐々木広綱·同経高·同盛綱·同高重·同信綱·隠岐前司親重
26	建暦二（1212）	2·23	山門衆徒に対し園城寺警固	幕府	◎中原季時·佐々木広綱　←足立元春
27	建保元（1213）	5·14	和田義盛与党の追捕	幕府	◎佐々木広綱·五条有範
28	建保二（1214）	11·13	和田義盛余党を襲撃	幕府	

C　参　　考

29	建保元（1213）	4·26	法勝寺九重塔供養守護	後鳥羽	●大内惟信·大友能直·安達親長·山田重忠·熊谷実景·加藤光時·金持広成·源(大江)親広·若狭忠季·江能実·同範親·民部右衛門尉能広·佐々木広綱·中条信綱·同範俊·佐々木経高·同高重·内藤盛家·加藤景廉·朝日頼清·

〈史料の略称〉　明：明月記、猪：猪隈関白記、三：三長記、仲：仲資王記、自：自暦記、不：不知記、薬：玉薬、天：天台座主記、仁：仁和寺日次記、百：百練抄、古：古記部類、吾：吾妻鏡、一：一代要記、愚：愚管抄、六：六代勝事記、尊：尊卑分脈、紀：紀氏系図、清：清和源氏系図。

在京御家人と考えられる。動員された武士が一人も御家人と確認できないのは、承久元年（一二一九）の「西面」による源頼茂追討（表1―18）のみである。

以上のごとく、後鳥羽院政期在京武士の主力は西国守護を中心とする在京御家人だったのであり、晩年になってようやく「西面」の活動が目立つようになったにすぎない。大規模な軍事活動を遂行する武力という点で、京武者は、在京御家人には及ばなかったのである。以下では、両集団の武力の差が何によるのかを、それぞれの存在形態から考えたい。

二　京武者の武力と存在形態

ここでは、白河・鳥羽院政期に在京武力の主力を占めた京武者が、後白河・後鳥羽院政期にいかなる存在であったのかを考えたい。

1　後白河院政期の京武者

在京武士の中で京武者の武力の比重が低下したのは、後白河院政期に遡る。鳥羽院政期に、院の権門武力である北面に有力な京武者が組織され、北面中心の軍事動員体制が確立した（注(7)横澤論文）。しかし保元の乱・平治の乱とその後の混乱によって、平忠正・平正弘・源為義・源義朝・源重成・源光保・源季実等、有力な京武者の多くが滅亡する。その中で唯一、京武者的性格を脱して広範な地方武士を組織する「武門の棟梁」

				内部蔵人・**惟宗孝親**・重原次広・備前国守護代・河内国守護代

《例言》〈武士等の注記〉　●：追討・防禦・警固、◎：幕府からの指令の相手、←：使節等として本人が上洛、(→)：書状・使者を鎌倉に派遣。

〈武士等の人名〉　**太字**は被動員時に西国守護在任の者（同一事例に正員が見えない場合は子息）。守護の任免は、佐藤進一『増訂鎌倉幕府守護制度の研究』、田中稔「大内惟義について」（同『鎌倉幕府御家人制度の研究』）、伊藤邦彦『鎌倉幕府守護の基礎的研究　国別考証編』による。二重下線は御家人と確認できない者。下線は「西面」と明記されている者。

となったのが、平清盛である（注(6)元木論文）。

平治の乱後、治承・寿永内乱期より前に後白河が大規模軍事活動に動員した武士は、平家一門・家人以外では次の事例が確認できるにすぎない。

・嘉応元年（一一六九）の山門強訴

美濃・尾張の清和源氏満政流重定（『玉葉』同年十二月二十三日条）

摂津の清和源氏頼綱流頼政（『玉葉』安元三年四月十九日条）

・安元三年（一一七七）の山門強訴

源頼政（『玉葉』同年四月十九日条）

伊勢の桓武平氏貞季流兼隆（『玉葉』同年五月十五日条、『愚昧記』同十六日条）

二度の強訴の経過を検討すると、どちらの場合も平家が主力であり、源重定・源頼政・平兼隆ら京武者は副次的な存在にすぎなかったことがわかる(18)。

彼らのうち、源頼政は以仁王に属して治承四年（一一八〇）五月に討死し（『玉葉』五月二十六日条）、平兼隆は伊豆目代として在国していた同年八月に源頼朝に討たれた（『吾妻鏡』八月十七日条）。源重定（重貞）は、寿永二年（一一八三）七月、木曾義仲等の上洛を前にして、近江から京に逃亡したことが知られるが（『吉記』六月十三日条）、その後の動向は不明である。

彼らの他にも、京武者は、畿内近国に本拠地を有し、流通・交通上の要衝を掌握していたため、その参向・敵対が平家・木曾義仲・鎌倉幕府勢力（源義経・北条時政等）と変化する在京武力中枢の興亡に重要な役割を果たした。[19] ただし、寿永二年（一一八三）十一月に木曾義仲と後白河院方の武士が戦った法住寺合戦では、後白河院の軍事動員に応じた者の多くが京武者であったが、院方が敗北している（注(19)拙稿等参照）。

以上のごとく、保元・平治の乱後も後白河院が頼りとする武力は京武者であったが、在京武力の中枢を占めた平家・義仲・鎌倉幕府勢力に比して彼等の軍事的意義には限界があり、治承・寿永内乱の過程で浮上する者が目立つとはいえ、その多くは討死や所領没収などの打撃を受けている（注(19)諸論文参照）。京武者の軍事的意義や顔触れは、後白河院政期の段階で、すでに鳥羽院政期とは大きく異なっていたのである。

2　清和源氏満政流

次に、後鳥羽院政期の京で軍事・警察活動が確認できる京武者の一族の武力と存在形態を考えたい。

まず、既述の嘉応の強訴に動員された満政流重定（重貞）の一族を見ておく。満政流には、美濃・尾張・近江を名字地とする者が多い。

系図　清和源氏満政流（『尊卑分脈』三―六三～六七頁）

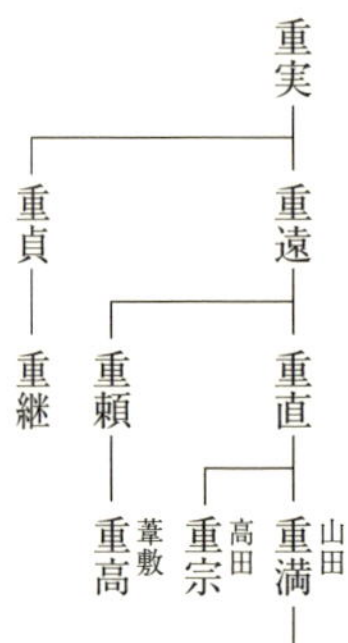

重定の男重継は、中宮（任子）侍長から内親王（昇子）御監に補任され（『三長記』建久六年十月十六日条）、吉田経房の行列で前駆をつとめる（『自暦記』建久九年十一月十八日条）等、京の貴族社会で諸大夫としての地歩を保った。[20] しかし、重継の軍事・警察活動は確認できない。

一方、源重定の兄重遠は、源氏の「累代御家人」であり、平治の乱後も平家に従わなかったという（『吾妻鏡』文治元年四月二十八日条）。

重遠の子孫である葦敷重隆・高田重家（系図の重宗であろう）・泉（山田）重忠は、義仲と共に平家を都から追い落とした後に京中守護を担当したが（『吉記』寿永二年七月三十日条）、やがて義仲と対立し、のちには鎌倉幕府御家人に列した[21]。建久三年（一一九二）、美濃国の「存二家人之儀一輩」が、守護大内惟義の催促に従い、洛中強賊禁遏のための大番役勤仕を命ぜられた際に、葦敷重隆は特に勤仕が要求されている（『吾妻鏡』六月二十日条）。重隆の武力は守護に編成されたのであり、ここに西国守護の軍事的優越の一因が示されていよう。また、山田重忠は法勝寺九重塔供養守護に動員されている（表1―29）。しかし、後鳥羽院政期に彼らの大規模軍事活動は確認できない[22]。

満政流は、御家人に列した者もいるが、京武者の存在形態を維持した。その武力は警察活動に限定されたのである。

3　藤原氏利仁流河合系斎藤氏

次に、越前の藤原氏利仁流河合系斎藤氏を見ておきたい。河合系斎藤一族には、平安時代から検非違使や院宮諸家の家政機関職員等として在京する者が多かったが、平安時代には源平の京武者よりも一段下層の家格に位置していた[23]。治承・寿永内乱を経て上層の京武者の多くが没落したこともあり、後鳥羽院政期には斎藤氏の活動が目立つようになる。

成実の子孫のうち、実員は、建暦三年（建保元年。一二一三）の清水寺・清閑寺相論鎮圧（表1―13）で処罰された「西面」の藤原実員（『皇帝紀抄』八月九日条）に比定できる。後述するごとく、「西面」個々の武力は弱体だったと考えられる。

宗景子孫のうち、能宗は、検非違使であった建久七年（一一九六）四月十五日、解官された藤原仲頼を陣で請け

系図　河合系斎藤氏（『尊卑分脈』二―三三七～三五一頁）

- 助宗
  - 成実
    - 実信
      - 実利
        - 実親
        - 実隆 ― 実員
      - 友実
  - 宗景
    - 能宗 ― 隆景 ― 重宗
    - 助頼 ― 助清
    - 宗長
      - 成重
      - 景頼 ― 親頼
    - 助季 ― 助遠

取っている（『明月記』）。正治二年（一二〇〇）六月、能宗は、郎従が大津神人と問題を起こしたため、延暦寺衆徒の訴えにより、隠岐国に配流された。能宗息男の左衛門尉隆景と孫の帯刀重宗は解官された（『天台座主記』六四―弁雅）。

成重は、後鳥羽天皇の滝口の中でも、藤原秀康と共に特に重用されていた[24]。建久九年（一一九八）正月二十二日の後鳥羽院北面始から祇候し（『参軍要略抄』）、大夫尉であった[25]元久二年（一二〇五）には法住寺殿内で強盗を搦めた（『明月記』五月六日条）。

同年、大和守に補任されている（『明月記』十一月三十日条）。

景頼は、院北面に候し、新日吉社小五月会の競馬を勤仕している[26]。

親頼は、『玉蘂』承久二年十一月五日条に皇太子懐成の帯刀として所見し、『美濃国諸家系譜』の景頼男親頼の項に「承久二年庚辰四月、始テ美濃国目代ニ被レ任、住ニ彼国各務郡一」とある（『大日本史料』第四編之十六―一三九頁）。左衛門尉であった助清は流鏑馬を勤仕している（『明月記』建暦三年五月九日条）。

以上のごとく、鎌倉前期の河合系斎藤一族は、受領・目代・検非違使・衛門尉・帯刀といった官職・任務につき、北面に候し、競馬や流鏑馬等の武芸で院に奉仕している。成重の活動から、警察活動を遂行する武力は保持していたことがわかる。しかし、大規模軍事活動の所見は「西面」の実員のみである。河合斎藤氏の一族で御家人に列した者は確認できない。

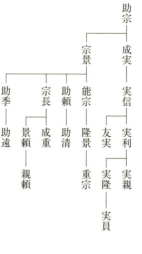

4　藤原氏秀郷流秀康・秀能

如上の平安後期以来の活動実績がある京武者に対して、後鳥羽が新たに育成した京武者が藤原秀康・秀能兄弟である。秀康は、御家人ではなく、滝口から受領へと破格の昇進を遂げている。[27]

その軍事・警察活動を見ると、建暦三年（一二一三）七月十一日に河内守藤原秀康が強盗を搦め（『明月記』）、建保四年（一二一六）二月二十九日に淡路守藤原秀康・大夫尉秀能兄弟が東寺の仏舎利を盗んだ群盗を捕らえている（『吾妻鏡』三月二十二日条）。また、秀能が建暦三年の清水寺・清閑寺相論鎮圧に動員されている（表1―13）。秀康の叔母が有力御家人の大内惟義に嫁し、惟信を生んでいる点も注目される（『尊卑分脈』二―四〇八頁）。

秀康の父秀宗は軍事的活動が確認できず、後鳥羽が秀康を爪牙として育成したことは間違いない。しかし、大規模軍事活動はわずか一件のみであり、彼等の武力は、西国守護を中心とする在京御家人に及ぶまでには成長しえなかったのである。[28]彼等の能力はむしろ国衙や所領の経営といった財政活動でこそ発揮されたのであった。[29]

以上のごとく、後鳥羽院政期における京武者は、警察活動を遂行する武力は保持していたが、大規模軍事活動への関与は少なかった。ここに取り上げた以外にも京武者は多く存在し、その実態には未解明な点が多々あるため、今後追究すべき課題といえるが、軍事的意義に注目する限り、低く評価せざるを得ない。白河・鳥羽院政期に在京武士の主力を占めた京武者は、後白河・後鳥羽院政期には在京武士の主力たりえなくなったのである。

三　在京御家人の武力と存在形態

ここでは、西国守護を中心とする在京御家人の武力と存在形態について考えたい。

1　清和源氏頼綱流

まず、嘉応の強訴に清和源氏満政流重定とともに動員された、頼綱流頼政の一族を取り上げる。この一族は、頼政・子頼兼・孫頼茂と、三代にわたり大内守護を継承する。頼兼は、家人の武者所久実が内裏に入った盗人を捕縛したことが知られる（『吾妻鏡』文治元年五月二十七日条）。ただし、頼兼段階では、独力での大内守護の勤仕は困難だった。[30]

頼兼の子頼茂の洛中警固への関与を見ると、清水寺・清閑寺相論の鎮圧に動員されていることが注目される（表1—13）。わずか一件だが、警察活動のみが知られる満政流に比して大規模な武力を有していたことが明らかであろう。その背景と考えられるのが鎌倉幕府内での位置である。頼茂は、鎌倉での行列にたびたび供奉しており、実朝の家司に補任されている（『吾妻鏡』建保六年十二月二十日条）。鎌倉下向時に起こった建保合戦の際は、名越に陣を張り、和田義盛の御所襲撃に備えている。畿内近国に本貫地を有し、御家人に列した源氏門葉の中でも、京のみを基盤とする満政流とは異なり、頼茂は京と鎌倉の双方に政治的・軍事的基盤を有していたのである。

頼茂は、京武者と呼ぶにふさわしいとされるが（注（9）木村論文）、御家人としても発展しており、むしろ京武者とは異なる存在形態といわねばならない。

2　有力在京守護一族の存在形態

後鳥羽院政期に大規模軍事活動の所見が特に多いのは、いずれも西国守護の、佐々木定綱・広綱父子、後藤基清、大内惟義・惟信父子である。幕府も彼らに直接指令を宛てており（表1の◎印）、彼らが在京御家人の中心的存在と認識されていたことがわかる。

確かに、彼ら在京する西国守護個々人に注意すれば、京武者に類似する点も多い。例えば、彼らは畿内近国に所領を持ち、諸大夫相当の官位まで昇進している。周知の通り、彼らは、北面・西面への祗候や院領の知行が確認できるなど、後鳥羽と親密な関係にあった。後鳥羽の推挙・給付によって獲得した官位・所領も確認できる。(31) また、後藤基清は父祖（藤原氏秀郷流佐藤・利仁流後藤）に遡ると京武者である。

しかし、定綱・基清・惟義の父（秀義・実基・平賀義信）は、源義朝に属して平治の乱で敗れた結果、本拠を追われたり、逼塞を余儀なくされたりした。一旦没落した後、鎌倉幕府勢力として京・畿内に地歩を回復したという点で、公家政権に従属・依存し続けた京武者とは異なる。

とりわけ、在京御家人と京武者の相違は、一族総体の存在形態から明確となる。近年の武士論では、平安後期の武士が京と在地での活動を家人型郎従や一族と分担していたことや、(32) 鎌倉後期の御家人が在鎌倉・在京・在国という分業形態にあったことが明らかにされている。(33) 鎌倉前期の西国守護の在京も、一族内の活動分担者として位置付けることができよう。

ここでは、鎌倉前期在京御家人の代表として佐々木・後藤・大内を取り上げ、平安後期とは異なる活動分担の構造と特質を明確化したい。

（1）佐々木氏

佐々木一族は、『吾妻鏡』をはじめとして史料が豊富に残っており、活動分担の構造が明確にわかる好例であるため、やや詳細に見ておきたい。表2には、佐々木一族の略系図と、史料に確認できる活動地を整理した。なお、『吾妻鏡』には儀式の際の行列に供奉した者の交名が載せられている。地の文よりも信頼できる史料だが、儀式のために鎌倉に下向したと思われる事例もあるので[34]、他の活動とは区別した（△印）。

元暦元年（一一八四）、伊勢・伊賀平氏の反乱で落命した父秀義（『吾妻鏡』八月二日条）から、太郎定綱が本貫地近江を継ぐ。文治年間は、基本的に定綱のみが京で活動し、残る兄弟が鎌倉で活動している。三郎盛綱は鎌倉のみならず越後でも活動するようになる。

建久二年（一一九一）、延暦寺との紛争により、定綱男定重が処刑され、定綱は流罪宣下の前に逐電する（『吾妻鏡』四月十一日条）。騒動の発端時に、定綱自身は在京し、その男達は近江に在国していた（『玉葉』四月二日条）。同年四月の山門衆徒の強訴の際は、四郎高綱が在京しており、防禦に動員された（『玉葉』四月二十六日条）。やがて、高綱に加え

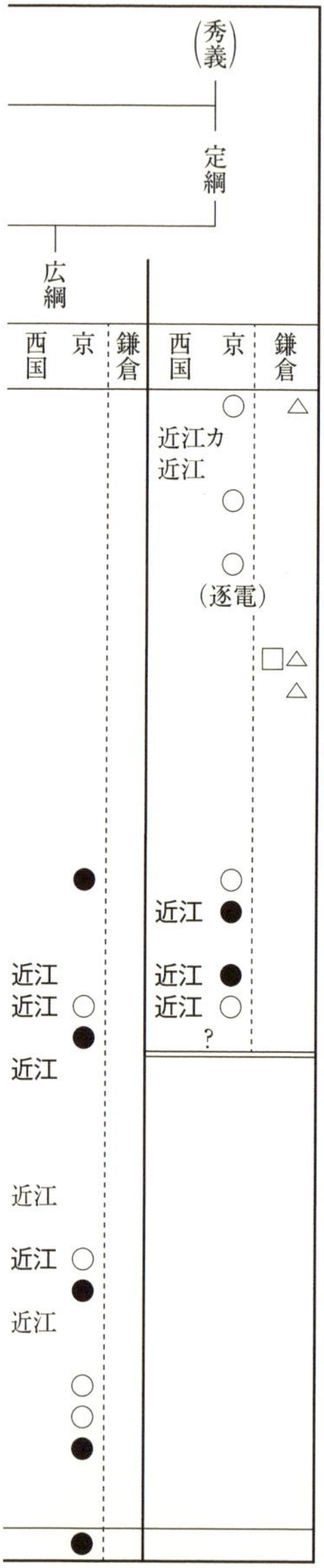

表2　佐々木一族の活動

		義清		高綱			盛綱				経高			信綱		
		京	鎌倉	西国	京	鎌倉	西国	京	鎌倉	東国	西国	京	鎌倉	西国	京	鎌倉
1185	文治元					△			△							
1186	二				?				□							
1187	三												□			
1188	四								□							
1189	五		□			□△			□	越後			□			
1190	建久元								□		阿波					
1191	二		□		●				□△							
1192	三		△						□△			?				
1193	四		□		○				□△			●				
1194	五		△	周防					□△	越後			□△			
1195	六								□	越後カ		○				
1196	七															
1197	八															
1198	九															
1199	正治元								□							
1200	二		□									●				
1201	建仁元									上野・越後		○		近江		
1202	二														○	
1203	三			高野山			伊予カ・近江				近江	○				
1204	元久元															
1205	二							●			阿波	●			?	
1206	建永元		□													
1207	承元元															
1208	二															
1209	三															
1210	四															
1211	建暦元															
1212	二		□													
1213	建保元		■									●				□△
1214	二															□△
1215	三									越後カ						□
1216	四															□△
1217	五															
1218	六															
1219	承久元		△													
1220	二															
1221	承久の乱								(■男信実)			●				■

《注》○：京、●：京（方）で武力行使、□：鎌倉、■鎌倉（方）で武力行使、△：行列供奉。
国名の太字：当該国での武力行使。ただし文治五年の奥州合戦、建久元年・六年の頼朝上洛は除く。
『吾妻鏡』『鎌倉遺文』『玉葉』『明月記』『三長記』、その他『大日本史料』所収史料による。

て次郎経高も京・西国で活動するようになるが、高綱は遁世する。

正治～元久年間には、経高に加えて、赦免された定綱が在京活動を再開する。定綱存生中には、その男広綱・信綱も京・近江で活動しており、親子で京・近江を往返・分担していたと考えられる。なお、盛綱は、建仁三年（一二〇三）の延暦寺堂衆追討や元久二年（一二〇五）の平賀朝雅追討（表1―6・25）に参戦しているが、伊予守護である関係から在京中だったのであろう。

すなわち、大まかな傾向として、文治～元久年間は、定綱・経高が京を中心に西国で活動し、盛綱・五郎義清が鎌倉を中心に東国で活動していた。元久二年（一二〇五）に定綱が没した（『吾妻鏡』四月九日条）後は、広綱が在京し、弟信綱が鎌倉で活動するようになる。第二世代による新たな活動分担が成立したのであり、既述の定綱と同様、広綱自身は基本的に在京し、男達が近江に在国していたと考えられる。

以上から、一族による西国と東国、西国内での京と在地所領、東国内での鎌倉と在地所領、という活動分担の構造が窺えよう。平安後期の武士は、京を核に在地所領の活動を分担していたが、権門都市鎌倉の成立により、活動分担の構造は、京を西国所領網の核とし、鎌倉を東国所領網の核とするものに再編成されたのである。

注意すべきは、如上の活動地が、そのまま承久の乱時の京方・鎌倉方の分裂、鎌倉方上洛軍の編制に移行することである。京・近江で活動していた広綱が京方、鎌倉に居た信綱が鎌倉方東海道軍、上野・越後に居た盛綱の男信実が鎌倉方北陸道軍に編制されている(35)。逆にいえば、ある武士について、承久の乱時の動向からそれ以前の活動地を類推することが、一定程度可能ということになろう。

（2）後　藤　氏

後藤基清は、実父が藤原氏秀郷流の佐藤仲清であり、河内国坂戸を本拠とする藤原氏利仁流の後藤実基の養子となった（『尊卑分脈』）。実基は、平治の乱後、のちに一条能保室となる源義朝女（源頼朝の妹）を養育したといい、基清も一条能保の家人としての活動が目立つ(36)。

従来は看過されてきたが、文治四年（一一八八）十月日「源有経解写」（『正閏史料外編』一阿弥陀寺所蔵。鎌遺一―三四九）に「去文治元年三月卅日、九郎判官殿〈源義経〉追二討平家一之間、讃岐御目代字後藤兵衛尉之歩兵、号二山落一入二豊西南条小野山一」とあり、文治元年（一一八五）二月の屋島合戦直後に、後藤基清が讃岐国の目代を務めていたことがわかる。文治元年当時の讃岐守は一条能保であり（『公卿補任』）、鎌倉幕府勢力の四国攻略を進めるために、御家人にして一条能保の家人でもある基清が目代に補任されたのである。基清は、のち正治元年（一一九九）に源通親襲撃を企てた三左衛門の一人として、讃岐の守護を解任されるが（『吾妻鏡』三月五日条）、その前提として注目される。

後藤基清は、建久九年（一一九八）正月の後鳥羽譲位直後の北面始に所見し（『参軍要略抄』正月二十二日条）、二月十四日の八幡御幸にも北面下﨟として供奉している（『明月記』）。さらに基清は『後白河院北面歴名』にも所見し(37)、『秀郷流系図　後藤』（群系五―一六二頁）にも「後鳥羽院・後白河北面」と注記がある。すなわち、基清は頼朝の生前から後鳥羽院北面への祗候が確実であり、遡って建久三年（一一九二）に没した後白河の北面だった可能性がきわめて高いのである(38)。後鳥羽院が御家人を北面・西面に組織しえた理由として、従来は正治元年（一一九九）の頼朝死去後の統制力低下や実朝の政治姿勢が指摘されてきたが(39)、後白河段階からすでに北面に列した在京御家人が存在したことは、公武の融和が従来考えられてきた以上の親密さだったことを示唆する。そして、院の権門としての基盤や治天の君としての権威が、後白河から後鳥羽へと円滑に継承されたことも重視すべきであろう。

さて、如上の京や院との関わりが深い後藤基清も、父子で鎌倉と京の分業が見出せる。後藤基清は、長期にわたり京・畿内近国での活動が確認できる。基清の男基綱は、承元二年（一二〇八）には六条若宮の「東北二町殖竹」の造営を担当しているが、[40]建暦三年（一二一三）には実朝の「学問所番」に候している（『吾妻鏡』二月二日条）。この頃には長期的に鎌倉で活動するようになっていたと考えられる。

承久の乱の際は、基清が京方、基綱が鎌倉方に属した。[41]

（3）平賀・大内氏

平賀・大内一族は源氏門葉中の最有力家門であった。信濃国平賀郷を名字地とする義信は鎌倉・武蔵など東国で活動している。その息男大内惟義は、治承・寿永内乱期から、京や畿内近国で活動するとともに鎌倉でも活動している。惟義の弟平賀朝雅は建仁三年（一二〇三）に京都守護として上洛する。朝雅も後鳥羽に近侍したが、室の両親（母牧の方と父時政）の失脚に連座して京で討たれた。[42]

その他、『尊卑分脈』三―三五四頁によれば、平賀朝雅のほかに、義信の弟有義も平賀を名乗っており、『尊卑分脈』に見える有義の男「七郎」「有延」は、承久の乱で関東方として勲功賞を得た「平賀九郎有信」に比定できる。[43]平賀有義の男資義は金津を名乗り、大内惟義の甥（弟朝信の男）時信は小野を名乗り、それぞれ承久の乱では鎌倉方

表3　後藤一族の活動

基綱		基清		
京	鎌倉	西国	京	鎌倉
			○	△
			○	
			○	
			○	
				□
				△
			○	△
				△
●				
			○	
			●	
	△		●	△
			?	
			●	
			●	
○				
	□	播磨カ	●	△
			●	
	△		●	
	□△			
	□			
	■		●	

表４　平賀一族の活動

		平賀朝雅			惟信（大内惟義の子）			大内惟義			平賀義信（朝雅・惟義の父）		
		西国	京	鎌倉	西国	京	鎌倉	西国	京	鎌倉	京	鎌倉	東国
1185	文治元								？	□△		□△	
1186	二							摂津	○				武蔵
1187	三							美濃カ	？			□	
1188	四											□	
1189	五									□△		□△	
1190	建久元												
1191	二								○	□△		□	
1192	三							美濃カ	？	□		□	
1193	四									□			武蔵
1194	五									□△		□△	
1195	六							美濃カ		？△		？	武蔵カ
1196	七												
1197	八												
1198	九												
1199	正治元								○				
1200	二			□					●	□			
1201	建仁元												
1202	二											？	武蔵カ
1203	三		○	■					●			□	
1204	元久元	**伊勢**	○						？				
1205	二		●			？							
1206	建永元												
1207	承元元												
1208	二								○				
1209	三				伊賀								
1210	四												
1211	建暦元												
1212	二								○				
1213	建保元					●	□△		○	□△			
1214	二					●		**伊賀**	○	□△			
1215	三								○				
1216	四						□						
1217	五												
1218	六									△			
1219	承久元									△			
1220	二					○	？						
1221	承久の乱					●							

《注》○：京、●：京（方）で武力行動、□：鎌倉、■鎌倉（方）で武力行動、△：行列供奉。

国名の太字は当該国での武力行動。ただし文治五年の奥州合戦、建久元年・六年の頼朝上洛は除く。

『吾妻鏡』『鎌倉遺文』『玉葉』『明月記』『三長記』「六条八幡宮造営注文」、その他『大日本史料』所収史料による。

北陸道軍に属した（『吾妻鏡』承久三年六月八日条）。彼等の名字地は、越後国金津保、信濃国小野牧であろう。この一族の場合、生前の平賀義信が鎌倉・東国、大内惟義が京・西国、平賀・小野・金津を名字とする庶流（平賀朝雅は上洛するまで）が、信濃・越後で活動を分担したと、一応はいえる。

ただし大内惟義は、他の在京西国守護とは少し異なり、頻繁に鎌倉での活動や行列供奉をしている。さらに惟義は京を囲む摂津・丹波・越前・美濃・伊勢・伊賀の守護であり（注（16）田中論文）、河内源氏の祖満仲の所領であったという重要な由緒を有する摂津国多田荘を与えられている。(44)また惟義は建久二年（一一九一）に後鳥羽即位後の八十島祭の随兵を勤仕しているが（『玉葉』十一月九日条）、かつて二条・高倉の八十島祭の随兵は多くが平家一門であり、(45)在京武士の代表的存在が勤仕する役であったと考えられる。大内惟義は鎌倉殿の在京活動分担者ともいうべき存在であり、西国守護の中でも統轄者的位置にある（『吾妻鏡』建暦二年七月七日条）。代替可能な人材がいないため、頻繁に京・鎌倉を往返していたと考えられよう。

以上のごとく、有力在京守護は、京・西国のみならず鎌倉・東国にも基盤を持ち、一族で各地の活動を分担していたのである。

3　在京武士と西国守護

次に、既述の有力在京守護の武力を在京武士の中に位置付けたい。木内正広氏は、西国守護が、その職務ゆえに在京を必要とし、管国の「国軍勢」すなわち大番役御家人を率いて「帝都警衛」にあたる（『吾妻鏡』正治二年七月二十七日条）存在であることを論じた（注（3）木内論文）。ただし、西国守護の中でも京・近国での軍事活動が多い者と見えない者とがいる。また、西国守護ではないが、軍事活動が確認できる御家人もいる。

これらを整合的に理解する前提として、西国守護などの特殊な職務を帯びた御家人に限らず、武士という存在自体が京を重視したことを踏まえておかねばならない。先学が明らかにした通り、平安後期の京は、武士にとって公家権門との関係や家格・所領を維持・獲得し流通に携わるための重要な活動の場であった(46)。既述のごとく、鎌倉前期にも京武者が在京し、御家人との間に姻戚関係も結ばれている(47)。西国守護ではない東国御家人にも、確実な在京の事例や在京が推測できる事例が多々ある(48)(49)。京は依然として武士の重要な活動拠点だったのである。こうした在京守護・京武者を含む在京武士を、後鳥羽は軍事動員の対象としていた。

ただし、多くの在京武士の中でも、軍事活動が可能な武力を保持したのは、建仁三年の堂衆追討（表1―6）の際に見える通り「西国有二所領一之輩」（『吾妻鏡』十月三日条）であった。その他、表1A・Bに見える武士のうち、守護やその息男以外でも、源頼茂・加藤光員に本人や父の西国所領が確認できる(50)。既述の佐々木・後藤・大内は、強大な在京武力を保持する前提として、西国に多くの所領を有し、強固な支配を樹立したことが推測できる。西国守護職は、大番催促以外に、私的武力の供給源となる所領の保持・支配という点でも重要な役割を果たしたのである(51)。

しかし、東国を本拠とする御家人の多くは、西国守護本人や一族・代官の在京が確認できても、大規模な軍事活動の所見は少ない。例えば土佐守護の三浦義村の場合、自身は東国で活動し、一族の誰かが在京して警察活動を遂行する武力は有していたが(52)、大規模軍事活動の所見はない。大規模軍事活動に関与していたとしても、西国所領が少なく、在京中の武力が小規模なため、目立たなかった（結果、史料に残りにくい）のであろう。

東国を名字地とする御家人は、三浦のごとく、当主・嫡流が鎌倉や東国にいる場合が多い。東国御家人にとっても京は重要な活動の場であったが、彼らは京以上に鎌倉を重視していたのである。逆に、佐々木・後藤・加藤は、当主・嫡流が京や西国におり、子弟・庶流が鎌倉や東国で活動していることが『吾妻鏡』等からわかる。京・西国を重視した分業体制といえよう。大内・源頼茂も、鎌倉・東国より京・西国の活動が主である。京・西国を主とし、一族で鎌倉にも基盤を持つ有力な御家人が、在京武士の主力を占めたのである。

以上を勘案すると、後鳥羽の動員対象である多くの在京武士の中で、一定以上の在京武力を保持したのが西国に重心を置く有力御家人であり、その「有力さ」を支えた重要な権限の一つが西国守護職であったといえよう。

後鳥羽院政期在京武士の武力構成を以上のごとく考えると、在京御家人なしに京・畿内の治安は維持できなかったといえる。それに対して鎌倉幕府の姿勢は、御家人の「在京奉公」を賞するなど（『吾妻鏡』建暦二年三月二十日条等）、協調的なものであった(53)。後鳥羽の武力は、在京御家人に武力基盤を分与して在京奉公を推奨する鎌倉幕府を、必須の要素として組み込んでいたのである。

四　軍事動員と権門武力組織

ここでは、後鳥羽による軍事動員と権門武力組織を論ずることとする。

1　後鳥羽院による在京武士動員

まず、後鳥羽による在京武士動員の根拠を考えたい。建仁三年（一二〇三）、延暦寺の堂衆と学生に対立が生じた（『天台座主記』六六―実全、八月二十五日条）。十月十五日、城郭を構えた山門堂衆追討のため、後鳥羽は「官軍」を派遣する（表1―6）。「官軍」はほぼ全て御家人と確認できる。平岡氏は、このとき後鳥羽が御家人を直接動員しえた理由として、比企能員の乱、鎌倉殿の交代という当時の関東の政治情勢を挙げる。そして、北条時政が、後鳥羽の支持を取り付けるために、平賀朝雅を上洛させて在京御家人の指揮権を付与した、それを間接的に示すのが、『吾妻鏡』十月三日条の「武蔵守朝雅為二京都警固一上洛。西国有二所領一之輩、為二伴党一可レ令二在京一之旨、被レ廻二御書一云々」という記述だとする。

しかし、御家人に対する後鳥羽の指揮は、すでに正治二年（一二〇〇）の柏原弥三郎為永[54]の追討から確認できる。この時、幕府の使節が到着する前に、後鳥羽の派遣した「官軍」が柏原を攻撃していた（表1―3。『明月記』十一月二十六日条、『吾妻鏡』十二月二十七日条）。元久元年（一二〇四）の伊勢・伊賀平氏の蜂起の際にも、御家人に対して、後鳥羽と幕府の動員命令に重複がある（表1―8。『明月記』三月二十一日条、『吾妻鏡』三月十日条）。後鳥羽は、幕府の意向と無関係に、在京御家人を直接動員しえたのである。そもそも、幕府に諸国守護を命じた院が、被命令者である幕府から権限を与えられるというのは、倒錯した議論であろう。

であれば、建仁三年十月の「西国有二所領一之輩」に在京を命じた「御書」は、関東の政変による京の混乱に備えるために発せられたと考えるべきである。その結果増加した在京御家人を、後鳥羽は動員したのであるが、特に葛西清重の動員は注目される。葛西清重は下総を本貫とし、『吾妻鏡』によれば当該事例以外は奥州や鎌倉など東国での活動が多く、このときは一時的に西国にいたと考えられる。また、清重に西国守護職の保持は確認されていない。すなわち、西国守護ではない急遽在京した（ゆえに院との私的関係がないと思われる）御家人も、院に動員されたのである。このことは、後鳥羽の軍事動員が公権力に基づくこと、動員の対象が全ての在京武士に及ぶことを示す。これまで重視されてきた西国守護制度の公的性格や権門内の支配関係は、後鳥羽による軍事動員の必須の前提ではないのである。

そして、如上の院の公権力は突如として成立したものではない。従来は、源頼朝が対峙した後白河を基準に、後鳥羽による在京御家人の直接動員を異常な事態とする認識があったと思われる。確かに後白河は、在京御家人のみならず、鎌倉幕府成立以前から、平家や木曾義仲をも統制できなかった。しかし、在京武士を動員した白河・鳥羽院を基準とすれば、後白河こそが異常な存在というべきである。また、限界があるとはいえ、後白河も強訴や法住寺合戦(一一八三)などの際に京武者を動員している。白河院政期以来、在京武士に対する院の公権力は、弱体化・強大化を伴いながらも機能し続けたのである。後鳥羽は後白河の正統後継者として遺領の大半を継承した(『玉葉』建久三年二月十八日条)。治天の君としての権威を保障された後鳥羽の成長によって、強大な院の公権力が復活したと考えるべきであろう。

2　西面と「西面」

次に、西面を中心に後鳥羽の権門武力組織を考察する。西面は、後鳥羽院政期にはじめて創設され(『愚管抄』巻一、後鳥羽)、乱後は設置されなかった。承久の乱で京方に属した守護級御家人数名が西面に祗候していたことから(『吾妻鏡』承久三年七月二日条等)、従来は後鳥羽の武力の中核として重視されてきた。まず前提として、いくつかの基礎的事項に言及しておきたい。

西面の設置目的につき、平岡豊氏は京中の治安維持とし、秋山喜代子氏(55)はさまざまな芸能者を含む下北面とは別の武芸専門の奉仕集団を組織するためと想定する。また西面の構成員につき、平岡氏は御家人が大半だったとし、秋山氏は非御家人も多かったとする。

『尊卑分脈』には、何人かの人物に「西面」の注記がある。平岡氏は、古記録に確認できないことを理由に、信頼できないとして所見を挙げず、秋山氏も藤原秀康の一族について西面とは考えがたいとする。確かに系図類は慎重な取り扱いが必要であり、筆者も「西面」の注記が全て事実と考えているわけではないが、未解明な点の多い西面の史料を安易に無視すべきではないだろう。表5は、系図の注記を含めて、管見に入った西面の一覧である。平岡・秋山両氏の研究では、西面として表5の内、23を除く1～50が知られている。

西面は、既知の者も含めて、史料上の所見が限られ、出自不明の者が多いため、確定的なことは言えないが、表5から、確かに御家人が一定数祗候していたことは確認できる。しかし、33藤原実員や51藤原信員は御家人とは考えがたい(56)。また、童が複数いることや、明らかに御家人とは考えがたい49賀茂秀平や近衛府の下級武官と考えられる31上毛乃、35佐伯がいることから、構成員に関する限り、非御家人も多かったとする秋山氏の見解が妥当であろう。設置目的についての私見は後述したい。

さて、西面の専論を著した平岡氏・秋山氏の見解は、設置目的と構成員につき異なるものの、建保年間以降は官軍の主力・中心とする点で一致している。その主たる論拠が建暦三年（一二一三）の清水寺・清閑寺相論の鎮圧（表1―13）における西面の活躍である。この事例を中心に、西面の軍事的意義について再検討したい。なお、以下では便宜的に、西面（祗候者）と、軍事動員の史料に表記される「西面」とを区別する。

建暦三年七月、延暦寺末寺清閑寺と興福寺末寺清水寺との間に境相論が起こった（『明月記』七月二十五日条）。八月三日、山僧が清水寺を焼き払おうと長楽寺に集結し、寺僧が清水寺に城郭を構えた。これに対して後鳥羽は、清水寺には検非違使（『吾妻鏡』八月十四日条によれば五条有範・大内惟信・後藤基清）を遣わして武備の制止を求め、寺僧は応じた。しかし、庁官長季を遣わした長楽寺では、山僧が「不レ及レ承二綸言一」などと言い、承引しなかった（『明月記』八月三日条）(57)。庁官の報告を受けて、後鳥羽は軍勢を派遣する(58)。

表5　後鳥羽院西面

No.	氏	名字	所見時の官・称等	名	史料	御家人
1	藤原	加藤	使・左衛門尉	光員	『吾妻鏡』建永元・五・六	○
2	嵯峨源	渡辺	左兵衛尉、愛王左衛門	翔	『明月記』承元二・五・九。『慈光寺』三五〇	
3	平	熊谷	左兵衛尉	直宗	『明月記』承元二・五・九。『皇帝紀抄』建暦三・八・九	○
4				鶴丸	『明月記』承元二・五・九	
5				岑王丸	『明月記』承元二・五・九	
6			(兵衛尉清綱子)	松王丸	『明月記』承元二・五・九	
7				金王丸	『明月記』承元二・五・九	
8	藤原			信村	『明月記』承元二・五・九	
9	平		左衛門尉	成時	『猪隈』承元三・五・九	
10	平		左兵衛尉	家国	『猪隈』承元三・五・九	
11				亀石丸	『猪隈』承元三・五・九	
12	豊原			万寿丸	『猪隈』承元三・五・九	
13	藤原	矢田	次郎	長茂	『猪隈』承元三・五・九	
14	日奉	雨摩	九郎	茂澄	『猪隈』承元三・五・九	
15	醍醐ヵ源	下総	二郎	広業	『猪隈』承元三・五・九。『天台』建暦三・八・三	?
16	嵯峨源	渡辺	源二・左兵衛尉	湛	『修明熊野』承元四・四・二一。仙洞『勘中記』建暦三・三・一	
17	藤原	新藤	右兵衛尉、左衛門尉	景家	『修明熊野』承元四・四・二一。『天台』建暦三・八・六。『皇帝紀抄』建暦三・八・九	
18	藤原	糟屋	乃三郎、左衛門尉	有久	『修明熊野』承元四・四・二一。『参軍』建暦元・三・二一。仙洞『勘中記』建暦三・三・一。『後鳥羽熊野』建保五・九・二六	?
19	藤原	糟屋	四郎左衛門尉	久季	仙洞『勘中記』建暦三・三・一。『天台』建暦三・八・六。『皇帝紀抄』建暦三・八・九。『後鳥羽熊野』建保五・九・二六	?

20	藤原	糟屋	七郎		『天台』建暦三・八・六	?
21	藤原		（壱岐守信久子）	信通カ	『猪隈』建暦元・閏正・五	
22			左兵衛尉	重家	『参軍』建暦元・三・二一	
23	藤原			秀能	『明月記』建暦三・正・一〇。『尊卑』二―四〇八	
24				信康	仙洞『勘中記』建暦三・三・二	
25	秦			頼弘	仙洞『勘中記』建暦三・三・二	
26	小野カ		野三左衛門尉		『天台』建暦三・八・六	?
27	小野カ		（野三左衛門尉子）		『天台』建暦三・八・六	?
28	藤原カ	花山佐藤	兵衛尉		『天台』建暦三・八・六	
29		志幾佐恵	兵衛尉		『天台』建暦三・八・六	
30	児玉党庄氏カ	庄	日太郎		『天台』建暦三・八・六	
31	上毛野氏		（上毛乃左衛門子）		『天台』建暦三・八・六	
32	中原		左衛門尉	尚綱	『皇帝紀抄』建暦三・八・九	
33	藤原	安原カ	左兵衛尉	実員	『皇帝紀抄』建暦三・八・九	
34	藤原		左兵衛尉	忠村	『皇帝紀抄』建暦三・八・九	
35	佐伯		左兵衛尉	正任	『皇帝紀抄』建暦三・八・九	
36			兵衛尉	程綱	『後鳥羽熊野』建保五・九・二六	
37				吉王	『後鳥羽熊野』建保五・九・二六	
38				成助	『後鳥羽熊野』建保五・九・二六	
39	平			宗成	『後鳥羽熊野』建保五・九・二六（『仁和寺』承久元・七・一三。『六代』）	
40		友野	右馬允	遠久	『吾妻鏡』承久三・六・一八	
41	平		平内		『吾妻鏡』承久三・六・一八	
42			左衛門尉	瑠璃王	『吾妻鏡』承久三・六・一八	
43	藤原	後藤	使・左衛門少尉	基清	『吾妻鏡』承久三・七・二	○
44	平	五条	筑後守	有範	『吾妻鏡』承久三・七・二	○

45	宇多源	佐々木	山城守、小太郎	広綱	『吾妻鏡』承久三・七・二。『尊卑』三-四二一	○
46	大江		使・左衛門少尉	能範	『吾妻鏡』承久三・七・二	○
47		勝木		則宗	『吾妻鏡』寛喜二・二・六	○
48	平			時実	『古今著聞集』巻五。『元亨釈書』一七（西音）	
49	賀茂		よ七大夫	秀平	『賀茂旧記』承久三・五・一五	
50		横田	兵衛尉	業資	「石清水八幡宮記録」廿九『八幡祀官俗官并所司系図』（「改幸員」）	
51	藤原			信員	『尊卑』二-三六	
52	藤原			秀康	『尊卑』二-四〇八	
53	藤原			秀澄	『尊卑』二-四〇八	
54	藤原			能茂	『尊卑』二-四〇九	
55	藤原			秀範	『尊卑』二-四〇九	
56	源	土岐	左衛門尉、土岐判官、浅野判官、出羽守	光行	『尊卑』三-一四六。『土岐系図』（群系三-一六四・一七九）	○
57	紀	池田	武者所、刑部丞、紀四郎	泰永	『尊卑』四-二〇七	○
58	紀	真壁	左兵衛尉	種康	『尊卑』四-二一三	○
59	紀			季清	『紀氏系図』（群系一-二八六）	
60	越智	河野		通政	『越智系図』（群系六-一四三）。『予陽河野家譜』	○
61	越智	得能	太郎	通秀	『河野系図』（群系六-一六一）	○
62	上道		宮丸六郎大夫	氏明	『上道氏次第』（『加能史料　鎌倉Ⅰ』二八四頁）	
63	上道			氏信	『上道氏次第』（『加能史料　鎌倉Ⅰ』二八四頁）	
64	上道			氏家	『上道氏次第』（『加能史料　鎌倉Ⅰ』二八四頁）	
65	菅原		宮内少輔	為信	『浅羽本系図』（大史料四-一六-二三四）	
66	平	仁科	次郎	盛遠	流布『承久』五五。前田『承久』一二三（「盛朝」）	○

67	平	仁科	(盛遠子)		流布『承久』五五。前田『承久』一二一三
68	藤原カ	斎藤カ	帯刀左衛門尉	親頼カ	前田『承久』一二三〇

《注》・平岡豊「後鳥羽院西面について」(『日本史研究』三一六、一九八八年)、秋山喜代子「西面と武芸」(同『中世公家社会の空間と芸能』山川出版社、二〇〇三年)を参照・補訂し、系図のみに見える者(No.50～65)や『承久記』のみに所見する者(No.66～68)も全て挙げた。

・史料略称：『修明門院熊野御幸記』→『修明熊野』。『後鳥羽院修明門院熊野御幸記』→『後鳥羽熊野』。『参軍要略抄』→『参軍』。「仙洞御移徙部類記」所収→仙洞。『猪隈関白記』→『猪隈』。『天台座主記』→『天台』。『仁和寺日次記』→『仁和寺』。『六代勝事記』→『六代』。「群書系図部集 第○」△頁→群系○-△。新訂増補国史大系『尊卑分脈』○篇△頁→『尊卑』○-△。慈光寺本『承久記』新日本古典文学大系△頁→『慈光寺』△。流布本『承久記』(現代思潮社「古典文庫」△頁)→流布『承久』△。前田家本『承久記』(日下力他編、汲古書院△頁)→前田『承久』△

・備考：No.51藤原信員：『尊卑分脈』に藤原氏良門流の藤原信久の曾孫とある。ただし、世代がやや離れすぎており、別の人物の注記の可能性がある。祖父の兄弟の信通(No.21)か。平岡論文参照。No.62上道氏明：白山本宮神主

史料1 『明月記』建暦三年(一二一三)八月三日条

忽然被レ仰二①西面之輩并在京武士・近臣家人等一、囲二彼寺四至一、不レ泄二一人一可二搦取一由宣下。須臾之間、各馳向。白日未レ及レ移レ晷、已獲二其什七八一、面縛生虜。……②西面壮士先登之輩、或有二死傷者一云々。官軍之中多有レ之。未レ聞二定説一。近江守頼茂、将二伏兵一遮二嶺東之険阻一、多搦下逃二山上一者上云々。

史料2 『天台座主記』七〇―公円、建暦三年(一二一三)八月三日条

於レ今者差二遣武士一、可レ剗二却甲冑一云々。即差二遣近江守頼茂、駿河大夫判官惟信、検非違使親清・秀能、并西面衆等一、且破二却清水寺城郭一、且可レ令レ剗二取山僧甲冑一之由被二議定一。……官軍又有二被レ疵殞レ命之輩一。其内、西面衆源広業被レ疵忽死去。

史料3 『仲資王記』建暦三年(一二一三)八月三日条

悪僧卅余人斬首。生取又五十人許云々。官兵少々、両(西)面者一両、為二山僧一被レ討。

史料４『皇帝紀抄』建暦三年（一二一三）八月三日条

遣二武士并西面輩一被二追散一之間、両方及二刃傷殺害一云々。

史料５『一代要記』建暦三年（一二一三）八月三日条

差二遣官兵并西北面衆等一。

史料６『六代勝事記』

官兵・西面の衆をつかはして、十余人を殺害し、廿余人を被二召捕一了。

後鳥羽の派遣した軍勢は、すぐに馳せ向かい、山僧を生捕ったり、斬首したりした（史料１・３・６）。「西面」が先陣をきり、源広業などの死傷者を出したこと（史料１・２）、源頼茂が機転を利かせたこと（史料１）がわかる。八月七日、山僧は、「西面之輩、有官者解二却見坐《ママ》一、無官者可レ給二検非違使一」と要求し、引き換えに帰住すると持ちかけた。翌八日、後鳥羽はこの要求に応じた（『明月記』八月七日条・同八日条）。処罰された「西面」十数名の名前は『皇帝紀抄』八月九日条と『天台座主記』八月六日条に記される（表１―13で下線を引いた人物）。

平岡氏は、「西面」の処罰が求められていることから、後鳥羽が派遣した「軍勢の主力」は「西面」であったとする(59)。そして、処罰された「西面」に御家人が含まれることから、在京御家人（平岡氏は、洛中警衛のために在京する御家人を指している）と西面は、明確に区別できる関係ではないとする。また、西面かつ在京御家人かつ近臣家人である後藤基清を挙げて、史料１傍線①等は「同一実体の多側面を表現」しているとする。

しかし、「西面」が処罰されたのは、先陣をきって戦闘し（史料１傍線②）、「狼藉」に及んだ者が多かったからであり(60)、兵力規模が主力だったとは限らない。後藤基清・五条有範は、のちに西面祇候が確認できるが、「西面」として動員されたわけではなく（注(57)参照）、処罰されてもいない。史料１傍線①は、「西面之輩」と「在京武士・近臣家人」を区別していると解釈するのが自然であろう。同様に史料2傍線部は、源頼茂・大内惟信・中原親清・藤原秀能と「西面」を区別していると解釈するのが自然である。そして、史料1・3～6が「官軍」「官兵」「武士」と「西面」とを区別していることも注目される。

処罰された「西面」の内、出自が確定できる御家人は糟屋久季のみである。糟屋久季は鎌倉での政治的地位を失って京に来たと考えられる(61)。他では、平岡氏の指摘する源広業と熊谷直宗、さらに野三左衛門尉父子(62)と庄日太郎にも、御家人の可能性がある。その場合、熊谷・小野・庄は、武蔵の党的武士団の出自と考えられ、西国所領も少なく、在京武力は小規模と想定される。さらに既述の私見が妥当であれば、「西面」の藤原実員は、越前の河合系斎藤氏であり、御家人であった明証はない。上毛乃(ママ)左衛門子息や佐伯正任は近衛府の下級官人の家系と思われる。「西面」を構成した武士個々の武力は、いずれも小規模・弱体と考えられる。

「官兵」と区別される「西面」が弱体な武士を集めた一部隊とすれば、この時以降も在京武士の主力は西国守護を中心とする在京御家人と想定されよう。その想定は、これ以降の大規模軍事活動の事例からも裏付けられる。

建保六年（一二一八）、山門衆徒の強訴に対して、後鳥羽は次の如く武士を動員した（表1―17）。

史料7　『吾妻鏡』建保六年（一二一八）九月二十九日条

山門衆徒頂二戴日吉・祇園・北野等神輿一入洛、奉レ振二閑院殿陣頭一。仍遣二北面衆一、被レ防二禦之一。又住京健士光員・基清・能直・広綱等、依二勅定一馳二参宮門一、相支之処、加藤兵衛尉光資（光員男。後号二加藤新左衛門尉一）、切二落八王子駕輿丁男腕一之間、令レ汚二穢神輿一。仍奉二振棄一帰レ山。

院の命を受けて即行動できる場所にいた「北面衆」と、勅定を受けて御所まで来て門を支えた「住京健士」とが区別されている。後者こそ、後鳥羽が緊急時に真に必要とした武力といえる。『吾妻鏡』の記す「在京健士」が、実は

「西面」であった可能性も考えられなくはないが、西面祗候が確認できる加藤光員・後藤基清・佐々木広綱とは異なり、大友能直が西面であった明証はない。当該事例は有力在京御家人の動員と見るべきである。

承久元年（一二一九）七月、源頼茂を追討（表1—18）した際は「西面」が活躍した。

史料8　『六代勝事記』

ちか比①西面とてえらびおかれたる、いつはりて弓馬の芸を称するたぐひの、官禄身にあまり、宴飲心をまどはして、朝にうたひ夕に舞、②たちゐのあらましには、あはれいくさをしてさきをかけばやとのみねがひて、烏帽子ををり、魚父を打はきしともがら、皇居にはせいりてせめたゝかふに、頼茂火をはなちてやけしに……

傍線①は、「西面」は御家人ではない、といった意味かと思われる。[63] 傍線②には「西面」が先駆けを願っていたとある。他の武士以上に、貪欲に勲功を欲していたのであろう。建暦三年の相論鎮圧（表1—13）や当該事例で、「西面」は先陣をきったにすぎず、武力規模が大きかったわけではないのである。『仁和寺日次記』七月十三日条には「於㆓頼茂朝臣㆒者、左衛門尉平宗成誅㆑之」とある。この平宗成は、平岡氏・秋山氏が氏不詳としてきた西面の宗成であろう。当該事例の「西面」も、有力在京御家人ではなく、[64] 個々は弱体な武士が編制されていた部隊と思われる。「西面」を構成した個々の武士は、京武者的な存在形態にあったと想定されるが、出自等で不明なことが多すぎるため、確言することはできない。

以上から、後鳥羽院政期を通じて、後鳥羽の派遣した軍勢の主力は西国守護を中心とする在京御家人と考えられる。確かに、西面祗候の在京御家人は、確認できない者も含めて相当多かったと想定されるが、西面祗候が在京御家人動員の必須の前提だったわけではない。権門武力組織の拡充は、公権力による軍事動員を磐石なものとする、院権力の強大さの表れと評価すべきであろう。

さて、後鳥羽は、在京御家人の動員を重ねるのと並行して、在京御家人以外の武力をも新たに組織・育成しようとしたと考えられる。育成の中核的存在はやはり藤原秀康・秀能兄弟であろう。むろん、新たな武力の組織・育成が幕府の否定を意味するわけではなく、秀康の起用にあたっては大内惟義と姻戚関係を結んでいた点を重視したと思われる。推測となるが、後鳥羽が新たな武力の育成を考えた契機は、元久二年（一二〇五）閏七月の平賀朝雅の追討ではないだろうか。朝雅を討った在京御家人は、関東の命を受けていたのである。(65)

約一年後、建永元年九月の八島次郎追討（表1―10）が、御家人と確認できない武士を動員した初例である。この時に動員された鶴丸は、のちに西面祗候が確認できる。これが西面の初見（『吾妻鏡』建永元年五月六日条、加藤光員）に近い時期であることも注目される。後鳥羽は、藤原秀康・秀能など(66)在京御家人以外の武力を育成し、その一部を編制した「西面」を動員するとともに、在京御家人をも西面に組織していくこととなる。西面創設の直接の目的は不明だが、後鳥羽による新たな在京武力構想の一端と考えられる。

おわりに

後白河院政期以降、京武者の武力には限界があった。後鳥羽院政期の在京武士の主力は、西国守護を中心とする在京御家人であった。京武者と在京御家人との相違は、その存在形態に表れている。京武者は、平安後期的な存在形態を維持し、京のみを基盤とした。一方、在京御家人は、京のみならず鎌倉をも基盤とし、一族で東西各地の活動を分担していた。多くの在京武士の中でも、強大な武力を保持したのは、京・西国に重心を置き守護等として西国に強固な支配を樹立しえた有力御家人であった。

京武者と在京御家人の双方を含む在京武士を、後鳥羽は公権力によって動員しえた。一時的に在京する東国の御家人等も動員対象となった。さらに後鳥羽は、公権力による動員を前提に権門武力組織を拡充した。在京御家人を西面等に組織していくとともに、在京御家人以外の武士をも育成し、軍事活動に起用した。大規模軍事動員の際の史料に記される「西面」は、有力な在京御家人とは別に、個々は弱体な武士が編制された部隊と考えられるが、源頼茂を討つだけの武力を有していた。後鳥羽の権門武力組織は、軍事動員の必須の前提ではなく、強大な院権力の表れといえる。

以上のごとく、後鳥羽による在京武士の動員は、基本的に平安後期以来の院権力による在京武士動員の延長上にある。ただし、後鳥羽の動員対象となった在京武士の武力の構成は、平安後期とは大きく異なっている。後鳥羽の武力は、在京御家人に武力基盤を分与して在京奉公を推奨する鎌倉幕府を、必須の要素として組み込んでいた。もはや京武者は在京武士の主力ではなくなっており、「「京武者」秩序」という呼称は適切ではない。後鳥羽は、その上で新たに「西面」を組織したのである。

如上の鎌倉前期在京武士の特質と後鳥羽の強い軍事動員力は、承久の乱の際にも窺える。多くの京武者は一族を挙げて京方に属した。対照的に有力御家人の一族では、京・西国で活動していた者が京方に属し、鎌倉・東国で活動していた者が鎌倉方に属した（本書第五章）。存在形態を異にする京武者と在京御家人は、ともに在京武士として後鳥羽に動員され、京都守護である伊賀光季の追討には成功したのである。

従来、承久京方の軍事動員は、院の権門としての限界が重視されてきた。しかし、本章の在京武士の検討からは、承久京方の中核が権門的軍事動員を受けた武士であったとしても、治天の君としての公権力による動員が機能しなかったとは考えがたい(67)。承久の乱の軍事動員については、第六章で改めて考察したい。

注

（1）上横手雅敬「六波羅探題の成立」（同『鎌倉時代政治史研究』吉川弘文館、一九九一年。初出一九五三年）。

（2）上横手雅敬「承久の乱の諸前提」（同『日本中世政治史研究』塙書房、一九七〇年。初出一九五六年等）。上横手雅敬「鎌倉幕府と公家政権」（注(1)著書。初出一九七五年）も参照。

（3）上横手雅敬「建久元年の歴史的意義」（注(1)著書。初出一九七二年）一六二頁。その後、木内正広「鎌倉幕府と都市京都」（『日本史研究』一七五、一九七七年）が、守護制度の公的性格を具体的に論じている。

（4）平岡豊「後鳥羽院西面について」（『日本史研究』三一六、一九八八年）。以下、特に注記しない限り、平岡氏の説は本注による。

（5）平岡豊「承久の乱における院方武士の動員についての概観」（『史学研究集録』九、一九八四年）。

（6）京武者概念は、元木泰雄「摂津源氏一門」（『史林』六七―六、一九八四年）、元木泰雄『武士の成立』（吉川弘文館、一九九四年）参照。

本書では、武士の中でも、五位もしくは検非違使以上の官職に到達しうる家格・身分か否かを基準に、「軍事貴族」と「侍層武士」に大別し、軍事貴族の中でも畿内近国の狭小な所領を本拠として権力基盤を公家政権に依存する度合いが強い類型を「京武者」と称することとする。

（7）横澤大典「白河・鳥羽院政期における京都の軍事警察制度」（『古代文化』五四―一一、二〇〇二年）等。

（8）平安後期の在京武士の具体例について、自治体史や個別武士団研究以外では、米谷豊之祐「院武者所考」（『日本史論集』清文堂出版、一九七五年）、米谷豊之祐『院政期軍事・警察史拾遺』（近代文芸社、一九九三年）、野口実『坂東武士団の成立と発展』（弘生書林、一九八二年）、野口実『中世東国武士団の研究』（高科書店、一九九四年）、野口実『源氏と坂東武士』（吉川弘文館、二〇〇七年）、川合康「中世武士の移動の諸相」（『歴史のなかの移動とネットワーク』桜井書店、二〇〇七年）等。

研究史整理として、元木泰雄「武士論研究の現状と課題」（『日本史研究』四二一、一九九七年）、伊藤瑠美「東国武士・武士団研究の軌跡」（『茨城大学中世史研究』四、二〇〇七年）、伊藤瑠美「関東武士研究の軌跡」（高橋修編『実像の中世武士団』高志書

院、二〇一〇年）、伊藤瑠美「中世武士のとらえ方はどう変わったか」（秋山哲雄・田中大喜・野口華世編『日本中世史入門』勉誠出版、二〇一四年）、田中大喜「中世の武士と社会の特質を考える」（前掲『日本中世史入門』）参照。

なお高橋修編『実像の中世武士団』（前掲）は、北関東に重点を置いているが、全体として今日の東国武士研究の水準を示している。

(9) 木村英一「六波羅探題の成立と公家政権」（『ヒストリア』一七八、二〇〇二年）。ただし木村氏も主眼は六波羅との対比にある。

(10) 川合康「鎌倉幕府研究の現状と課題」（『日本史研究』五三一、二〇〇六年）。

(11) 「京武者」は、平安後期の具体的事例から構築された概念だが（注(6)元木論文）、鎌倉時代にも同様の武士は存在する。後述するごとく、鎌倉幕府を重要な基盤とする在京武士は、京武者とは性格が異なる。むろん、複主への兼参自体は平安後期の京武者にも確認できるので、御家人であっても、武家権門を重要な基盤とせず、公家権門に強く依存する諸大夫・侍上層の在京武士は、京武者と呼んで差し支えないと考える。

(12) 注(2)上横手「鎌倉幕府と公家政権」、注(3)木内論文、藤本元啓「鎌倉初期幕府の在京勢力」（『藝林』三二―二、一九八三年）等。なお、「在京御家人」という語は、論者により概念規定が異なる。従来は「不退在京奉公」（『吾妻鏡』寛元元年十一月十日条）の任務を負った集団と理解する傾向が強く（例えば上横手論文）、その背景には武士の本来的あり方を在地的存在とする理解があったものと思われる。それに対して本章の論旨で用いる場合は、一時的に在京している御家人をも含めることとするが、考察の便宜上、京武者は（御家人に列していても）除外する。

(13) 注(8)元木論文、注(8)伊藤諸論文参照。

(14) 注(7)横澤論文、注(9)木村論文参照。

(15) 在京御家人では、『明月記』正治元年三月九日条（中原親能が山門悪僧を搦む）、『吾妻鏡』承元元年九月二十四日条（中原親能が盤五家次を捕う）、建保六年正月十二日条（後藤基清が平正重を追捕）等。京武者では、後述する藤原成重、藤原秀康の事例等。建保元年の法勝寺九重塔供養守護には、多数の西国守護・御家人とともに、尾張の清和源氏頼親流朝日頼清など、京武者も動員されている（表1―29）。

(16) 守護の任免は、佐藤進一『増訂鎌倉幕府守護制度の研究』（東京大学出版会、一九七一年。第二刷一九八四年）、田中稔「大内惟義について」（同『鎌倉幕府御家人制度の研究』吉川弘文館、一九九一年。初出一九八九年）、伊藤邦彦『鎌倉幕府守護の基礎的研究　国別考証編』（岩田書院、二〇一〇年）による。以下では煩雑となるため一々注記しない。

(17) 『明月記』九月二十七日条に「や島次郎」、『建永元年記』同日条に「堂衆同意之者、近江国源氏八島冠者〈不レ知二実名一。八島式部大夫子也〉」とある（『大日本史料』第四編之九―二三八頁に『不知記』として引用。傍点部は京都大学附属図書館架蔵写本〔04／ケ／3〕により校訂）。

本章原論文では、八島次郎を、『尊卑分脈』三―六三頁の家名・輩行名注記から、清和源氏満政流「八島」式部大夫重成の男「二郎」時清であろうとしたが、佐々木紀一「溢れ源氏考証　上」（『米澤国語国文』二九、二〇〇〇年）八四頁が引用する北酒出本『源氏系図』では、重成の男忠輔に「建永元九十七比依二謀反一被レ誅了」「八嶋次郎」とあることに気付いた（同系図では重成甥重清の男に「八嶋次郎」時清がいる）。ただし『尊卑分脈』では、重成の男忠輔には「三郎　為二平家一被レ誅了」との注記があり、これを是とすれば当該事件とは無関係と判断される。記して後考を俟ちたい。

なお、二〇一〇年十一月に京都大学に提出し、翌年三月に学位授与された筆者の博士論文の本注において「詳論は避けるが、『建永元年記』の記主は平時兼と考えられる」としていた。その後も私見の論拠を公刊せぬまま今日に至っているが、すでに尾上陽介氏が講演「陽明文庫所蔵の断簡から」（陽明文庫講座、立命館大学朱雀キャンパス、二〇一三年十月六日）において新出の断簡を紹介し、『大日本史料』所引の『不知記』についても、平時兼の日記であるとの研究成果を公表している。

(18) 二度の強訴の経過等、田中文英「後白河院政期の政治権力と権門寺院」（同『平氏政権の研究』思文閣出版、一九九四年。初出一九八三年）、上横手雅敬「平氏政権の諸段階」（『中世日本の諸相　上』吉川弘文館、一九八九年）、髙橋昌明「嘉応・安元の延暦寺強訴について」（同『平家と六波羅幕府』東京大学出版会、二〇一三年。初出二〇〇四年）参照。

(19) 桓武平氏貞季流信兼について川合康「治承・寿永の内乱と伊勢・伊賀平氏」（同『鎌倉幕府成立史の研究』校倉書房、二〇〇四年）、藤原氏利仁流斎藤友実について浅香年木「義仲軍団と北陸道の「兵僧連合」」（同『治承・寿永の内乱論序説』法政大学出版局、一九八一年）、源義経に関わった京武者について元木泰雄『源義経』（吉川弘文館、二〇〇七年）、木曾義仲に関わった京武者について長村祥知「治承・寿永内乱期の在京武士」（『立命館文学』六二四、二〇一二年）。

(20) 松島周一「山田重貞とその一族」（『日本文化論叢』一〇、二〇〇二年）。

(21) 『玉葉』元暦元年十月十三日条、『吾妻鏡』建久元年六月二十九日条等。彼等の動向については注(19)浅香論文、伊藤瑠美「11～12世紀における武士の存在形態」（『古代文化』五六―八・九、二〇〇四年）、注(19)拙稿参照。

(22) ただし、重遠の甥八島次郎が追討対象となっている（表1―10）。

(23) 注(19)浅香論文二四三頁等。浅香『治承・寿永の内乱論序説』所収の諸論文も参照。

(24) 成重と藤原秀康が左兵衛権少尉に補任された際の『明月記』建久九年正月十九日条に「成重滝口の、きり物、秀保（ママ）同」と記されている。「きり物」すなわち「切り者」とは、主君の信用・寵愛を受けて権勢をふるう者の意。

(25) 父宗長は『尊卑分脈』二―三四七頁に「建仁二年正月廿二、叙留。下㆓向上野目代㆒、未㆓上洛㆒之処、男成重依㆑任㆓廷尉㆒、無㆓父子相双（並）例㆒之間、被㆑叙㆑之了」とある。『明月記』建仁二年正月二十二日条に宗長が従五位下に叙されたとあり、『尊卑分脈』の注記は信憑性が高い。

(26) 『明月記』承元二年五月九日条、『猪隈関白記』承元三年五月九日条。後者に左衛門尉と見える。

(27) 平岡豊「藤原秀康について」（『日本歴史』五一六、一九九一年）。

(28) 注(27)平岡論文は秀康を鳥羽院政期の平忠盛にも比肩されうると評価する。しかし院の育成した武力という点では、平安中期以来の中央軍事貴族の系譜を有する平忠盛よりも、「周防国住人」から院北面に候し代々検非違使をつとめる家の祖となった、藤原氏良門流の盛重に近似する存在と見るべきである。藤原秀康は承久の乱で処刑されたが、秀能の系統は存続し後嵯峨院北面に候することも、盛重との類似性を示している。鈴木一見「後嵯峨院北面考証」（『国史談話会雑誌』二一、一九八〇年）参照。

(29) 注(27)平岡論文、長村祥知「藤原秀康」（平雅行編『中世の人物　京・鎌倉の時代編　三　公武権力の変容と仏教界』清文堂出版、二〇一四年）。

生駒孝臣「本書の総括と課題・展望」（同『中世の畿内武士団と公武政権』戎光祥出版、二〇一四年）二八一頁は、主に渡辺党の検討から、中世前期の畿内武士について、「武士というよりは、むしろ下級貴族・地下官人としての性格を強める側面があった」としている。生駒氏の定義する「畿内武士」は、階層的には主に侍層の武士を指しているが（同書一九頁）、こうした性格は破格の昇進を遂げた藤原秀康にも当てはまる。

（30）『吾妻鏡』文治四年六月四日条、同建久元年六月二十六日条等。

（31）注（1）上横手論文、注（2）上横手「承久の乱の諸前提」、注（4）平岡論文、注（5）平岡論文等参照。

（32）注（6）元木「摂津源氏一門」、須藤聡「平安末期清和源氏義国流の在京活動」（『群馬歴史民俗』一六、一九九五年）、注（21）伊藤論文、注（8）野口『源氏と坂東武士』。鎌倉前期の京武者については、史料的制約から活動分担の詳細な検討はできなかったが、平安後期と同様、父子や兄弟あるいは家人型郎従と分担していたと想定される。

（33）秋山哲雄「都市鎌倉の東国御家人」（同『北条氏権力と都市鎌倉』吉川弘文館、二〇〇六年。初出二〇〇五年）、田中大喜「在地領主結合の複合的展開と公武権力」（同『中世武士団構造の研究』校倉書房、二〇一一年。初出二〇〇七年）等。鎌倉前中期では、三浦について野口実「承久の乱における三浦義村」（『明月記研究』一〇、二〇〇五年）、宇都宮について山本隆志「関東武士の都・鄙活動」（同『東国における武士勢力の成立と展開』思文閣出版、二〇一二年。初出二〇〇六年）がある。京を中心とする活動分担の構造は南北朝期にも確認できる（山田徹「南北朝期の守護在京」〈『日本史研究』五三四、二〇〇七年〉）。

（34）行列には鎌倉殿の威儀に相応しい諸大夫層の御家人が必要とされた。例えば前駆に関して、『吾妻鏡』文治三年七月三日条（山城守橘維康）、同建暦二年九月二日条（筑後前司村上頼時）、同建保六年六月十四日条（新蔵人長井時広）参照。

（35）長村祥知「承久の乱における一族の分裂と同心」（『鎌倉』一一〇、二〇一〇年。改題・増補して本書第五章）。

（36）佐伯智広「一条能保と鎌倉初期公武関係」（『古代文化』五八―一、二〇〇六年）、塩原浩「三左衛門事件と一条家」（『立命館文学』六二四、二〇一二年）参照。

(37)　翻刻は、小松茂美「右兵衛尉平朝臣重康はいた」(『小松茂美著作集　二〇』旺文社、一九九八年。初出一九八九年)による。同史料には鎌倉御家人の名前も複数確認できる。承久の乱で京方に属して斬首される五条有範もその一人である。
(38)　その背景として、従来看過されてきたが、一条能保が後白河院の側近になっていたと考えられる。建久三年(一一九二)に後白河が没した際、能保は素服を賜っている。もちろん、素服は故人が生前に近しかった人物が着すものであり、他には源通親・山科実教・坊門信清等の著名な近臣達が賜っている(『玉葉』三月十九日)。
(39)　注(2)上横手論文、注(4)平岡論文等。
(40)　「六条八幡宮造営注文」。海老名尚・福田豊彦「田中穣氏旧蔵典籍古文書『六条八幡宮造営注文』について」(『国立歴史民俗博物館研究報告』四五、一九九二年)。「後藤兵衛」とある。
(41)　本書第五章、長村祥知「承久鎌倉方武士と『吾妻鏡』」(本書第四章)。
(42)　平賀義信・大内惟義・平賀朝雅については注(16)田中論文、彦由一太「鎌倉初期政治過程に於ける信濃佐久源氏の研究」(『政治経済史学』三〇〇、一九九一年)等参照。
(43)　承久三年八月二十一日「関東下知状写」(小早川家証文。鎌遺五—二八〇五)。
(44)　「元暦二年」六月八日「源頼朝袖判中原広元奉書案」(多田神社文書。黒川高明編著『源頼朝文書の研究　史料編』〈吉川弘文館、一九八八年〉編年文書一二八号)。
(45)　『山槐記』永暦元年十二月十五日条。『兵範記』嘉応元年十月二十五日条。
(46)　注(8)諸論文等。治承・寿永内乱期においても、在京し続けることを重視した武士は複数存した(注(19)拙稿)。
(47)　既述の藤原秀康の叔母と大内惟義の婚姻の他、『尊卑分脈』二―三四二頁に、越前斎藤氏の範宗の室(男親範の母)が「伊賀守仲教女」とある。舅の仲教は、頼朝上洛時にのみ所見する御家人、藤原仲教であろう(『吾妻鏡』建久元年十一月八日条等)。仲教の男仲能は、鎌倉殿実朝の学問所番に候している(『吾妻鏡』建保元年二月二日条)。『吾妻鏡』の所見状況から、仲教父子にも京・鎌倉の活動分担が想定できる。仲教と範宗の姻戚関係は、在京中に結ばれたと考えられる。

(48)『吾妻鏡』元久元年十一月二十日条（畠山重保）、元久二年十一月三日条（小澤信重）、承元二年閏四月二十七日条（東重胤）等。

(49)例えば建保二年の園城寺の堂舎修造（『吾妻鏡』五月七日条）に関して、宇都宮の在京が想定できる（注(33)山本論文参照）。他の畿内寺社造営の史料からも御家人の在京が推測できる。

(50)『吾妻鏡』文治二年三月八日条、同三年四月二十九日条等。源頼茂・加藤は治承・寿永内乱期より前にも畿内近国を本拠としていた。

(51)佐々木・後藤は、治承・寿永内乱期より前に畿内近国が本拠だったことも勘案すべきかもしれない。ただし、大内（平賀）は信濃が本拠であった。守護国の多さが強大な在京武力の保持を可能としたと考えられる。

(52)建暦三年の建保合戦の直後、京で、中原親能の養子某（「実父三浦之輩」）を、小野成時が筑紫から上洛して討とうとしているとの風聞があった。某を「依二本姓一、其弟警固」していたという（『明月記』五月十五日条）。『吾妻鏡』五月二十二日条には、某は大友能直で、「三浦輩」が「外家之好」により警固したとある。

(53)上横手雅敬氏（注(1)〜(3)論文等）が主導してきた融和的公武関係という理解を踏まえて、平岡氏もこの点を重視している。ただし平岡氏の場合、実朝が御家人の西面化に積極的であったとする主張と関連させている。しかし、すでに頼朝期から御家人による京都警衛を奨励しており（『吾妻鏡』建久四年二月二十八日条）、実朝や西面にひきつける必要はないと考える。

(54)柏原弥三郎については後世の伝承を含めて竹村誠・太田浩司・森岡栄一「伊吹山麓の武士たち」（『伊吹町史　通史編　上』一九九七年）参照。同書はその出自の可能性として清和源氏頼平流の柏原氏や村上源氏顕房流を挙げる。年代にやや難はあるが、『赤松系図』三種と『有馬系図』（群系三—四四八・四六六・四六九・四七三頁）の村上源氏顕房流為永に「柏原弥三郎」「弥三郎。号柏原」と注記のあることが注目される。

(55)秋山喜代子「西面と武芸」（同『中世公家社会の空間と芸能』山川出版社、二〇〇三年）。以下、秋山氏の説は本注による。

(56)藤原実員は、代々北面や検非違使を輩出する藤原氏利仁流斎藤一族の安原実員と考えられる。藤原信員は、北面の家として知られる藤原氏良門流（ただし表5の注参照）。

(57) 以上は、日没後に記主藤原定家が藤原実信から聞いた話である。申の時に定家が聞いたのは、清水寺と長楽寺に「遣二上下北面衆・主典代・庁官等一、頻被レ仰二可レ止由一」という風聞であった。事実であれば五条・大内・後藤は「上下北面衆」に相当する。

(58) 以下の史料は『大日本史料』第四編之十二―六五〇頁～六六四頁による。他に『吾妻鏡』八月十四日条もあるが、史料1とほぼ同文なので省略する。

(59) 注(9)木村論文は「官軍の中核」とし、秋山氏は「官軍の中心」「中核」とする。両氏の理解も概ね平岡氏と同様と思われる。

(60) 後鳥羽は、軍勢派遣の本意は衆徒から兵具を没収することにあったと説明している（『明月記』八月七日条、『天台座主記』八月三日条）。後日、源頼茂は「不レ及二狼藉一、只両三人剝二甲冑一、相具所レ参也」と自慢げに話している（『明月記』八月三日条）。

(61) 母は比企能員の女。父有季は比企能員とともに討たれ戦死（『吾妻鏡』建仁三年九月二日条）。

(62) 菊池紳一「承久の乱に京方についた武蔵武士」（『埼玉地方史』二〇、一九八七年）は、小野盛綱と時成に比定する。しかし両者は父子ではない。時成は「野次郎」を名乗り（『吾妻鏡』）、盛綱は「野五郎」を名乗る（『小野氏系図』〈群系六―一一九頁〉）。「野～」を名乗るのはこの門流に限らないので、別の小野氏と考えるべきであろう。

(63) 「いつはりて」の厳密な解釈は困難だが、事実として西面が武芸に秀でていること（注(55)秋山論文）からすれば、（実際は武芸に秀でていないのに）「偽って武芸に秀でていると称する輩」（弓削繁校注『中世の文学　六代勝事記・五代帝王物語』〈三弥井書店、二〇〇〇年〉八一頁注三二）との解釈では落ち着かない。これは、「弓馬」を将軍（が率いる御家人）に委任すべきだとする『六代勝事記』作者の価値観の表れと考えられる。長村祥知「『六代勝事記』の歴史思想」（『年報中世史研究』三一、二〇〇六年。本書第七章）参照。

(64) 後鳥羽が動員した武士は「洛中武士馳走」、「官軍多手負」と表記される（『百練抄』七月十三日条）。「官軍」に在京御家人が含まれていたか否かは確認できない。

(65) 表1―25。『明月記』閏七月二十六日条、『吾妻鏡』閏七月二十日条等。

(66) 『尊卑分脈』二―四〇八・四〇九頁の秀康・秀能の一族には西面と注記がある（諸本により相違）。これを、西面を御家人が主と見る平岡氏は否定する。秋山氏は、秀能は承久の乱の参戦が疑問視されているので注記の誤りとし、それ以外は信憑性があるとする。しかし、西面を御家人や承久京方に直結させる必要はなく、秀康・秀能一族全てを西面祗候者と見ても難はないと考える。なお、『明月記』建暦三年正月十日条に「連歌始㆓百句㆒。……定通、実氏卿、頼資、秀能候㆓西面㆒之縁、西座六人也」とある。「候㆓西面之縁㆒」と読むかもしれないが、注目される。

(67) 宮田敬三「「承久京方」表・分布小考」(『立命館史学』二二、二〇〇一年)は、統計的方法を用いて、承久京方が京を中心に同心円的に分布することを指摘している。なお長村祥知「承久の乱にみる政治構造」(本書第六章)参照。

第二章　承久三年五月十五日付の院宣と官宣旨

――後鳥羽院宣と伝奏葉室光親――

はじめに

承久三年（一二二一）五月十五日、後鳥羽院が、京都守護として在京中の伊賀光季を討ち、さらに同日、鎌倉の執権北条義時の追討を命じた。史上有名な承久の乱の勃発である。この義時追討を命じた文書として、同日付「官宣旨（右弁官下文）案」(1)の現存することが著名であり、『吾妻鏡』などの記述に見える「宣旨」はそれを指すと理解されている。その一方で、慈光寺本『承久記』には同日付「院宣」が引用されており、実はその他にも「院宣」が発給されたとする史料が存在する。従来は「官宣旨」のみに注目する論考が多かったが(2)、近年では政治史史料として『慈光寺本』が注目されつつあり(3)、「院宣」の使者の捕縛という半ば偶発的要素が乱の結果を左右したとする見解も提示されている(4)。しかし、肝心の『慈光寺本』所引「院宣」自体を検討した研究や、「院宣」と「官宣旨」との関係を検討した研究は管見に入らない(5)。

総じて承久の乱は、その重要性に比して研究が乏しい。それは同時代史料の僅少という制約によるところが大きく、関連諸分野も含めた研究の進展には限られた史料を十全に活用することが必須といえる。またいうまでもなく、軍記物語を政治史の史料として用いるに際しては、一概に否定したり肯定したりすべきではなく、個別の事例に即した検討が必要である。特に軍記物語所引文書の研究は、『平家物語』では比較的早くから取り組まれているが、他の作品も含めて今後より一層進められるべきであろう(6)。

そこで本章では、承久三年五月十五日付の「院宣」が後鳥羽の発給院宣として妥当か否かを検討し、発給過程を中心に同日付「官宣旨」との関係を整合的に位置付けたい。その過程で葉室光親の死罪にも論及することとなる。

一　院宣と葉室光親

1　院宣の様式

五月十九日、鎌倉に、京を十五日に発した伊賀光季の使、西園寺公経の家司三善長衡の使、三浦胤義の私書状、後鳥羽の命を伝える押松が、一斉に到着する（『吾妻鏡』、『慈光寺本』上）。前二者は義時に危機を伝える使者であり、後二者が後鳥羽の北条義時追討命令を伝える使者である。うち押松が伝えた文書につき、「院宣」と「宣旨」二様の史料がある。

押松が届けた後鳥羽発給文書を「院宣」とし、その本文を引用するのが、史料1である。

史料1　慈光寺本『承久記』上―三二三頁(7)

又十善ノ君（後鳥羽）ノ宣旨ノ成様ハ、『秀康（藤原）、是ヲ承レ。武田（信光）・小笠原（長清）・小山左衛門（朝政）・宇津宮入道（宇都宮頼綱）・中間五郎（長沼宗政）・武蔵前司義氏（足利）・相模守時房（北条）・駿河守義村（三浦）、此等両三人（ママ）ガ許ヘハ賺遣ベシ』トゾ仰下サル。秀康、宣旨ヲ蒙テ、按察中納言光親卿ゾ書下サレケル。

被二院宣一偁、故右大臣(源実朝)薨去後、家人等偏可レ仰二聖断一之由令レ申。仍義時朝臣可レ為二奉行仁一歟之由、思食之処ニ、三代将軍之遺跡、称レ無レ人二于管領一、種々有二申旨一之間、依レ被レ優二勲功之職一、被レ迭二摂政子息(九条頼経)一畢。然而幼齢未識之間、彼朝臣稟二性於野心一、借二権於朝威一。論二之政道一、豈可レ然乎。①仍自今以後、停二止義時朝臣奉行一、併可レ決二叡襟一。②若不レ拘二此御定一、猶有二反逆之企一者、早可レ殞二其命一。③於二殊功之輩一者、可レ被レ加二褒美一也。宜レ令レ存二此旨一者、院宣如レ此。悉レ之。以状。

承久三年五月十五日　按察使光親奉

如此書テ、院御下部押松ニゾ下給。

他の『承久記』諸本では、流布本『承久記』上―七一頁が、光親が奉った「院宣」七通を「武田・小笠原・千葉(胤綱)・小山・宇都宮・三浦・葛西(清重)」に下したとする。『承久軍物語』（『群書類従』合戦部二〇輯七六頁）も、「みつちか」の書いた「いんぜん」が流布本と同じ七人に発せられたとする。[8]その他、『保暦間記』八〇頁に「関東ヘモサルヘキ侍共ノ方へ、義時討ヘキ由、院宣ヲ成下サル」とある。ただしこれらの史料では、院宣の本文は伝わっていない。そこで、『慈光寺本』のみが伝える史料1「院宣」の実在の可能性を検討したい。

まずは史料1に内在する要素である文言を考察する。文言を考察する前提として、管見に入った後鳥羽の発給綸旨・院宣を表1に網羅した（以下、No.は表1による）。その検出は竹内理三編『鎌倉遺文』に多くを拠ったが、周知の通り、短期間で膨大な量の文書を収集した『鎌倉遺文』の翻刻や文書名には検討すべきものも多い。[9]それらについては適宜、別の刊本や写真帳等と対照した。なお、先行研究で後鳥羽の綸旨・院宣の事例を最も多く挙げるのは近藤報告書の九三通であるが、本章では、表1の例言に示した論著・データベースが挙げていない綸旨・院宣一六通（No.3・6・7・12・25・34・43・47・49・55・56・66・101・106・109・110）を見出し、全一一〇通を提示した。なお、本章原論文の表に事例の追加や補訂を加え（No.12・30・34・47・51・101・106）、対応する本文中の数値を改めている。

以下、検討対象である史料1「院宣」（No.109）を除いた一〇九通の奉者と書出文言・書止文言（奉書文言）との対応関係を考えたい。周知の通り、綸旨・院宣には単一の固定的な書出文言・書止文言は存在せず、いくつかの類型を認めうるにすぎないが、葉室光親の奉じた院宣は特に書止文言に特徴が見出せるからである。

院宣において、史料1「院宣」（No.109）のごとく、書出を「被院宣偁」、書止を「院宣如レ此。悉レ之。〇〇」（〇〇には書札礼に応じた「謹言」「謹啓」「以状」等が入る。No.24・25を参照）とする文言は一般的とされている[10]。

後鳥羽の発給院宣のうち、「院宣如此（または如斯）」を書止とするものは二三通を数える。うち半数以上を占める一三通は葉室光親が奉者である。後鳥羽発給綸旨・院宣のうち、光親の奉書は二二通であり、その中でも約五割九分が書止を「院宣如此」とするのである（この他、No.46・51の奉者も光親の可能性が高い）。「院宣如此」は、光親が奉じた後鳥羽院宣の特徴的な文言ということができよう。また、「悉之」を書止に用いる後鳥羽院宣は六通で、全て「院宣如此」の後に続く。うち三通は藤原長房（No.23〜25）、二通は光親（No.58・73）、一通は少納言（葉室宗行ヵ）（No.32）が奉じた院宣である。長房の奉じた院宣が同一時期・案件であることを勘案すると、光親の占める割合は無視しえない。

一方、書出を「被院宣偁」とするのは荘重な書式とされる（注(10)橋本論文）。後鳥羽院宣では三通が確認でき、堺相論に起因する武力行使（No.23・58）や殺害（No.88）に関連する。いずれも「凶事」に類しており、「被院宣偁」は追討を命ずる史料1「院宣」の書出にふさわしい。また、No.58は奉者が葉室光親で、書止を「院宣如此、悉之」としており、書出・書止・奉者のいずれもが史料1と共通する。

すなわち、史料1「院宣」は、文言に難点がなく類例も存在し、葉室光親が奉じた可能性が高いのである。なお、一般に鎌倉中期以前の院宣は年付を記さず、書下年号をもつ後鳥羽院宣の正文も現存しない。そのため、史料1「院

奉　　者	充　　名	典　　拠	鎌遺
右大弁宗頼	文覚上人御房	高山寺文書	2-756
右中弁資□（実ヵ）	謹上　内蔵頭殿	東大寺所蔵『起信論別記要文抄』紙背文書	2-1057
右中弁資□（実ヵ）	（なし）	東大寺所蔵『起信論別記要文抄』紙背文書	2-1065
左大弁実（宗ヵ）頼	謹上　理性院律師御房	『俊乗房重源史料集成』（現所蔵者不明）	補 1-185
右中弁資実	大夫史殿	教王護国寺蔵東寺文書六芸御 1	補東寺 1-24
左中弁〈在判〉	祭主殿	『建久九年内宮仮殿遷宮記』	補 1-215
中宮権大進長兼〈奉〉	大夫史殿	『建久九年内宮仮殿遷宮記』	補 1-227
中宮大進在判	大夫史殿	『建久九年内宮仮殿遷宮記』	補 1-259
権左中弁在判	謹上　興福寺権別当法印御房	大乗院文書『三箇御願料所等指事』	2-992
左京権大夫判	謹上　東寺大僧正御房	東寺文書 2	2-1047
右大弁（花押）	（なし）	東南院文書（『大日本古文書』2 巻 394 号）	未収
土佐守宗行	（なし）	春日大社文書 2 巻 467 号	未収
右大弁	謹上　東大寺法印御房	東大寺文書	2-1124
右大弁資実	（なし）	東大寺文書	2-1126
参議（花押）	謹上　頭右大弁殿	堂本四郎氏所蔵文書	2-1128
参議（花押）	謹上　頭右大弁殿	水木直箭氏所蔵文書	2-1133
右大弁	謹上　東大寺法印御房	東大寺文書	2-1139
右□□（大弁）□□	進上　東大寺法印御房	東大寺文書	2-1141
権左少弁長兼	東大寺別当法印御房	東大寺文書	2-1154
左中将〈通具朝臣〉	主殿頭殿	壬生家文書	2-1167
右大弁資実	（なし）	東大寺文書	3-1199
右馬助家長□（奉）	謹上　権少将殿	冷泉家古文書 266	未収
左中弁（花押）〈奉〉	謹上　天台座主法印御房	八坂神社文書	3-1320
左中弁（判）	謹上　天台座主法印御房	八坂神社文書	3-1330
左中弁（花押影）	佐大別当御房	新修八坂神社文書	未収
右大弁（花押）	高野大塔供僧御中	高野山文書「宝簡集」4	3-1387
左中弁〈長房在判〉	謹上　西塔院主僧都御房	『天台座主記』66 世実全	3-1406
宗行〈奉〉	進上　光明院僧都御房	春日神社文書	補 1-464
右中弁（花押）	謹上　東大寺別当法務御房	百巻本東大寺文書 100	3-1476
少納言〈奉〉	（なし）	播磨清水寺文書	補 1-477
右中弁（花押）	仁舜阿闍梨房	田中繁三氏所蔵東福寺文書	3-1530
少納言〈在御判〉	（なし）	播磨清水寺文書	補 1-480
左衛門権佐〈在判奉〉	謹上　東大寺別当法印御房	『三国地誌』100 伊賀国旧案	3-1567
参議	□□　東寺□□御房	中村直勝氏蒐集東寺文書	未収
右中弁〈御判〉	八幡法印別当御房〈賜房清〉	石清水文書	3-1590

表１　後鳥羽天皇綸旨・同上皇院宣

№.	案	年　月　日	書　出	書止（奉書文言）
1		（建久五年ヵ）十月廿二日	～～事	依　御気色、執達如件
2		（建久七～九年）六月十七日	～～事	依　御気色、執達如件
3		（建久七～九年）七月十日	～～事	被仰下候也、仍言上如件
4	案	「建久七年」八月九日	～～～	依御気色、執啓如件
5		（建久八年）後六月廿九日	～～～	所被仰下也、仍以執達如件
6	写	（建久九年）正月卅日	～～事	所被仰下也、仍執達如件
7	写	（建久九年）三月七日	～～事	所被仰下候也、仍執達如件
8	写	（建久九年）五月廿九日	～～事	依　御気色、執達如件
9	写	「建久九年」八月十五日	～～事	依　院宣、執啓如件
10	案	「建久十」四月六日	～～事	依　院宣、執啓如件
11		（建久十年～建仁元年）四月六日	～～事	被仰下候也、此陳状到来之時、於此別紙者、相具可　奏聞候、恐々謹言
12		（正治元～二年ヵ）八月廿一日	～～訖	殊　叡感候也、宗行恐惶謹言
13	案	正治二年三月十一日	～～事	被仰下之旨如此、仍執達如件
14	案	正治二年三月十七日	～～事	子細如此、仍執達如件
15		「正治二年」三月廿九日	～～事	**院宣如此**、仍執啓如件
16		（正治二年ヵ）四月十九日	～～事	依　院御気色、執啓如件
17	案	正治二年五月十一日	～～事	被仰下候也、定無殊儀候歟、且可令存此旨給之状如件
18	案	「正治二年」五月晦日	～～事	被仰下候了、且雑□（掌）請文如此、早可令下知給之状如件
19	案	「正治二年」八月廿日	～～事	依　院宣、執達如件
20	案	「正治二年」十一月十三日	～～云々	依　院宣、執達如件
21	案	「建仁元年」四月廿五日	～～事	被仰下候也、任是非、定沙汰候歟、恐々謹言
22		（建仁二年）七月二日〈卯刻〉	～～～	所候也、仍執啓如件
23		「建仁二年」十月七日	**被院宣偁**	**院宣如此、悉之**、謹言
24	案	「建仁二」十一月十八日	～～事	**院宣如此、悉之**、謹言
25	写	「建仁二」十一月十八日	～～事	**院宣如此、悉之、以状**
26		（建仁三年ヵ）十月五日	～～事	依　院宣、執達如件
27	写	「建仁三」十一月廿二日	～～也	依　院宣、執達如件
28	案	（元久元年ヵ）七月十三日	～～事	依　院宣、言上如件、宗行恐惶謹言
29		（元久元年）八月廿九日	～～事	**院宣如此**、仍以上啓如件
30	案	（元久二年）三月一日	～～事	宗行謹言
31		「元久二年」三月廿二日	～～～	**院宣如此**、仍執達如件
32	案	（元久二年ヵ）五月廿五日	～～事	**院宣如此、悉之**
33	写	（元久二年）後七月六日	～～事	御気色所候也、仍執啓如件
34		「元久二年」閏七月廿二日		□　院御気色、執達如件
35	案	元久二年十二月廿三日	～～～	（欠失）

奉　　者	充　　名	典　　　拠	鎌遺
左中弁〈在判〉	葉上々人御房	東大寺大勧進文書集36、『霊松一枝』	未収
右大弁光親〈奉〉	大夫史殿	東大寺大勧進文書集41	未収
左少弁〈判〉	（なし）	高野山文書「続宝簡集」75	3-1652
参議（花押）〈奉〉	進上　亮法眼御房	高野山文書「宝簡集」2	3-1699
右大弁光親	進上　天台座主権僧正御房	『天台座主記』68世承円	未収
参議長房〈奉〉	進上　亮法眼御房	高野山文書「宝簡集」2	3-1751
民部大［　　］	二条中将殿	九条家本『賭弓部類記』紙背文書	3-1756
参議藤原光親奉	謹上　天台座主御房	『寺門高僧記』10	未収
権右中弁□□	謹上　醍醐座主御房	高野山安養院蔵『普賢延命法』紙背文書	補1-559
権右中弁宗行〈奉〉	進上　小野法印御房	東京大学文学部所蔵東大寺文書	3-1796
参議〈御判〉	土用禅師御房　賜房清	石清水文書	3-1809
権右中弁宗行〈奉〉	進上　刑部卿僧都御房	真福寺文庫所蔵『因明三十三過記』紙背文書24	未収
清範〈奉〉	進上　大宮宰相中将殿	『玉蘂』	未収
参議藤原光親	（なし）	『寺門高僧記』10	未収
権中納言〈在判〉「于時光親卿」	（なし）	東京大学文学部所蔵東寺文書	未収
権中納言〈在判〉	葉上房律師御房	東大寺大勧進文書集45、『口宣綸旨院宣御教書案』	未収
権中納言（花押）	法然御房	山城知恩院文書	補1-587
権中納言光親奉	四位少納言	『玉蘂』	未収
（なし。藤原光親）	（なし）	『玉蘂』	未収
（なし。藤原清範）	（なし。藤原定家）	『明月記』	未収
（なし。藤原清範）	（なし。藤原定家）	『明月記』	未収
権中納言光親奉	進上　刑部大輔殿	『玉蘂』	未収
按察使光親	謹上　天台座主御房	『寺門高僧記』10	4-2016
左馬権頭忠□（綱ヵ）	謹上　駿川大夫判官殿	醍醐寺蔵『諸尊道場観集』紙背文書	補2-614
按察使〈在判〉	謹上　天台座主権僧正御房	『天台座主記』70世公円	4-2017
右大弁〈在判宗行〉奉	謹上　別当僧正御房	『東大寺続要録』	4-2031
按察使藤原〈在判〉	進上　天台座主大僧正御房	『天台座主記』71世慈円	未収
左中弁［　　］	（なし）	醍醐寺蔵『諸尊道場観集』紙背文書	補2-667
山城守清範	謹上　宮内卿律師御房	『阿娑縛抄』安鎮法日記集	未収
参議宗行〈奉〉	進上　天台座主御房	『天台座主記』72世承円	4-2084
按察使〈在判〉「光親卿」	尾張□殿	「正応五年十月二十六日綸旨案他二十五通」	未収
大弁宗行〈奉〉	大夫史殿	東大寺大勧進文書集17、『霊松一枝』	未収

№.	案	年　月　日	書　出	書止（奉書文言）
36	写	「建永元年」十月二日	～～事	**院宣如此**、仍執達如件
37	写	（建永元年）十月廿九日	～～事	被仰下之旨如此、且可被下知之状如件
38	案	「建永元」十二月九日	～～事	依　院宣、執達如件
39		「建永二年」九月廿七日	～～事	院宣如此、可令洩申給、長房謹言
40	写	（承元元年）十（一脱ヵ）月十三日	～～事	**院宣如此**、仍言上如件
41		「承元二年〈戊辰〉」七月十四日	～～～	**院宣如此**、仍言上如件、可令洩申給、長房謹言
42		（承元二年）八月廿六日	～～～	□御気色、執達如件
43	写	承元二年（五月）	～～～	依院宣、執達如件
44		（承元三年ヵ）六月廿六日	～～事	依　院宣、執達如件
45	案	（承元三年）七月十六日	～～～	依　院宣、言上如件、宗行誠恐謹言上
46	案	承元三年九月一日	～～～	**院宣如此**、仍執達如件
47		（承元四年）四月九日	（前欠）	依　院宣、言上如件、宗行恐惶頓首謹言
48	写	（建暦元年）五月十三日	～～～	内々御気色所候也、清範恐々謹言
49	写	（建暦元年五月ヵ）	～～～	**院宣如斯**、仍執達如件
50	案	「建暦元」八月十六日	～～訖	**院宣如此**、仍執達如件
51	写	「建暦元」八月廿八日	～～事	**院宣如此**、仍執達如件
52		（建暦元年）十一月十七日	～～訖	**院宣如此**、仍執達如件
53	写	（建暦二年）八月三日	～～候	内々御気色候也、仍言上如件、可令洩披露給、光親謹言
54	写	（建暦二年十月廿日）	～～儀	内々御気色候也、仍言上如件、光親恐惶頓首謹白
55	写	（建暦二年十一月十八日）	～～～	内々御気色候也、仍以言上如件
56	写	（建暦二年十一月十九日）	～～事	内々御気色候也、仍以言上如件
57	写	（建暦二年）十二月三日	～～儀	内々御気色候也、仍言上如件、光親恐惶敬白
58	写	（建暦三年）八月六日	**被院宣偁**	**院宣如此、悉之**、謹啓
59		（建暦三年）八月十一日	～～事	被仰下候也、仍執達如件
60	写	（建暦三年）八月十一日	～～事	**院宣如此**、仍執達如件
61	写	建暦三年九月廿六日	～～事	依　院宣、上啓如件
62	写	（建保元年）十二月七日	～～事	**院宣如此**、仍言上如件、光親恐惶謹言
63		（建保二年ヵ）八月十五日	～～事	依院宣、執達□件
64	写	（建保三年）正月七日	～～事	内々御気色所候也、以此旨可令言上給、恐々謹言
65	写	（建保三年）二月十六日	～～事	依　院宣、言上如件、宗行恐惶謹言
66	案	「建保三年」三月廿二日	～～～	**院宣如此**、仍執達如件
67	写	「建治（保）三年」七月九日	～～事	依　院宣、執達如件

奉　　者	充　　名	典　　　拠	鎌遺
参議（花押）	謹上　三位入道殿	山城廬山寺文書	4-2191
（なし。藤原清範）	（なし。藤原定家）	『明月記』	未収
左中弁高定奉	謹上　越後法印御房	教王護国寺蔵東寺文書六芸書 14	補 2-702
左中弁（花押）	謹上　東大寺別当法印御房	東南院文書	4-2248
按察使〈在判〉	進上　安芸法橋御房	『天台座主記』72 世承円	4-2255
按察使	賀茂神主殿	山城鳥居大路文書	4-2267
参議	（なし）	東京大学法学部所蔵三鈷寺文書	補 2-722
参議在判	住吉神主館	『兼仲卿記』正応 2 年 9・10 月巻紙背文書	補 2-731
参議判	弁法印御房	『兼仲卿記』正応 2 年 9・10 月巻紙背文書	補 2-732
新中納言宗行	宰相僧都御房	高野山文書「又続宝簡集」11	4-2364
権中納言宗行	備前僧都御房	高野山文書「宝簡集」50	4-2504
権中納言宗行	光明院僧都御房	高野山文書「宝簡集」48	4-2374
権中納言宗行	（なし）	高野山文書「宝簡集」50	4-2514
権中納言宗行	謹上　中納言法印御房	高野山文書「宝簡集」48	4-2375
権中納言宗行	備前僧都御房	高野山文書「宝簡集」50	4-2518
権中納言宗行	光明院僧都御房	高野山文書「宝簡集」48	4-2376
権中納言宗行	刑部大輔入道殿	高野山文書「宝簡集」50	4-2523
権中納言宗行	（なし）	高野山文書「宝簡集」50	4-2377
権中納言宗行	備前僧都御房	高野山文書「宝簡集」51	4-2528
権中納言（花押）〈奉〉	賀茂神主殿	高山寺文書	4-2391
権中納言宗行	進上　天台座主御房	「宮寺縁事抄」筥崎宮造営事	4-2398
権中納言宗行	謹上　大僧正御房	高野山文書「宝簡集」48	4-2401
権中納言（花押）	備前僧都御房	高野山文書「宝簡集」48	4-2417
権中納言宗行	謹上　大僧正御房	高野山文書「宝簡集」48	4-2420
参議定高	備前僧都御房	高野山文書「宝簡集」49	4-2434
参議定高	大蔵卿法橋御房	高野山文書「宝簡集」49	4-2435
参議定高〈奉〉	備前僧都御房	高野山文書「宝簡集」49	4-2444
参議定高	備前僧都御房	高野山文書「宝簡集」49	4-2445
参議定高	備前僧都御房	高野山文書「宝簡集」49	4-2447
按察使〈在判〉	治部卿律師御房	高祖遺文録	4-2451
権中納言宗行	（なし）	高野山文書「宝簡集」49	4-2456
権中納言宗行	宰相律師御房	高野山文書「宝簡集」49	4-2463
権中納言宗行	（なし）	高野山文書「宝簡集」50	4-2469
宗行	進上　堀川三位殿	聖護院文書 84 函 2 号	未収
宗行	進上　備前僧都御房（宛名裏書「長者　安井宮僧正御房」）	高野山文書「宝簡集」48	4-2414
宗行奉	右大将殿	『東大寺続要録』	1-422
〈在判〉	謹上　東大寺別当法印御房	『東大寺続要録』	1-452

No.	案	年　月　日	書　出	書止（奉書文言）
68		「建保三年」十一月九日	〜〜〜	依　院宣、執達如件
69	写	（建保三年十二月七日）	〜〜〜	内々御気色所候也、清範謹言
70		（建保四年）二月九日	〜〜〜	依　院宣、執達如件
71		（建保四年）後六月廿二日	〜〜事	依　院宣、執達如件
72	写	（建保四年）八月八日	〜〜〜	依　院宣如件、光親誠恐謹言
73		「建保四」九月十九日	〜〜也	院宣如此、悉之、以状
74		「建保五年」九月廿六日	〜〜事	依　院宣、執達如件
75	案	「建保六年」三月卅日	〜〜事	依　院宣、執達如件
76	案	「建保六年」三月卅日	（前欠）	依□□□、執達如件
77	案	（建保六年）四月二日	〜〜事	御気色如此、以此旨可令申入給、仍執達如件
78		（建保六年）四月十三日	〜〜事	御気色所候也、仍執達如件
79	案	（建保六年）五月十七日	〜〜〜	依　御気色、執達如件
80		（建保六年）五月十七日	〜〜事	御気色候也、恐々謹言
81	案	（建保六年）五月廿一日	〜〜事	内々所候也、仍執達如件
82		（建保六年）五月廿二日	〜〜事	被仰下候了、以此旨可令申入給、仍執達如件
83	案	（建保六年）五月廿三日	〜〜事	依　御気色、執達如件
84	案	（建保六年）五月廿六日	〜〜事	依　御気色、執達如件
85	案	（建保六年）五月廿七日	〜〜事	以此旨可令被露給、恐々謹言
86		（建保六年）六月十六日	〜〜事	依　御気色、執達如件
87		「建保六年」八月廿三日	〜〜由	内々御気色如此、仍執達如件
88	案	建保六年九月十六日	被院宣偁	院宣如此云々
89	案	（建保六年）十月七日	〜〜事	御気色所候也、仍執啓如件
90		「建保七年〈己卯〉」正月十四日	〜〜事	依院宣、執達如件
91		「建保七年〈己卯〉」正月十五日	〜〜事	御気色所候也、仍執啓如件
92		（建保七年）二月八日	〜〜事	御気色候也、可令披露給、恐々謹言
93		（建保七年）二月八日	〜〜事	御気色候也、可令披露給、恐々謹言
94		（建保七年）二月廿二日	〜〜事	院御気色如此、早可令申沙汰給之状如件
95		（建保七年）二月廿五日	〜〜〜	御気色候也、可令申上給、恐々謹言
96		（建保七年）二月廿八日	〜〜候	御気色候也、可令申上給、仍執達如件
97	写	建保七年後二月四日	〜〜由	院宣如此、仍執達如件
98		「建保七年」後二月七日	〜〜事	御気色所候也、仍執啓如件
99		（建保七年）後二月廿三日	〜〜事	御気色所候也、以此旨可令申入給、仍執達如件
100		（建保七年）三月二日	〜〜事	被仰含候了、以此旨可令申沙汰給候、恐々謹言
101	写	「承久元」十月十日	〜〜也	依　院宣、言上如件、宗行恐惶謹言
102	案	（承久元年）十二月十八日	〜〜事	依　院宣、執達如件
103	写	（承久二年）二月十日	〜〜事	依　御気色、執啓如件
104	写	（承久二年）六月一日	〜〜事	依　院宣、執達如件

奉　者	充　名	典　拠	鎌遺
按察使〈在判〉	中三位殿	醍醐寺文書	4-2647
右大将〈在判〉「西園寺相国禅門」	別当僧正御房「雅縁僧正」	『三箇御願料所等指事』	未収
按察使光親	謹上　坊門大納言殿	神宮文庫蔵『永仁五年仮殿記』紙背文書	補 2-616
宗行〈奉〉	謹上　右大将殿	『天台座主記』72 世承円	5-2737
按察使光親〈奉〉	(なし)	慈光寺本『承久記』	未収
権中納言定高	武蔵守殿	『承久兵乱記』、前田家本『承久記』	未収

していないが、『大日本古文書　石清水文書』２巻581号による。**No.47**：稲葉伸道「大須観音宝生院真福寺文庫所蔵『因明三十三過記』紙背文書」(『愛知県史研究』７、2003年)。**No.48**：平岡論文に国会図書館蔵日野西家本『玉蘂』による翻刻あり。思文閣出版の刊本では翻刻に難あり。**No.50**：『宮崎県史　史料編　中世２』643頁 (1994年)。**No.51**：東京大学史料編纂所架蔵写本 (請求記号4171.68-２。同所 DB〈WEB で公開〉で画像公開) による。吉川・小原・遠藤論文186頁に翻刻あり。２つの典拠に載っている文書がもと１通の文書であることは、小原嘉記「鎌倉初期の東大寺再建と栄西」(『ザ・グレイトブッダ・シンポジウム論集12　論集　中世東大寺の華厳世界』法蔵館、2014年) 参照。**No.52**：黒板勝美・下村三四吉『徴古文書　甲』(1896年) は奉者を光親に比定する。東京大学史料編纂所架蔵影写本「知恩院文書」(3071.62-20) で花押を確認したところ、光親とみてよいと思われ (『花押かがみ２』160頁)、官職にも問題はない。一方、根拠未詳ながら、水野恭一郎・中井真孝『京都浄土宗寺院文書』(同朋舎出版、1980年) は本文書に疑義を呈している。『法然上人行状絵図』第36に、建暦元年 (1211) 11月17日、葉室光親が奉行して法然帰洛を宣下したとあり (井川定慶編『法然上人伝全集』240頁〈井川定慶、1952年〉)、これを裏付ける史料とするか、これに基づく偽文書とみなすか、判断に迷うが、ひとまず事例に加え、後考を俟ちたい。**No.60**：『鎌倉遺文』は８月10日付とするが、渋谷慈鎧編『校訂増補　天台座主記』(第一書房、1999年) による。**No.61**：『鎌倉遺文』は典拠を「東大寺要録二」とするが、並木優記「「鎌倉遺文」所収の偽文書」(『日本歴史』370、1979年) による。**No.66**：広橋家旧蔵記録文書典籍類。森茂暁「『鎌倉遺文』未収文書二点」(『国書逸文研究』５、1980年) が紹介。森氏の紹介時点では東洋文庫所蔵であったが、現在は国立歴史民俗博物館が所蔵 (資料番号 H-63-415-29。同所 DB〈WEB で公開〉で画像公開)。**No.70**：教王護国寺蔵東寺文書六芸書14号 (京都府立総合資料館架蔵写真帳〈資料番号〉中集古 S292-７) による。『鎌倉遺文』は『東宝記』２所引文書として掲出し、宛所を「越後法師御房」とする。東寺文書観智院24－Ｃ１に案文あり。**No.71**：鎌遺補２-708と重複。**No.75**：『鎌倉遺文』は付年号を「建保五年」、宛所を「佐吉神主館」とするが、京都大学文学部古文書室架蔵の写真帳による。**No.87**：『高山寺古文書』(東京大学出版会、1975年) 31号。**No.90**：金剛峯寺文書 (鎌遺４-2418)、山本信吉編『正智院文書』編年文書12号 (吉川弘文館、2004年) (鎌遺未収) に案文あり。**No.101**：聖護院文書84函２号「鎌倉時代古文書古記録写」所収。首藤善樹氏・青谷美羽氏の御高配により、実見の機会を得た。**No.103・104**：典拠につき備考No.61参照。なお、並木氏は断定を避けながらも偽文書の可能性を指摘するが、実在した文書の写と考えられる。年次比定などは森茂暁「関東申次施行状の成立」(同『鎌倉時代の朝幕関係』思文閣出版、1991年) 140頁参照。**No.105**：神宮文庫蔵『永仁五年仮殿記』紙背文書 (鎌遺補２-615) に無年号の案文あり。**No.106**：大乗院文書。末柄豊「国立公文書館所蔵『三箇御願料所等指事』」(安田次郎編『興福寺旧蔵文書による古文書と古記録との関連についての史料学的研究』科学研究費補助金研究成果報告書、2008年) 75頁。**No.109**：『新日本古典文学大系　43　保元物語・平治物語・承久記』(益田宗・久保田淳校注、岩波書店、1992年) 323頁。**No.110**：『承久兵乱記』(「続群書類従」合戦部、20輯上) 101頁。日下力・田中尚子・羽原彩編『前田家本承久記』(汲古書院、2004年) 171頁・273頁。

№.	案	年　月　日	書　出	書止（奉書文言）
105	案	「承久二年」九月九日	～～事	内々御気色如此、仍執達如件
106	写	（承久二年）十二月八日	～～事	御気色候也、謹言
107	案	（承久二年ヵ）十二月十一日	～～事	御気色如此、仍執啓如件
108	写	（承久三年）四月八日	～～事	依御気色、上啓如件
109	写	承久三年五月十五日	**被院宣偁**	**院宣如此**、**悉之**、以状
110	写	（承久三年）六月十五日	～～～	御気色如此、仍執達如件

案…案文を「案」、写や記録・典籍所引のものを「写」とした。

年月日・書出・書止・奉者・充名…〈　〉は細字や割注、「　」は付年号や文書に記された注記・押紙等、（　）は刊本や長村による推定・注記を意味する。

書出の「被院宣偁」、書止の「院宣如此」「悉之」、奉者が葉室光親である場合は**太字**にした。『鎌倉遺文』の年次比定の誤りは適宜修正した。特に建保6年～建保7年の高野山文書「宝簡集」の年次比定につき、『鎌倉遺文』は『大日本古文書　高野山文書』に依拠しているが、平岡豊「後鳥羽院政と境争論」（『日本中世政治社会の研究』続群書類従完成会、1991年）、白井克浩「鎌倉前期公家訴訟制度の特質」（『高野山史研究』6、1997年）を参照して改めた。

典拠…『鎌倉遺文』未収録文書のうち、既刊本で巻号等のあるものは記載した。ただし、欄の大きさ等により備考欄に記したものもある。記録・典籍所引の院宣は奉書様式の文書を復元しうるものを挙げた。

鎌遺…例えば『鎌倉遺文』2巻756号を2-756、同補遺1巻185号を補1-185、同補遺編東寺文書1巻24号を補東寺1-24のごとく記した。

『鎌倉遺文』所収の重複文書や未収録院宣の検出に際しては、次の論著・データベース（以下、DBと略）を参照した。

・平岡豊「後鳥羽院上北面について」（『国史学』130、1986年）。
・近藤成一代表『綸旨・院宣の網羅的収集による帰納的研究』（科学研究費補助金研究成果報告書、1999年）。
・吉川聡・遠藤基郎・小原嘉記「「東大寺大勧進文書集」の研究」（『南都仏教』91、2008年。№36・№37・№51・№67の典拠欄の文書番号は当論文による）。
・瀬野精一郎『『鎌倉遺文』の研究』（東京堂出版、2011年）。
・『（CD-ROM）東寺文書検索システム』（東寺文書データベース作成委員会、2001年）。
・『CD-ROM版　鎌倉遺文』（東京堂出版、2008年）。
・東京大学史料編纂所DB（WEBで公開）。
・早稲田大学『鎌倉遺文』未収録文書目録DB（WEBで公開）。

備考…　**№5**：上島有編著『東寺文書聚英　図版篇』185号、『同　解説篇』100頁（ともに同朋舎出版、1985年）。　**№15**：国立歴史民俗博物館蔵水木家資料中世文書102号（資料番号H-1242-1-102。同所HP〈WEBで公開〉で画像公開）。　**№17**：集古文書26（鎌遺2-1138）に写あり。　**№22**：『冷泉家時雨亭叢書　51　冷泉家古文書』（朝日新聞社、1993年）。　**№23**：『天台座主記』66世実全がほぼ同じ院宣を引用するが、それは書出を「被下院宣偁」、奉者を「左中弁〈光親在判〉」とする。ただし、当時の左中弁は藤原光親ではなく藤原長房。　**№25**：『新修八坂神社文書　中世篇』4号（臨川書店、2002年）。　**№28**：『春日大社文書』1巻289号（吉川弘文館、1981年）なるべし。『鎌倉遺文』は典拠を「播磨清水寺文書」とするが、『兵庫県史　史料編　中世2』（1987年）の「清水寺文書」には見出せず、『鎌倉遺文』の記載の誤りと判断される。　**№29**：鎌遺補1-467・補1-471と重複。　**№32**：鎌遺補1-498と重複。　**№34**：『中村直勝博士蒐集古文書』（中村直勝博士古稀記念会、1960年）9号。同書解説の指摘する通り、奉者の「参議」は『仏舎利勘計記』より藤原長房とわかる。東寺文書DBによれば、現在は大和文華館「雙柏文庫」所蔵。　**№35**：『鎌倉遺文』は書止部の欠失を注記宣」に書下年号が記されているのは一見疑わしい。しかし、すでに後白河院宣に書下年号を有する正文が二通存在することから[11]、後鳥羽院宣に書下年号があっても決定的な問題ではない。また、他の典籍所引後鳥羽院宣と同様に、『慈光寺本』に取り込まれた時点以降の加筆の可能性も高い。いずれにせよ疑問視する根拠とはなしえないであろう。

2　院宣の命令内容と院宣発給を記す他の史料

次に、史料1「院宣」の命令内容を考えたい。史料1「院宣」の命令内容は、基本的に後掲史料4と類似しているが、北条義時の追討を命ずる（傍線②）前段階として、まず彼の「奉行」の停止を命じている（傍線①）。史料1傍線①は後掲史料4には存在しない内容であり、一見不審だが、かえって史料1の実在を示唆すると思われる。『慈光寺本』の物語展開によれば、後鳥羽は「院宣」の発給時点ですでに義時の追討を考えているはずであり、即時に追討を命ずるのではなく義時の奉行の停止を命ずるのは不自然である。これは、実在した文書を引用した結果生じたと考えるのが最も妥当であろう。

それに加えて、史料1傍線③が注目される。後掲史料3傍線②の、三浦胤義の義村充て「私書状」に院が「勲功賞」を提示したとある記述に一致するのである。

すなわち、内容の考察からも、史料1「院宣」は実在した可能性が高いと考えられる。

次に、史料1以外の史料に注目したい。実は、『慈光寺本』等の軍記以外にも、承久の乱の際に光親の奉じた「院宣」が発給されたとする確実な史料が存在する。

史料2　『葉黄記』寛元四年（一二四六）三月十五日条（頭書は省略）

一、関東申次。……就㆓今度院中儀㆒、有㆓時議㆒、先日被㆑仰㆓合子細於関東㆒。件返事到来、一昨日、入道殿（九条道家）被㆑進㆑之。

大納言(九条頼経)入道殿御返事也御名行賀。改名歟。去六日状也。秘事重事者入道殿(九条道家)下可レ被二伝仰一。僧俗官等事ハ可レ申二摂政(一条実経)一。於二雑務一者、奉行院司直可レ書二下院宣一之由也。謂二奉行院司一者定嗣事也。凡院中執権、以二孤露不肖之身一奉レ之。人々嫉妬之余、種々事等有二讒言之疑一。然而叡慮深思二食入予謬一。応知人之鑑誡、家之余慶歟。承久乱逆、故殿(光親)令レ書二追討之院宣一給。仍或人以レ之為二予(定嗣)難一歟。然而更不レ可レ及二子細一之由、別被レ申二入道殿下一云々。

史料2は、同年正月二十九日の後嵯峨院政開始から二ヵ月足らずの時期に、葉室光親の男定嗣が日記に記した記事である。関東の前将軍頼経から関東申次などのことについて申し入れがあり、「雑務」については奉行院司すなわち定嗣が直に院宣を書き下すようにとあった、それに対して人々が嫉妬のあまり種々の讒言をしているようである、承久の乱の際に父光親が「追討之院宣」を書いたことを定嗣の難点に挙げる者もいる、しかし定嗣で問題ない旨を後嵯峨院が大殿九条道家に伝えた、とある。ここでは、「或人」のみならず定嗣や後嵯峨も光親の追討「院宣」への関与自体は事実と認識している点を確認しておきたい。

以上により、北条義時追討「院宣」の発給はほぼ確実になったと思われる。

二　官宣旨と葉室光親

1　官宣旨と藤原定家本『公卿補任』

一方、押松が届けた後鳥羽発給文書を「宣旨」とするのが史料3である。

史料3　『吾妻鏡』承久三年五月十九日条

午刻、大夫尉光季（伊賀）去十五日飛脚、下二着関東一。申云、……十五日午刻、遣二官軍一被レ誅二伊賀廷尉（光季）一。則勅二按察使①光親卿（葉室）一、被レ下二右京兆（北条義時）追討宣旨於五畿七道一之由云々。関東分宣旨御使、今日同到着云々。仍相尋之処、自二葛西谷山里殿辺一召二出之一。称二押松丸一（藤原）秀康所従云々。……亦同時、廷尉胤義（三浦）義村弟私書状到二着于駿河前司義村（三浦）之許一。是応二②勅定一可レ誅二右京兆一、於二勲功賞一者可レ依レ請之由、被二仰下一之趣載レ之。

後鳥羽が葉室光親に勅して義時「追討宣旨」（吉川本は「追討官使」とする）を下したこと、「関東分宣旨御使」押松が捕らえられたことが記される。この他にも、義時追討「宣旨」が「五畿七道」に下されたとする史料は多い(12)。その「宣旨」の様式・本文を今日に伝える案文が、現存する史料4である。

史料4　承久三年五月十五日「官宣旨案」（小松家所蔵文書(13)。鎌遺五―二七四六）

右弁官下　五畿内諸国（東海・東山・北陸・山陰・山陽・南海・大宰府）
　応丁早令丙追二討陸奥守平義時朝臣身一、参二院庁一蒙乙
　　裁断甲、諸国庄園守護人地頭等事
右、内大臣（源通光）宣、奉レ勅、近曽称二関東之成敗一、乱二天下之政務一。
纔雖レ帯二将軍之名一、猶以在二幼稚之齢一。然間彼義時朝臣偏仮二
言詞於教命一、恣致二裁断於都鄙一。剰輝二己威一、如レ忘二皇憲一。論二之
政道一、可レ謂二謀反一。早下二知五畿七道諸国一、令レ追二討彼朝臣一。兼又諸国
庄園守護人地頭等、有下可レ経二言上一之旨上、各参二院庁一、宜レ経二上奏一。
随レ状聴断。抑国宰并領家等、寄二事於綸綍一、更勿レ致二濫行一。
縡是厳密、曽不二違越一者、諸国承知、依レ宣行レ之。

承久三年五月十五日　大史三善（信直）朝臣

大弁藤原（資頼）朝臣

『伝宣草』（『群書類従』公事部七輯七四一頁）に「常事、左弁官宣。凶事、右弁官宣」とあるごとく、書出を「右弁官下」とする官宣旨が追討等の「凶事」に用いられることは周知の通りであろう。史料4は、官宣旨発給の通例と文書内の記述から、蔵人某→上卿内大臣源通光→右大弁藤原資頼→右大史三善信直を経て発給されたことが確認できる。

ここで問題となるのは、史料3傍線①に「按察使光親」に勅して「宣旨」を下したとある点である。『吾妻鏡』七月十二日条にも、葉室光親が「無双寵臣」であり、院を諫めたが、「頗背二叡慮一之間、雖二進退惟谷一、書二下追討宣旨一」とある。(14) しかし、光親は承久三年には前権中納言兼按察使であり、官宣旨の発給に携わる制度上の官職（蔵人・弁・史や、上卿を務める現任議政官）は帯していないのである。

ここで想起されるのは、葉室光親が史料1「院宣」の奉者だったことである。それゆえ、押松が持参したのは「官宣旨」ではなく「院宣」であり、『吾妻鏡』が混同・誤記または故意の歪曲により「院宣」を「宣旨」と記した可能性も指摘されている（注(4)白井論文）。しかし、はたして光親の「官宣旨」発給への関与は想定できないのであろうか。

史料5　藤原定家本『公卿補任』承久三年（一三八オ）(15)

五月十五日新帝（仲恭）未二即位一、①被レ下下可レ追二討平義時朝臣一院宣上②按察使光親卿奉書。③蔵人頭右大弁資頼口宣。発二官軍一向二尾張国一。六月十四日、関東大軍入洛。

藤原定家筆の当史料は、現存する『公卿補任』の写本では最古の時期に属すとされ、(16) 承久三年までが残存している。承久二年の藤原仲経に「嘉禎二年（注、一二三六）十二月廿七日薨。七十」とする加筆があるなど、具体的な編纂時期は未詳とされるが、[17]定家が没する仁治二年（一二四一）以前の成立であることは疑いなく、数少ない同時代人の書いた承久の乱の史料として貴重である。さらに、義時追討文書の発給過程を記す史料5傍線部は、新訂増補国史大系本（流布本系。以下同）の『公卿補任』には存在せず、その内容もきわめて重要である。

鍵となるのが史料5の傍線②③であり、それを解釈する上で富田正弘氏の中世公家文書論が参考となる。氏は、中世公家政治の構造を、治天が伝奏の下に奉行（案件担当者）として組織した職事を介して太政官政務を誘導する体制とした。これを役職と文書で表現すれば、治天の意思を、伝奏が「奉書」で職事に伝え、職事が「口宣」で上卿に伝えることで、「官符」「官宣旨」などの太政官文書が発給されるということになる。伝奏の奉じた院宣には、かかる太政官文書や奉行の文書を発給させるための手続き文書と、直接受給者に充てる自立的な文書という、二種類が存在する。[18]

2　後鳥羽院政期以前の院伝奏

なお、富田氏が伝奏の説明に用いた事例が鎌倉中期以降であるごとく、伝奏という職は承久の乱より後、後嵯峨院政期頃に制度的に確立する。[19]ただし、すでに白河院政末期・鳥羽院政期頃から伝奏の職務を務める者の存在が確認でき、[20]鳥羽院政後期以降は伝奏人が奉ずる奉行充ての手続き文書としての院宣の実例が確認できるようになる。[21]

治承・寿永内乱期にも、伝奏人の宣旨発給への関与は確認できる。例えば、かの有名な寿永二年（一一八三）十月宣旨につき、「彼宣旨之趣事、定長伝宣、兼光宣下」（『玉葉』閏十月二十三日条）とある。当時、藤原定長は五位蔵人、藤原兼光は蔵人頭・左中弁であった。四歳の後鳥羽天皇ではなく、後白河院の宣旨発給の意志を、定長が伝奏の立場で蔵人頭兼光に伝えたのであろう。

後鳥羽院政期は、女房による伝奏が注目されている。[22]しかし、比重が低いとしても、役職としての伝奏を務める男性廷臣がいたことは次の史料に明らかである。

史料6　『玉蘂』承久二年（一二二〇）三月一日条

春宮小進光資（藤原）申云、……今日（月カ）参二春日社一事、□□（後鳥羽）院御熊野詣御進発以前不二申定一者、闕如必定也。而服薬不二院参一。以二伝奏人一欲レ奏之処、新中納言（葉室宗行）服仮、按察（葉室光親）前（権）新中納言参二御供一。仍右大将（西園寺公経）可レ就二計申一之由、先日有二院宣一之由承云々。依レ有二便宜一向二彼亭一令レ申之処、我非二伝奏之身一、不レ能二口入一之由有二返答一。為二之如何一。

春宮小進の藤原光資が、皇太子懐成の春日参詣につき、「伝奏人」を以て奏聞しようとしたが、葉室宗行と葉室光親の都合が悪かった、これに先立ち後鳥羽は西園寺公経の差配によれと指示していたが、公経は「我非二伝奏之身一」を理由に関わろうとしなかった、とある。従来は史料の現存本文の問題もあり明確ではなかったが[23]、ここに光親と宗行が後鳥羽の伝奏であることが確実となった。また、後鳥羽は伝奏の固定に伴う公事の停滞に柔軟に対処しようとしているが、「伝奏」と「非伝奏」という区別自体は当該期にも明確であることが指摘できる。

以上を踏まえれば、史料5傍線②の光親の立場は院伝奏とするのが妥当である。その上で史料5傍線部の大意を解釈するならば、①後鳥羽が義時追討「院宣」を発した、②それを伝えたのは、葉室光親の「奉書」と、③それを受けた蔵人頭葉室資頼の「口宣」である、となろう。

この「口宣」を受けた上卿源通光の「宣」により発給された太政官文書、それこそが承久三年五月十五日「官宣旨」（史料4）と考えられるのである。かく考えれば、史料3傍線①は事実であり、白井氏（注(4)論文）のごとく混同・誤記・歪曲を想定する必要はないのである。

三　葉室光親の死罪

史料5傍線①の「院宣」は、文書形式ではなく院の意思・命令といった意味と解されるが、既述のごとく史料1「院宣」は実在したと考えられる。すなわち、光親が奉った後鳥羽の北条義時追討命令は、自立した「院宣」として特定御家人に充てられる（史料1）とともに、文面を変えた手続き文書（史料5傍線②の「奉書」）として蔵人頭資頼に充てられ、五畿七道充ての「官宣旨」（史料4）が発給されたと考えられるのである。史料の語を用いて図化すると次のごとくなろう。

振り返って、史料2傍線部の光親が書いたという「院宣」は、既述では自立的な文書としての院宣を指すと解したが、官宣旨発給の手続き文書（史料5傍線②の「奉書」）を指しているとする解釈も成り立ちうる。改めて史料2を自立した院宣の発給を示す史料と位置付けるために、文治元年（一一八五）の源頼朝追討「宣旨」の発給に関与した者の処罰と比較したい。なぜなら、承久の乱で鎌倉方が勝利した直後に鎌倉で「卿相雲客罪名」を定める際、大江広元が「文治元年沙汰先規」を引勘したとあり（『吾妻鏡』承久三年六月二十三日条）、一定の処罰基準が窺えるからである。

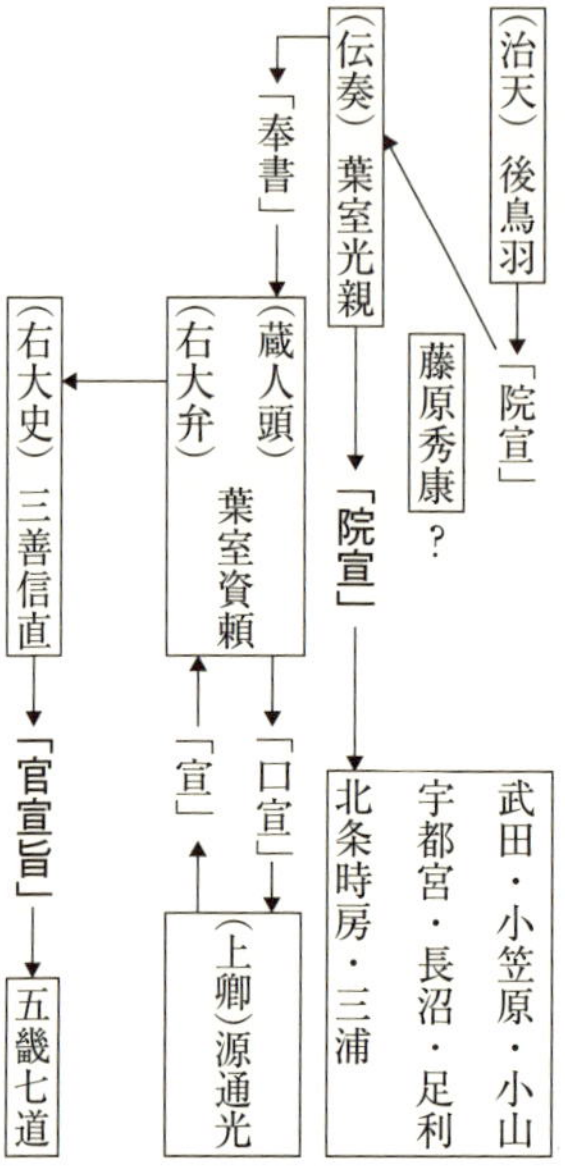

図　承久三年五月十五日「院宣」と「官宣旨」の発給過程

文治元年十月十八日、源義経が後白河院に源頼朝追討「宣旨」を発給させた(24)。その際の「伝奏」たるにより、高階泰経が籠居している（『吾妻鏡』十一月二十六日条）。宣旨発給と無関係なはずの非参議・大蔵卿である高階泰経の籠居は、義経の言上を取り次ぐとともに、後白河による宣旨発給の意思を蔵人頭藤原光雅に伝達したためであろう。泰経は頼朝の所謂廟堂改革により十二月十七日に解官される（『玉葉』十二月十八日条）。

同「宣旨」の発給に関与したのは、上卿の左大臣藤原経宗、蔵人頭・右大弁の藤原光雅、左大史の小槻隆職であった(25)。藤原経宗は鎌倉に弁解の使節を派遣した甲斐あって処罰されなかったが（『吾妻鏡』文治二年正月七日条）、藤原光雅と小槻隆職は十二月二十九日に解官されている(26)。ここでは、頼朝追討「宣旨」の発給に関わった伝奏と頭弁・史が同等の処罰を受けていることに注意しておきたい。

それに対して、承久の乱時の北条義時追討「官宣旨」発給関係者の処罰は次の通りである。

伝奏	葉室光親	「六月廿四日、武士申請。依レ奉二行追討事一也。七月廿三日、於二駿河国一就レ斬。先出家。法名西親(27)」。
上卿（内大臣）	源通光	「七月三日上表、辞二大臣一。七月廿日恐懼(28)」。安貞二年（一二二八）三月二十日の朝覲行幸まで籠居（『公卿補任』同年）。
蔵人頭・右大弁	葉室資頼	七月二十八日に内蔵頭を停止、八月二十九日に蔵人頭を停止、翌承久四年正月二十四日に右大弁を解官(29)。
右大史	三善信直	特に処罰なし(30)。

右大史の無処罰の理由は不明だが、一見して明らかなごとく、光親の処罰はともに「官宣旨」の発給に関与した上卿や頭弁・史よりもはるかに重い。光親以外に承久の乱関係で殺害された「張本公卿」は、鎌倉方軍勢を迎撃するた

め、六月十二日に宇治や淀・芋洗に出陣していた（『吾妻鏡』同日条、同二十四日条）。それに対して光親は、十二日の京方出陣の段階で後鳥羽と共に高陽院に籠もっていた(31)。十四日夜に鎌倉方軍勢が入京すると(32)、十五日に後鳥羽が小槻国宗を六条川原の陣に遣わして義時追討宣旨を召し返し（『承久三年四年日次記』）、京方の敗北が決定したため、光親が戦場に立つことはなかった。

武装せず、戦場にいなかった、しかも公卿級の貴族が、合戦後に死罪に処されるという事態は、やはり尋常ではない。他の「官宣旨」発給関係者の処罰はもとより、文治の伝奏高階泰経の処罰に比しても、過度の厳罰といわねばならない。光親が、「官宣旨」発給の手続き文書となる「奉書」の発給に加えて、北条氏に死罪を決意させるほどの何かをしたとすれば、それこそ自立した文書としての「院宣」の発給であろう。

様式に注目すれば、弁官局という組織が発給する官宣旨とは異なり、院宣は奉者個人が発給する文書であるため、その文面には「責任者」の名が明示されることになる。後鳥羽の計画は、「院宣」により直接的に動員した特定有力御家人を起点に、「官宣旨」により動員した不特定多数武士が義時を追討するというものであり（本書第三章）、機能的には「院宣」が「官宣旨」の前提に位置している。北条義時にとって「院宣」はきわめて危険な文書であった。葉室光親を死罪という過度の厳罰に処した理由は、「院宣」が実在してこそ説明可能と考えられるのである。

おわりに

以上、本章では、管見に入った後鳥羽発給綸旨・院宣の収集による様式的検討と、従来看過されてきた史料を用いた文書発給手続の復元により、『慈光寺本』所引承久三年五月十五日「後鳥羽上皇院宣」が実際に発給されたこと、その奉者である葉室光親が、伝奏の立場で承久三年五月十五日「官宣旨」発給の根幹にも位置したことを解明した。そして、承久京方張本公卿および文治元年の頼朝追討「宣旨」発給関係者の処罰との対比から、葉室光親が院宣と官宣旨の双方の発給に関わったために死罪という厳罰に処されたことを論じた。

後鳥羽による義時追討計画とそれに対する武士の反応については、次章で詳論したい。

表2 『公卿補任』承久三年の処罰系記事

氏	家・名	『公卿補任』	尻付の記載内容	『公卿補任』記載項	備考	尊卑分脈
道長流	九条道家	国史大系 定家本	「七月八日止摂政」。 「七月八日止摂政」。	摂政		1-86
村上源氏	久我通光	国史大系 史料4-16-410・5-1-95 定家本	「七月三日上表」。「七月三日辞退」。 「七月三日上表辞大臣」。「七月廿日恐懼」。 「七月三日上表辞大臣。七月廿日恐懼」。	内大臣		3-503 4-150
	久我通平	国史大系 史料5-1-96 定家本	(処罰系記事なし) 「恐懼」。 「恐懼」。	非参議		3-503
	土御門定通	国史大系 史料5-1-95 定家本	(処罰系記事なし) 「七月廿日恐懼。自六月十五日不出仕」。 「七月廿日恐懼。自六月十五不出仕。閏十月九日免出仕」。	権大納言		3-509
	中院通方	国史大系	(処罰系記事なし)	中納言		3-512

氏	家・名	『公卿補任』	尻付の記載内容	『公卿補任』記載項	備考	尊卑分脈
道隆流	坊門忠信	史料5-1-95	「七月廿三日恐懼」。	権大納言	吾6・25条「合戦張本」	1-323
		定家本	「七月□三日恐懼。十月許出仕」。			
		国史大系	「六月日被招下関東。七月廿六日帰参後出家。八月三日武家移越後国。無流罪宣旨」。			
		史料4-16-366・5-1-121前田家本	「六月廿四日関東武士申請下向〈依将兵向院也〉。七月廿三日自途中帰京。廿四日於八条大宮亭出家。八月十三日又下向。在越後国云々」。			
		定家本	「六月廿四日関東武士申請下向〈依将兵向淀也〉。七月廿三日自途中帰京。廿四日於八条大宮亭出家。八月十三日又下向。在越後国云々」。			
	坊門信成	国史大系	「月日辞」。	参議	吾5・29条「乱逆之張本」	1-323
		史料5-1-95・179	「七月廿日恐懼」。「八月八日為武士被召取。十月免」。			
		定家本	「七月廿日恐懼。八月八日為武士被召取。十月免之。十二日停任」。			
	水無瀬親兼	国史大系	「八月日出家」。	前権中納言		1-327
		史料5-1-96・179	「恐懼」。「八月八日子息三人相共召取。即出家。九月免」。			
		定家本	「恐懼。八月八日子息三人相共召取。即出家。九月免之」。			
	水無瀬定輔	国史大系	「十二月十日去帥」。	前権大納言		1-326

		史料5-1-96	「七月廿日恐懼」。			
		定家本	「七月廿日恐懼。閏十月九日免出仕。十二月十二日止帥」			
	水無瀬親定	国史大系	(処罰系記事なし)	参議		1-326
		史料5-1-95	「七月廿日恐懼」。			
		定家本	「七月廿日恐懼」。			
末茂流	山科教成	国史大系	(処罰系記事なし)	前権中納言	鎌遺5-3066「令向宇治云々」	2-376
		史料5-1-96	「七月廿日恐懼」。			
		定家本	「七月廿日恐懼。十月許出仕」。			
為房流	葉室光親	国史大系	「七月被招下関東、於路次受誅。今日先出家。法名西親」。	前権中納言	吾6・24条「合戦張本公卿」	2-104
		史料4-16-366・5-1-21	「六月廿四日武士申請。依奉行追討事也」。			
		史料5-1-17	「七月廿三日、於駿河国就斬。先出家。法名西親」。			
		定家本	「六月廿四日武士申請。依奉行追討事也。七月廿三日、於駿河国就斬。先出家。法名西親」。			
	葉室宗行	国史大系	「六月日出家。七月日被召下関東、於駿河受誅」。	前権中納言	吾6・24条「合戦張本公卿」	1-113
		史料4-16-367	「六月廿四日武士申請。依行追討事也。先是出家」。			
		史料5-1-70	「七月日被召下関東、於駿河受誅」。			
		史料5-1-80	「六月廿四日武士申請。依行追討事也。先是出家。七月日被召下関東、於駿河受誅」。			
		定家本	「六月廿四日武士申請。行追討事。先是出家。下向関東就斬」。			

氏	家・名	『公卿補任』	尻付の記載内容	『公卿補任』記載項	備考	尊卑分脈
貞嗣流	高倉範朝	国史大系 史料5-1-96 定家本	（処罰系記事なし） 「恐懼」。 「恐懼」。	前権中納言		2-477
	高倉範茂	国史大系 史料4-16-366・5-1-91 定家本	「六月廿四日武士申請〈依向宇治也〉。七月日下向関東。被誅。先出家」。 「六月廿四日武士申請。依向宇治也。下向関東。七月於途中終命。先出家云々」。 「六月廿四日武士申請。依向宇治也。下向関東。七月於途中終命。先出家云々」。	参議	吾6・24条「合戦張本公卿」	2-477
宇多源氏	源有雅	国史大系 史料4-16-367 定家本	「六月日出家。七月日被召下関東。廿九日於甲斐国被誅」。 「六月廿四日武士申請。先是出家〈依向宇治也〉」。 「六月廿四日武士申請。先是出家。依向宇治也。後日於関東途中就斬」。	前権中納言	吾6・24条「合戦張本公卿」	3-391 4-148
頼宗流	一条信能	国史大系 史料4-16-366 史料4-16-414 定家本	「七月日被誅」。 「六月廿四日武士申請」。 「七月日被誅〈○前田本ニハ、六月廿四日武士申請、八月十四日於美濃国就斬、トアリ〉」。 「六月廿四日武士申請。八月十四日於美濃国就斬」。	参議	吾6・25条「合戦張本」	1-259
	藤原伊時	国史大系	（処罰系記事なし）	非参議		1-271

貞嗣流	藤原有能	史料5-1-96・240 定家本 国史大系 史料5-1-96 定家本	「恐懼。十月廿三日免出仕」。 「恐懼。十月廿三日免出仕」。 （処罰系記事なし） 「恐懼」。 「恐懼」。	非参議	室は藤秀康姉妹（尊卑2-408）	2-490
高階氏	高階経時	国史大系 史料5-1-96 定家本	（処罰系記事なし） 「恐懼」。 「恐懼。八月二日母喪。閏十月免」。	非参議		4-123
長家流	藤原為家	国史大系	「七月廿日止出仕」。	（嘉禄二年）	公補「四月廿日新帝昇殿」	1-290

《例言》『公卿補任』の刊本・影印本に見える承久三年の処罰系記事（誅殺・配流・辞職・恐懼・出仕停止等）を挙げた。藤原為家のみ嘉禄二年（一二二六）、それ以外は全て承久三年の尻付による。

氏…藤原氏は省略し、門流を記した。

『公卿補任』…次の略称を用いた。

新訂増補国史大系『公卿補任』＝国史大系。『大日本史料』○編之△—□頁所引『公卿補任』＝史料○—△—□。

藤原定家本『公卿補任』（冷泉家時雨亭叢書影印本を翻刻）＝定家本。

備考…処罰理由と考えられる史料や関係を記した。史料略称は次の通り。

『吾妻鏡』＝吾。『鎌倉遺文』＝鎌遺。新訂増補国史大系『公卿補任』＝公補。

尊卑分脈…新訂増補国史大系『尊卑分脈』○篇△頁を○—△のごとく記した。

注

（1）本章では、他の史料での「宣旨」呼称にも注意する必要があるため、弁官下文様式の文書は「官宣旨」の称に統一する。

（2）石井進「幕府と国衙の地域的関係」（同『日本中世国家史の研究』岩波書店、一九七〇年）二二九頁、平岡豊「承久の乱における院方武士の動員についての概観」（『史学研究集録』九、一九八四年）等。

（3）注(2)平岡論文、松島周一「承久の乱と三河国中条氏」（峰岸純夫編『日本中世史の再発見』吉川弘文館、二〇〇三年）、野口実「慈光寺本『承久記』の史料的評価に関する一考察」（『京都女子大学宗教・文化研究所　研究紀要』一八、二〇〇五年）、宮田敬三「承久の乱における京方の軍事動員」（『古代文化』六一―三、二〇〇九年）等。なお、長村祥知「『六代勝事記』の歴史思想」（『年報中世史研究』三一、二〇〇六年。本書第七章）では思想史史料として『慈光寺本』を用いた。

（4）白井克浩「承久の乱再考」（『ヒストリア』一八九、二〇〇四年）。氏の見解に対する私見は、長村祥知「〈承久の乱〉像の変容」（『文化史学』六八、二〇一二年。本書第三章）、長村祥知「承久の乱にみる政治構造」（本書第六章）参照。

（5）例えば瀬野精一郎「軍事関係文書」（『日本古文書学講座　五　中世編Ⅱ』雄山閣出版、一九八〇年）等、承久の乱の際の「官宣旨」と「院宣」の二種の追討命令の存在を指摘した論稿はあるが、事実の指摘にとどまる。

（6）『平家物語』所引文書に関して、早くは石母田正「平氏政権の総官職設置」（『石母田正著作集　九』岩波書店、一九八九年。初出一九五九年）、上横手雅敬「寿永二年十月宣旨」（同『日本中世政治史研究』塙書房、一九七〇年）等。近年では上杉和彦「延慶本平家物語所収文書をめぐって」（『軍記と語り物』三一、一九九五年）、松島周一「『延慶本平家物語』所収の頼朝追討宣旨をめぐって」（『日本文化論叢』六、一九九八年）等。研究史は松島周一「史料として見た延慶本平家物語」（栃木孝惟・松尾葦江編『延慶本平家物語の世界』汲古書院、二〇〇九年）参照。

『承久記』に関しては、本郷和人「承久の乱の史的位置」（同『中世朝廷訴訟の研究』東京大学出版会、一九九五年）が『承久兵乱記』所引（承久三年）六月十五日「後鳥羽上皇院宣」に簡略に言及しているにすぎない。

（7）東京大学史料編纂所架蔵転写本（請求記号2040.4-83）により、新日本古典文学大系の翻字の誤りや闕字を補訂した。

（8） 一方、前田家本『承久記』上—二五オ（五三頁・二三三頁）や『承久兵乱記』（『続群書類従』合戦部二〇輯上五五頁）は、光親が書いた「宣旨」として史料2とほぼ同文の官宣旨（書出を「左弁官下《（ママ）》」とし、大弁の署名が無い等、細部が異なる）を引用し、御厩の舎人押松が「足利・武田・小笠原・笠井《（ママ）》・宇都宮・三浦・筑後入道《（八田知家）》」充の「宣旨」七通を所持していたとする。本書第三章参照。

（9） 具体例を二点挙げておく。『鎌倉遺文』補遺一巻一八五号（表1№4）は「後白河上皇院宣」となっており、それを近藤成一代表『綸旨・院宣の網羅的収集による帰納的研究』（科学研究費補助金研究成果報告書、一九九九年。以下、近藤報告書と略）も踏襲する。しかし後白河は建久三年（一一九二）に没しており、同文書は「後鳥羽天皇綸旨」である。また『鎌倉遺文』二巻一〇八七号は書止部分欠損だが「後鳥羽上皇院宣」となっており、それを近藤報告書も踏襲する。しかし蘆田伊人編『大日本地誌大系　三国地志　下』（雄山閣、一九二九年）三二〇頁によれば、書止は「依二殿下御気色一、執達如レ件」であり、同文書は「摂政（近衛基通）御教書」である。

（10） 橋本義彦「院宮文書」（『日本古文書学講座　三　古代編Ⅱ』雄山閣出版、一九七九年）。

（11） 上島享「朝廷発給の裁許状」（大山喬平編『中世裁許状の研究』塙書房、二〇〇八年）一五〇頁に、後嵯峨院政期以前の「書下年号の院宣・綸旨の正文」の一覧表がある。横山和弘「後白河法皇の遺領処分に関する一史料」（『朱雀』二一、二〇〇九年）も参照。

（12） 例えば、『承久記』の一部諸本（注（8）参照）や『百練抄』『帝王編年記』『皇年代略記』『皇帝紀抄』『鎌倉年代記裏書』『六代勝事記』等。なお、後世には、後鳥羽の「討幕」目的から承久の乱が起こったとする歴史像が広まり、北条義時以外の追討対象を記す史料も増える。本書第三章参照。

（13） 改行は写真によった。写真は東京大学史料編纂所架蔵（請求記号）台紙付写真-401-4251で確認できる。小松家については、『史料京都の歴史　一四　右京区』（平凡社、一九九四年）末尾五四頁参照。『大日本史料』四編之十五—九二〇頁および『鎌倉遺文』では小松美一郎氏所蔵文書となっているが、美一郎氏は一九四七年に亡くなっている。小松美一郎氏については、小川功「嵯峨・

嵐山の観光先駆者」（『跡見学園女子大学マネジメント学部紀要』一〇、二〇一〇年）の注(39)参照。本注に関して、宇野日出生氏・永井晋氏より御教示をいただいた。

(14)『左大史小槻季継記』（『大日本史料』第五編之一―二二頁）には、乱の決着後、光親が「天下事偏ニ我カ申行タル事也」と罪を引き受けたことが見える。寵臣と称される光親の官歴や家系、天皇家との関係等は、河野房雄「承久京方張本公卿とその家系」（同『平安末期政治史研究』東京堂出版、一九七九年、初出一九七五年）参照。

(15)『冷泉家時雨亭叢書　四七　豊後国風土記・公卿補任』（朝日新聞社、一九九五年）三四一頁の影印を私に翻刻した。以下で藤原定家本『公卿補任』とする場合も同様。

なお、『大日本史料』四編之十五―九一七頁は「〔公卿補任〕○前田本」として史料5の五月十五日の記述を挙げる。しかし、前田育徳会尊経閣文庫所蔵の『公卿補任』二種（『尊経閣文庫国書分類目録』六五六頁に掲出）を同会で閲覧調査させていただいたところ、いずれも新訂増補国史大系本と同文であり、史料5の記述は見出せなかった。

他にも、坊門忠信の処罰に関して、『大日本史料』五編之一―一二一頁に「〔公卿補任〕○前田家本」として藤原定家本『公卿補任』とほぼ同文が挙がっている。また、一条信能の処罰に関して、『大日本史料』四編之十六―四一四頁所引『公卿補任』（所蔵や伝本の注記無し）に「……七月日被誅、○前田本ニハ、六月廿四日武士申請、八月十四日於美濃国就斬、トアリ」として、藤原定家本『公卿補任』と同文の「前田本」を挙げる。

これら『大日本史料』所引の「前田本（前田家本）」が、今どこに所蔵されているのか、あるいは仮に誤記だとして、藤原定家本の誤記なのか同系統の別の写本の誤記なのかは、現状では未詳である。ただし、『大日本史料』所引の『公卿補任』は、既述の「前田本」以外にも複数の写本を用いたものと思しく、新訂増補国史大系本とは異なる尻付が多々見られる。承久三年の公卿の処罰に関わる尻付を章末の表2に整理したが、これによれば、「前田本」以外にも、藤原定家本と同系統の写本があることが窺える（後掲注(27)・注(28)参照）。

(16) 土田直鎮「公卿補任の成立」（同『奈良平安時代史研究』吉川弘文館、一九九二年。初出一九五五年）。

(17) 美川圭「解題」（注(15)『冷泉家時雨亭叢書　四七』）。

(18) 富田正弘「中世公家政治文書の再検討」(同『中世公家政治文書論』吉川弘文館、二〇一二年。初出一九七八年)、富田正弘「口宣・口宣案の成立と変遷」(前掲富田著書。初出一九七九・一九八〇年)、富田正弘「公家政治文書の発給過程と系譜」(前掲富田著書。初出一九八三年)。

(19) 橋本義彦「院評定制について」(同『平安貴族社会の研究』吉川弘文館、一九七六年。初出一九七〇年)、美川圭「関東申次と院伝奏の成立と展開」(同『院政の研究』臨川書店、一九九六年。初出一九八四年)、本郷和人「後嵯峨院政」(注(6)著書)等。

(20) 玉井力「十・十一世紀の日本」(同『平安時代の貴族と天皇』岩波書店、二〇〇〇年。初出一九九五年)が白河院政末期に院近臣藤原顕頼が弁官奏事の伝奏を務めた事例を指摘している。鳥羽院政期の伝奏・奏事は元木泰雄「院の専制と近臣」(同『院政期政治史研究』思文閣出版、一九九六年。初出一九九一年)、伊藤瑠美「鳥羽院政期における院伝奏と武士」(『歴史学研究』八三二、二〇〇七年)参照。

(21) 白根靖大「院宣の基礎的考察」(同『中世の王朝社会と院政』吉川弘文館、二〇〇〇年。初出一九九八年)。氏はその類型の院宣を「指示院宣」と呼び、院の裁許・決定を貴族・寺社に直接伝える「通達院宣」と区別している。

(22) 注(19)橋本論文六七頁、注(19)美川論文、五味文彦「中間」(『ことばの文化史　中世四』平凡社、一九八八年)等。

(23) 注(22)五味論文は藤原頼資・葉室光親の伝奏行為の事例(『玉蘂』建暦二年六月二十一日条、同承久二年五月二十九日条)を挙げる。注(19)本郷論文一〇二頁・一一四頁は、光親の伝奏行為の事例(『玉蘂』承元四年三月四日条)と、「可レ聞二伝奏忠〔光カ〕親卿一」とある『玉蘂』建暦元年五月十九日条を挙げる。本郷氏は葉室宗行も伝奏かと推測したが、伝奏とよぶ例は見あたらないとする。

(24) 『吾妻鏡』十月十八日条、『玉葉』十月十九日条に手続き文書である「口宣」の写が記されているが、それに基づいて実際に発給された文書の文面は伝わっていない。『吾妻鏡』文治二年正月七日条には藤原経宗が「被レ下二官符於予州(源義経)等一事」を計らい議したとの風聞が記されているが、以下の理由から、むしろ官宣旨もしくは(弁伝宣史奉)宣旨が発せられた可能性が高いと考えている。第一に、中世には官宣旨・宣旨や太政官牒を含む太政官文書を「官符」と総称したこと(注(18)富田「中世公家政治文書の再検討①」)。第二は、他に「官符」発給とする史料がない反面、『玉葉』十月十九日・十月二十五日・十一月十日・十一月十六日・十二月二十三日・文治二年正月八日の各条、および十二月六日「源頼朝書状写」（『吾妻鏡』同日条、『玉葉』十二月二十七日条）等では追討命令を「追討宣旨」と称していること。第三は、頼朝は蔵人頭と左大史の解官を求めているが（後掲注(25)参照）、太政官符発給の際に太政官印の押捺にあたる少納言や中務省主鈴の処罰は求めていないこと、である。

治承・寿永内乱期の追討命令の実例は、治承四年九月五日「官宣旨写」（『山槐記』同日条）や寿永三年正月二十六日「宣旨写」（『玉葉』二月二十三日条）など、官宣旨と（弁伝宣史奉）宣旨の両方があるため、文治の頼朝追討命令の文書様式は断定できない。よって、ここでは単に「宣旨」としておく。

(25)『吾妻鏡』十月十八日条、『玉葉』十月十九日条、十二月六日「源頼朝書状写」（『吾妻鏡』同日条、『玉葉』十二月二十七日条）。頼朝は「追討宣旨」発給への関与を理由に光雅・隆職の解官を求めている。

(26) 義経に関係して解官された者の情報は、前川佳代「源平合戦後の義経」（上横手雅敬編『源義経　流浪の勇者』文英堂、二〇〇四年）が整理している。

(27) 藤原定家本『公卿補任』一四三ウ。『大日本史料』（第五編之一―一七・二一頁）所引『公卿補任』も同文。新訂増補国史大系本『公卿補任』では傍線部は「七月被レ招二下関東一。於二路次一受レ誅。今日」となっており、処罰理由は明記されていない。同時代に書写され、「依レ奉二行追討事一」と明記する定家本の史料的価値は明らかであろう。このことに関わって、流布本『太平記』巻二（俊基朝臣再関東下向事）に「承久ノ合戦ノ時、院宣書タリシ咎ニ依テ、光親卿関東へ召下サレシガ」とあるのが注目される。

なお、『吾妻鏡』は、光親が「去月出家」とし、武田信光の預かりで関東へ連行される途中、七月十二日に甲斐・駿河国境の加古坂で梟首されたとする。大正十年（一九二一）に刊行された『大日本史料』五編之一―一七頁は、『吾妻鏡』に従って、承久三年七月十二日条に「幕府、武田信光ヲシテ、前権中納言正二位按察使藤原光親ヲ駿河加古坂ニ斬ラシム」の綱文をたてている。葉室光親以外の公卿の処罰に関しても、例えば大正七年（一九一八）に刊行された『大日本史料』四編之十六―四一四頁、承久三年七月五日条の按文に、一条「信能ノ斬ラレシ日、前田本公卿補任、八月十四ニ……作ル、今、吾妻鏡ニ従ウテ掲グ」として、綱文の月日を『吾妻鏡』に拠っている。

藤原定家本『公卿補任』の尻付が新訂増補国史大系本『公卿補任』や『吾妻鏡』その他の史料とは異なっている場合（後掲注(28)もその一例）、日記類がほとんど存在しない現状では、定家本こそを最も信用すべき史料と考えるべきであろう。

(28) 藤原定家本『公卿補任』一三九オ。『大日本史料』（第四編之十六―四一〇頁、第五編之一―九五頁）所引『公卿補任』も同文。新訂増補国史大系本『公卿補任』には傍線部の記述がない。

(29) その後、嘉禄三年（一二二七）に叙正四位下、寛喜二年（一二三〇）閏正月四日に蔵人頭に還補。『公卿補任』貞永元年参照。

(30) 承久三年十一月十六日、叙従五位下（『家光卿記』〈『大日本史料』第五編之一―三二五頁〉）。永井晋『官史補任』（続群書類従完成会、一九九八年）二〇三頁参照。

(31)『慈光寺本』下―三三五頁。ただし、『慈光寺本』が瀬田・宇治等への軍勢配置を美濃・北陸道への派兵（『吾妻鏡』では六月三日条）と同日とするのは誤りと思われる。なお、後鳥羽は十五日以前に四辻殿に遷っている（『吾妻鏡』）。

(32)『大日本史料』（第四編之十五―二八五頁以下）は『百練抄』等により鎌倉方軍勢の入京を六月十五日とするが、以下の史料から十四日夜とした。

・史料5「六月十四日、関東大軍入洛」。
・『賀茂旧記』六月十四日条「京へむ者いる」（尾上陽介「賀茂別雷神社所蔵『賀茂神主経久記』について」〈『東京大学史料編纂所研究年報』一一、二〇〇一年〉）。
・『承久三年具注暦』六月十四日条「武士等申酉時ニ京入」（山下克明「『承久三年具注暦』の考察」〈同『平安時代陰陽道史研究』思文閣出版、二〇一五年。初出一九九八年〉）。
・『民経記』仁治三年（一二四二）六月二十日条「平（北条）泰時朝臣死去。……承久、東夷乱㆓入帝都㆒、即六月十四日也。彼是令㆓符合㆒歟」。
・『鎌倉大日記』承久三年「泰時六月十四日入洛……」
・新訂増補国史大系本『公卿補任』「（注、六月）十四日、東軍入洛」（史料編纂所徳大寺家本〈請求記号 徳大寺／1／24〉も同文）。

おわりに

第三章　〈承久の乱〉像の変容

――『承久記』の変容と討幕像の展開――

はじめに

本章の課題は、承久の乱を惹起した後鳥羽院の北条義時追討計画と、後世におけるその歴史像の変容を考察することにある。「承久の乱（じょうきゅうのらん）」とは、例えば『新版　日本史辞典』（角川書店、一九九六年）に

一二二一（承久三）に後鳥羽上皇が鎌倉幕府をうつためにおこした兵乱。……幕府軍が軍事的に勝利をおさめた。その結果、後鳥羽らの配流、六波羅探題の設置、新補地頭の大量補任がなされ、……この後、北条氏を中心とした幕府が、皇位の決定をふくめ公家政権全体の主導権をにぎるようになった。

とある通り、武家優位の政治体制が確定した日本史上の一大画期と位置付けられる事件である。ただし、事件の重要性に比して研究は立ち遅れている。その一因は同時代史料が僅少なことにあるが、三上皇の敗北・配流という衝撃の大きさゆえか、後世の史料で承久の乱を描いたものは多い。

従来は不十分であるが、こうした後世の史料そのものを検討対象とすることは、史料が成立した各時代の歴史思想の解明のみならず、承久の乱の実態や歴史的意義を解明する上でも、きわめて重要と考えられる。というのは、後世の史料が―意図的か否かは別としても―事実とは異なる新たな歴史像を創作し、それが今日に至る承久の乱研究にも

影響を及ぼしている可能性があるからである。むろん、後世の史料には採るべき情報も多々あり、そうした有用性と限界面ないし悪影響とを見極める意識が必要であろう。

かかる関心から今回検討したいのは、後鳥羽が「鎌倉幕府をうつために」承久の乱を起こしたとする理解ははたして妥当なのか、という点である。前掲の『日本史辞典』が記すごとく、従来、承久の乱は後鳥羽の討幕計画に発するとされてきた(1)。それに対して、論点は微妙に異なるものの、後鳥羽の意図は北条義時の追討であり、討幕を目指してはいなかったとする説が呈されている(2)。私見は後者の説を妥当と考えるが、従来は簡略・部分的な言及が多く、通説を塗り替えるには至っていないのが現状である。

ここで注目すべきは、主に『承久記』の検討から、文学作品において討幕の視点は南北朝期以降に表れるとした西島三千代氏の研究である(3)。後述するごとく西島氏の見解にも見直すべき点はあるが、後世における承久の「乱」や「役」「変」「難」等の事件呼称が時代背景と密接な関係にあることを勘案しても(4)、史料の成立年代によって承久の乱の理解が変化しうるという視角は継承すべきであろう。むしろ『承久記』諸本の展開は、決して一つの作品にとどまらない、社会全体における〈承久の乱〉像の変容の一環だったと位置付けられるのではないだろうか。

また、討幕説の見直しを主張する諸氏の政治史的研究と、西島氏の文学作品研究とは、両者相まって、承久の乱＝討幕とする理解が後世に形成された歴史像である可能性を示唆する。この見通しを具体化するには、承久の乱の発端となった後鳥羽の意図や計画を、鎌倉前期の実態から政治史的に検討することと合わせて、後世の史料がその歴史像をいかに変容させていったのかを思想史的に検討する必要があろう。その際、既往の研究が看過してきた南北朝期以降の史料をも検討対象に加えることで、より豊かな成果が得られるものと思われる。

以上を踏まえて本章では、従来は研究不十分な後鳥羽による北条義時追討計画と、その歴史像の展開を検討したい。

一　北条義時追討計画と『吾妻鏡』の〈承久の乱〉像

ここでは、承久の乱を引き起こした後鳥羽の意図や計画、そして北条氏の対応について考えたい。

1　討幕論の再検討

承久元年（一二一九）正月二十七日、後鳥羽と親密な関係にあった鎌倉殿源実朝が暗殺された。朝幕間の折衝を経て、次期鎌倉殿として幼少の三寅（九条頼経）が下向したが（『吾妻鏡』七月十九日条）、幕政の主導権は鎌倉殿代行たる北条政子と執権の北条義時が掌握することとなった。やがて後鳥羽が寵女亀菊のために要求した院領摂津国長江庄の地頭職の停止を、同庄の地頭でもある義時がたびたび拒んだことを直接の契機として、(5) 承久三年（一二二一）五月十五日、後鳥羽は京で京都守護の伊賀光季を追討し、さらに鎌倉の北条義時追討を命じた（以下、史料名の下の＊は、史料本文の成立時期もしくは「奥書等の年次」）。

史料1　慈光寺本『承久記』上―三二三頁(6)　＊十三世紀中期頃

（後鳥羽の寵女亀菊の長江庄をめぐり、義時が）院宣ヲ三度マデコソ背ケレ。院ハ此由聞食、弥不㆓安カラ㆒奇怪也ト思食ケルモ、理ナルベシ。

……又十善ノ君《後鳥羽》ノ宣旨ノ成様ハ、秀康《藤原》、是ヲ承レ。武田《信光》・小笠原《長清》・小山左衛門《朝政》・宇津宮入道《宇都宮頼綱》・中間五郎《長沼宗政》・武蔵前司義氏《足利》・相模守時房《北条》・駿河守義村《三浦》、此等両三人《ママ》ガ許ヘハ賺遣ベシトゾ仰下サル。秀康、宣旨ヲ蒙テ、按察中納言光親卿ゾ書下サレケル。

被二院宣一俾、故右大臣(源実朝)薨去後、家人等偏可レ仰二　聖断一之由令レ申。仍義時朝臣可レ為二奉行仁一歟之由、思食之処ニ、三代将軍之遺跡、称レ無レ人二于管領一、種々有二申旨一之間、依レ被レ優二勲功之職一、被レ迭二摂政子息(九条頼経)一畢。然而幼齢未識之間、彼朝臣稟二性於野心一、借二権於朝威一。論二之政道一、豈可レ然乎。仍自今以後、停二止義時朝臣奉行一、併可レ決二　叡襟一。若不レ拘二此御定一、猶有二反逆之企一者、早可レ殞二其命一。於二殊功之輩一者、可レ被レ加二褒美一也。宜レ令レ存二此旨一。者、院宣如レ此。悉レ之。以状。

　承久三年五月十五日　　按察使光親奉

如レ此書テ、院御下部押松ニゾ下給。

史料2　承久三年（一二二一）五月十五日「官宣旨案」(7)　＊「承久三年」（一二二一）

右弁官下　五畿内諸国 東海・東山・北陸・山陰・山陽・南海・大宰府

応丁早令丙追二討陸奥守平義時朝臣身一、参二院庁一蒙乙裁断甲、諸国庄園守護人地頭等事

右、内大臣(源通光)宣、奉レ勅、近曽称二関東之成敗一、乱二天下之政務一。纔雖レ帯二将軍之名一、猶以在二幼稚之齢一。然間彼義時朝臣偏仮二言詞於教命一、恣致二裁断於都鄙一。剰輝二己威一、如レ忘二皇憲一。論二之政道一、可レ謂二謀反一。早下二知五畿七道諸国一、令レ追二討彼朝臣一。兼又諸国庄園守護人地頭等、有下可レ経二言上一之旨上、各参二院庁一、宜レ経二上奏一。随レ状聴断。抑国宰并領家等、寄二事於綸綍一、更勿レ致二濫行一。綍是厳密、曽不二違越一。者、諸国承知、依レ宣行レ之。

　承久三年五月十五日　　大史三善朝臣(信直)

大弁藤原朝臣(資頼)

後鳥羽の発給した義時追討命令文書として、院宣と官宣旨の二種の文面が今日に伝えられている。史料1慈光寺本『承久記』所引承久三年五月十五日「後鳥羽上皇院宣」は実際に発給されたものであり、その奉者である葉室光親が、

伝奏の立場で発給の根幹にも位置したのが史料2承久三年五月十五日「官宣旨」であった[8]。命令内容としては、院宣・官宣旨ともに、幼齢の鎌倉殿（九条三寅）をさしおく北条義時の追討を命じている点を確認したい。なお、文書の様式上、そこに表れる追討対象は（幕府などの組織ではなく）個人名となるため、文書を論拠に後鳥羽の討幕構想を否定することはできないという理解もあるかもしれない。しかし、仮に後鳥羽が討幕を構想していたなら、鎌倉殿（九条三寅、あるいは代行たる北条政子）の名を追討対象に挙げたはずであり、やはり後鳥羽の意図は義時追討にあったと考えねばならない。

義時追討命令に先んじて、鎌倉から派遣されていた二人の京都守護のうち、大江親広が後鳥羽の動員に応じ（『吾妻鏡』五月十九日条）、対して義時室の兄弟である伊賀光季が「依レ為二縁者一」り追討された（『百練抄』五月十五日条）ことも、対立の基本軸が後鳥羽と北条義時との間に存したことを物語る。

また後鳥羽の発した官宣旨は、幕府と鎌倉殿の存在を前提とする職たる守護・地頭に院庁への参候を命じており、鎌倉幕府―御家人制の否定という意図は読み取れない。院が公権力によって武士を動員するのは平安後期と同様に決して異常ではなく、後鳥羽の主要な武力たる在京武士の中でも、主力は西国に重心を置く在京御家人であり、むしろ幕府の守護制度・御家人制度は必須の要素であった[9]。かつては承久の乱の際に在京御家人が後鳥羽の命に従ったことを異常視する理解が一般的だったが、後鳥羽の目的が義時追討であり、院による武士の動員が平安後期以来の正当なあり方である以上、なんら異とするには及ばないのである。

後鳥羽の目的は北条義時の追討であり、義時追討は決して討幕と同義ではないことを、明確に区別しておかねばならない。

2　東国有力御家人と京

次に、後鳥羽による義時追討計画を具体的に把握しておく。

後鳥羽の義時追討命令について、従来は、慈光寺本『承久記』への無関心や不安感からか、官宣旨のみに注目する論考が多かった。石井進氏・平岡豊氏は、後鳥羽が本来用いるはずだった幕府による「関東分宣旨」施行制度を、逆に義時が利用して東国十五ヵ国の「家々長」に軍事動員をかけたことに注目している[10]。

それに対して白井克浩氏は官宣旨と院宣の両方が発給されたとする。そして、慈光寺本『承久記』に見える通り押松は院宣の使者であり、官宣旨は別の使者が遅れて届ける予定だったと推測し、押松が早々に捕縛されたため、有力御家人は誰も院宣を見ておらず、官宣旨が届く頃に鎌倉は反後鳥羽で一致しており、焼け石に水だったとする。かかる白井氏の説は、後鳥羽が造内裏役免除を提示して東国武士を義時追討に誘導しようとしたとする氏の説と表裏の関係にある（注(1)白井論文）。

確かに後鳥羽は、京に集めた武士とは別に東国の武士を動員して義時追討を計画していたと考えられる[11]。しかし、白井説のごとく後鳥羽が東国武士を自らの命に従わせるのに何らかの方途が必要と考えていたのなら、わざわざ不確実な東国武士を動員するのではなく、京から追討使を派遣したのではないかという疑問が生ずる。この点に関しては、官宣旨・院宣の効果の過信とするのが妥当であろう。

ただし、過信とはいえ、後鳥羽が戦略的に義時追討を命じたことは、五月十五日付の院宣と官宣旨の発給から窺える。文書様式の上で、官宣旨は五畿七道や国・寺社といった広域的地域や組織を充所とし、院宣は特定個人を充先とする。後鳥羽は、官宣旨による不特定多数武士の動員のみならず、院宣による武田信光以下特定御家人の直接動員をも企図したのである。

後鳥羽があえて院宣を発して動員しようとした特定御家人は、いずれも守護級の有力武士であり、彼らが北条氏嫡流との競合の可能性を潜在させていたことは、鎌倉前中期にたびたび起こった幕府内紛に明らかであろう。

それに加えて、承久の乱以前の武士の在京が注目される。武士にとって京はさまざまな点で重要な活動の場であり、大番役や私用で在京経験のある御家人は多かった。彼らのごとき一時的在京の御家人をも含む在京武士に対して、後鳥羽は公権力による軍事動員が可能であり、さらに権門武力への組織をも進めていた（本書第一章）。史料1院宣による動員対象の御家人には、承久の乱以前に洛中警固に関与していた者も確認でき、例えば正治三年（一二〇一）正月に城長茂が源頼家追討宣旨を要求した際は、当時大番役で在京していた小山朝政が馳せ向かっている（『吾妻鏡』二月三日条）。

この時点では、小山朝政に後鳥羽との私的関係（北面祗候や所領給付・官位推挙等）はなかったであろうが、在京する御家人は後鳥羽の軍事動員の対象になりえたのであり、在京が長期化すれば必然的に後鳥羽との接点も増すことになる。史料1の「院宣」の充先のうち、宇都宮頼綱の承元年間以降の京・畿内での活動が確認でき[12]、北条時房が長期的に在京していた可能性が高い[13]ことに注目すべきであろう。

すなわち、後鳥羽が院宣を充てた御家人は、有力ゆえに北条義時と競合の可能性があるのみならず、在京して後鳥羽と接点のあった者が多いと考えられるのである。

後鳥羽の計画は、院宣によって彼ら有力御家人に義時の幕政「奉行」[14]停止の説得と（その不成立を見越して）殺害を命ずるとともに、彼らを起点として、官宣旨で不特定多数の東国武士を動員して北条義時を追討する、というものだったと考えられる。官宣旨の充所が東国のみならず「五畿内諸国」となっているのは、北条義時の逃亡等に備えて西国にも通達しておくためであろう。

3　北条氏の対応と『吾妻鏡』の歴史像

五月十九日、押松を捕縛して後鳥羽の義時追討命令を知った鎌倉では、北条政子の上洛軍派遣方針をうけて、北条義時が遠江等十五ヵ国の「家々長」に次の命令内容の奉書を発した。

史料3　『吾妻鏡』承久三年（一二二一）五月十九日条　＊十三世紀後期

自二京都一可レ襲二坂東一之由、有二其聞一之間、相模守（北条時房）・武蔵守（北条泰時）相二具御勢一、所二打立一也。以二式部丞（北条朝時）一差二向北国一。此趣、早相二触一家人々一、可レ向者也。

既述のごとく、本来の後鳥羽の命令は義時追討であり、北条氏以外の御家人を敵視するものではなかった。むしろ後鳥羽にとって、東国の有力御家人や不特定多数武士は義時追討のために動員すべき対象であった。それを北条氏は、「自二京都一可レ襲二坂東一」と、あたかも後鳥羽が、坂東に特殊な行政権を有する鎌倉幕府の追討を命じたかのごとく喧伝したのである。[15]後鳥羽が「下二右京兆（北条義時）追討宣旨於五畿七道一」したことは『吾妻鏡』五月十九日条にも明記されており、史料3が東国武士を反後鳥羽軍として糾合するための北条氏の方便であることはいうまでもない。

ただし、承久三年五月時点の北条氏の方便であったこの理解は、鎌倉後期に編纂された『吾妻鏡』の〈承久の乱〉像として定着することとなる。例えば承久三年五月二十九日、越後国加地庄願文山で挙兵した酒勾（吉本「深勾」）八郎家賢を、佐々木兵衛尉太郎信実が討つという事件が起こった。酒勾家賢の挙兵が義時追討という目的と直結しないこと、加地庄が鎌倉方北陸道軍の京への進軍路から大きく東北に外れることから、当初この合戦は、在地において私的利益を追求する在地領主同士の合戦だったと考えられる。[16]むろん、酒匂は後鳥羽の義時追討命令を利用し、佐々木は北条義時の命を利用していたであろうが、在地の私的な戦闘に対して公的な色分けが付与されたのは、中央の決着がついた後のはずである。それを『吾妻鏡』は、まだ中央の決着がついていない、願文山での合戦があった五月二十九日の時点で「関東士敗二官軍一之最初也」とするのである。承久の乱を、当初から「関東」と「官軍」との合戦とする歴史像は、史料3に基づくものに違いない。

西島氏は、『吾妻鏡』は義時追討を述べるのみで討幕の視点を持たないとするが、『吾妻鏡』こそが討幕の〈承久の乱〉像を主張する最初期の史料なのである。

二 『承久記』諸本の変容

『承久記』は承久の乱を考える上で不可欠の史料であり、西島氏が諸本の展開とともに討幕の視点が表れることを論じた作品であった。

『承久記』の現存諸本については、①慈光寺本『承久記』、②流布本『承久記』、③前田家本『承久記』・『承久兵乱記』、④『承久軍物語』の四種に分類し、おおよそ①・②・③・④の順に成立したとする考えが最も有力であろう。ただし、古活字本（流布本）『承久記』をもとに『吾妻鏡』を参照して江戸時代に成立した④『承久軍物語』[17]以外については、各本の成立時期や各本同士の関係等をめぐって従来から諸説があり、いまだ定説を見るに至っていない。

ここでは、後鳥羽の追討命令に関わる叙述に限定して、『承久記』諸本の変容を考察する。既往の『承久記』研究では①の「院宣」と③の「官宣旨」が異なるというごく簡略な指摘に止まってきたが、本章では両文書の様式や受容状況の相違に注意したい。

1　慈光寺本・流布本『承久記』と院宣

慈光寺本『承久記』が諸本中最も古態を示し、鎌倉中期頃に成立したことは、ほぼ通説となっている。史料1に引用される「院宣」も、承久の乱勃発時に在世していた人物から得た情報と考えられよう。『葉黄記』寛元四年（一二四六）三月十五日条に「承久乱逆、故殿（葉室光親）令レ書二追討之　院宣一給」とあるごとく、承久の乱の際に後鳥羽が追討院宣を発給したという事実は著名だったようだが、院宣の本文は、奉者を除けば、一義的には受給者のみが知りうるものである。かかる特質を踏まえれば、慈光寺本『承久記』が「院宣」の本文を引用するのは、受給者の誰かが同書の編者にその文面を知らせたからということになろう。

ここで想起されるのは、慈光寺本『承久記』に三浦氏の動向が比較的詳細に記されていることである。三浦義村・泰村父子は承久の乱後から宝治元年（一二四七）の宝治合戦まで河内国守護に在職している[18]。一方、慈光寺本『承久記』の成立圏として注目されている宇多源氏慈光寺家[19]では、祖仲兼が河内に拠点を有しており[20]、三浦氏とも接点があったと想定される。慈光寺本『承久記』の情報源は複数あったに違いなく、なお検討を加える必要はあるが、三浦氏を慈光寺本『承久記』の「院宣」の情報源と考えておきたい。

次に、『承久記』の慈光寺本と流布本の関係を考えたい。両書については、慈光寺本を前提として流布本が成立したとする改作説（親子関係説）[21]と、継承関係を想定しない同名異書説[22]がある。

史料4　流布本『承久記』上―五五頁・七〇頁[23]　＊十三世紀後期～十四世紀頃[24]

又、摂津国長江・倉橋の両庄は、院中に近く被二召仕一ける白拍子亀菊に給りけるを、其庄の地頭、領家を忽緒しければ、亀菊憤り、折々に付て、是奏しければ、両庄の地頭可二改易一由、被二仰下一ければ、権大夫申けるは……可二改易一様無とて、是も不レ奉レ用。

一院（後鳥羽）、弥不レ安思召ければ、関東を可レ被レ亡由定めて、……

東国へも院宣を可レ被レ下とて、按察使前中納言光親卿奉て七通ぞ被レ書ける。左京権大夫義時朝敵たり、早く可被致追討、勧賞、請によるべき趣也。武田・小笠原・千葉・小山・宇都宮・三浦・葛西にぞ被レ下ける。


流布本『承久記』では、慈光寺本と同様、院宣が発せられたとする。慈光寺本（史料1）と比較した場合の流布本（史料4）の特色として、①追討命令文書の本文はないが、院宣を下したとする点、②院宣の充先に長沼宗政・足利義氏・北条時房が見えず、千葉胤綱と葛西清重が見える点が挙げられる。

①については、消極的ながら改作説を支持すると思われる。個人間伝達文書である院宣に対して、広範囲通達文書である官宣旨の性格を勘案すれば、後世の歴史叙述が後鳥羽の義時追討命令を表現する場合、（官）宣旨を発したとするのが一般的であろう。事実、院宣の発給を記すのは『承久記』の慈光寺本・流布本と『保暦間記』のみであり、その他の後掲諸史料では（官）宣旨が五畿七道に発せられたとする。流布本が院宣を下したとするのは、慈光寺本を前提として改作したからと考えるのが自然である。

一方、②については、慈光寺本・流布本に見える武士はいずれも在京の可能性が高く、院宣の対象となって然るべき有力御家人であり、人名の出入りについて明快な説明を提示することは難しい。それゆえ、ここから改作か同名異書かを判断するのも困難であるが、仮に改作とすれば、「葛西（清重）」は、諸史料が記す〈葛西清重による院宣の使者押松の捕縛〉に整合するよう、流布本段階で加えた可能性がある。

2　前田家本『承久記』と官宣旨

次に、『承久記』の流布本と前田家本の関係を考えておきたい。両書については、a一方から他方が成立した親子関係とする①流布本→前田家本説、②前田家本→流布本説と、b共通の祖本を想定する兄弟関係・従兄弟関係とする説とがあり(25)、近年ではa①説を主張する論者が多い(26)。

前田家本が慈光寺本・流布本と大きく異なるのは、官宣旨らしき文書を引用する点である(27)。

史料5　前田家本『承久記』上―八ウ・二五オ(28)　＊十四世紀～十五世紀頃

都には源三位入道の孫右馬権頭頼茂とて大内守護にて有けるを、是も源氏なるうへ頼光が末葉なれと思召て、西面の者共に仰てさせる咎なきをうたせられけるこそ哀なれ。陣頭に火をかけて自害しけり。温明殿ニ付てげり。内侍所いかゞ成給ひけん。凡、院いかにもして関東を亡さんと思召けることあらば也。

……光季追討のゝちは急キ四方へ宣旨を下すべしと人々申されければ、中納言光親卿奉て宣旨を書。其状ニ云ク、

左弁官下

五畿内諸国、早応令追討陸奥ノ守平義時、身参院庁、蒙裁断、諸国庄園守護地頭等事

右、内大臣宣、奉勅、近曽称関東之成敗、乱天下纔之政務雖帯将軍之名、偏仮其詞、於今恣致裁断於都鄙、剰耀威、如忘星憲、論之政道、可謂謀叛、早下知五畿七道諸国、令追討彼義時、兼又諸国庄園守護人地頭等、有可令言上旨者、各参院庁、宜経上奏、随状聴断、抑国宰并領家等、寄事於倫溸、更勿致濫行綺、是厳密曽不違越者、諸国可承知依　宣行之、

承久三年五月十五日　　大史小槻宿禰

とぞ書たる。東国の御使には御厩の舎人押松丸を下さる。是ニ付て人々の内消息多く下しけり。平九郎判官胤義は私の使を立て内消息を下しけり。十六日卯時ニ東西南北五畿七道ニ綸旨を分て下さる。……

……押松たづね出さる。笠井谷より引提出来り、所持の宣旨七通あり。足利・武田・小笠原・笠井・三浦・宇都宮・筑後入道《（八田知家）》、已上七人ニあてらる。この宣旨ニ付て人々の消息多かりけり。

ここに引用された文書は、定型的な宣旨の様式からは崩れており、本来発給された宣旨が数度の書写を経たものと思われる。例えば傍線で示したごとく、「右弁官下」とあるべき書出が「左弁官下」となっており、本来はその下に記される充所「五畿内諸国」が事書に組み込まれ、大弁の署名がない。これは、「常事、左弁官宣。凶事、右弁官宣」（『伝宣草』〈『群書類従』公事部七輯七四一頁〉）等の故実に対する理解の不十分な者―すなわち本来の宣旨の様式をよく知らない者―が、文書本文を書写したことを示す。

また、事実書の所々に史料2との文字の異同が見出せる。文意の通じない文字のうち、「纔」は目移りによる誤写と考えられるとしても、「如忘星憲」等は、それを写した者が文書の内容面の理解も不十分だったことを示している。如上の様式不備や誤写が起こったのが、前田家本『承久記』が取り込んだ段階か、あるいはその前提となる文書写の段階かは未詳だが、いずれにせよ、文書を書写した前田家本『承久記』編者も理解不十分だったに違いない。限られた個人充ての「院宣」とは異なり、五畿七道に大量に発せられたであろう「宣旨」の本文は、後世に伝来する可能性も比較的高く、[29] 前田家本編者の目に触れて取り込まれることとなったのであろう。

ここで特に注意すべきは、「宣旨」の文面に葉室光親の名が見えないにもかかわらず、「中納言光親卿奉て宣旨を書」とする点である。確かに葉室光親は伝奏として宣旨の発給に関与したが（本書第二章参照）、文書内容の理解さえも不十分な前田家本編者の手許に、そのことを知りうる材料があったとは考え難い。これは前提となる『承久記』

の本文を引きずったがゆえの不自然な表現と考えられる。

また、地の文に宣旨「七通」を足利以下七人に充てたとあるのも問題とすべきである。「官宣旨」の充所は五畿七道であり、特に七人と限定する必然性はない。官宣旨が彼等七人に届くこと自体はもちろんありえたであろうが、個人充ての文書なら「院宣」とした方が物語展開により適合的であろう。これも、文書様式の無知に起因する本文改変の結果と考えるべきである。

これらの「光親」や「七通」という不自然な語が表れるのは、前田家本が流布本系の本文を前提としていたからに違いない。すなわち前田家本の当該叙述は、文書の引用なく光親が院宣七通を下したとする流布本系本文に、比較的有名な官宣旨を理解不十分なまま取り込み改変することで、成立したのである。

三　承久討幕像の定着

ここでは、十四世紀頃から十六世紀頃における〈承久の乱〉像について考察する。

1　義時追討命令の行方

既述のごとく、『承久記』諸本における義時追討命令の叙述は、慈光寺本が「院宣」の本文を引用し、流布本が文書本文を引用せず院宣の発給を記し、前田家本が比較的有名な「官宣旨」を取り込むというように変化した。これと関連して注目したいのが、後代における〈承久の乱〉像の展開である。

西島氏は、『承久記』諸本の展開につき、慈光寺本は〈後鳥羽と義時の対立〉としていたが、流布本では後鳥羽の追討対象が「関東」に拡大した点に注目している。追討対象を「関東」とするのは前田家本も同様であるが、むしろ流布本や前田家本では、関東を亡ぼすという大目標を掲げながら、直接的には義時の追討を命じたとする点が重要であろう。

史料6『皇帝紀抄』順徳院―承久三年五月十五日条（「群書類従」帝王部三輯三九四頁）　＊十三世紀中期頃

義時朝臣追討宣旨、被レ遣二五畿七道一。

史料7『百練抄』承久三年五月十五日条　＊十三世紀後期頃

義時朝臣追討宣下、被レ下二五畿一。

史料8『帝王編年記』仲恭―承久三年五月十五日条　＊十四世紀前期頃

義時朝臣追討宣旨、被レ遣二五畿七道一。

史料9『鎌倉年代記裏書』承久三年　＊十四世紀前中期頃

五月十五日、被レ下二義時追討之　宣旨一。

史料10『皇代暦』九条先帝―承久三年五月(30)　＊十四世紀中期頃

十九日、被レ下二宣旨一。可レ誅二罰右京権大夫平義時朝臣一之由云々。飛脚駕松（ママ）到二着関東一云々。

これら承久の乱後の年代記系歴史叙述における追討命令の叙述を確認すると、史料6～史料10の段階では、（官）宣旨によって「義時の追討を命じた」という歴史像が基調であったことがわかる。その一方で十四世紀には、以下のごとく『承久記』を受容したと思しき歴史叙述も表れるようになった。

史料11『保暦間記』（重要古典籍叢刊八〇頁）　＊十四世紀中期頃

今ハ左京大夫義時、家人トシテ仰ニモ不レ随、無念ノ至此事也。既ニ王法ノ尽ヌルニコソト思食立テ、関東ヲ滅サルヘキニ成ヌ。既同五月十五日、……関東ヘモサルヘキ侍共ノ方へ、義時討ヘキ由、院宣ヲ成下サル程ニ……

史料12　京大本『梅松論』上　＊十四世紀中期

同承久三年ノ夏、後鳥羽院御気色トシテ、関東ヲ亡サン為ニ、先三浦平九郎判官胤義義村弟・佐々木ノ弥太郎判官高重・同子息経高等ヲ以テ、六波羅伊賀ノ太郎判官光季ヲ誅セラル。即時ニ官軍、関東発向ノ由、五月十九日其聞エアリ。

史料13　流布本『太平記』巻一〈後醍醐天皇御治世事付武家繁昌事〉　＊十四世紀後期〜十五世紀頃

其後、頼朝卿ノ舅、遠江守平時政子息、前陸奥守義時、自然ニ執二天下権柄一、勢漸欲レ覆二四海一。此時ノ大上天皇ハ、後鳥羽院也。武威振レ下、朝憲廃レ上事歎思召テ、義時ヲ亡サントシ給シニ、承久ノ乱出来テ、天下暫モ静ナラズ。

史料11は、流布本『承久記』と同様、「義時追討」の内実に関東追討の方向性を含んでおり、史料12では「義時追討」の旨が見えなくなる。ただし、史料13では、後鳥羽が義時を亡ぼそうとして承久の乱が起こったとしている。史料8〜史料13を通覧すると、十四世紀の〈承久の乱〉像は、「義時追討」を基調としながらも、「討幕」の要素が入りつつあったことが窺えよう。

2　中世後期の編年体歴史叙述と式目注釈書

やがて、承久の乱が後鳥羽の討幕計画により起こったとする歴史像が広がりを見せることとなる。

史料14　『鎌倉大日記』承久元年《（ママ）》「六波羅」　＊十四世紀末〜十五世紀頃

五月十一日、親広《（大江）》参二院中一。可レ追二討関東殿下一宣旨。同十九日光季《（伊賀）》被レ誅。

後鳥羽が、源実朝暗殺後に鎌倉殿として下向していた三寅（九条頼経）の追討を命じたとある。しかし慈光寺本『承久記』所引「院宣」にも見える通り、三寅は幼少（承久三年当時四歳）であり、後鳥羽が追討を決意するほどの自覚的な政治行動をとりうる存在ではなかった。もちろん、後鳥羽が頼経追討を命じたという事実は確認できない。

史料15　『皇年代略記』後鳥羽院（「群書類従」帝王部三輯二五八頁）　＊十六世紀前期頃

承久三年五月、被㆑下㆓征東官符㆒。

ここには、後鳥羽が「征東」の「官符」を下したとある。史料上の文書呼称が今日の古文書様式名と一致しないことは多々あるが、史料15に見える「官符」は、承久三年に実際に発せられた官宣旨や院宣を指したものではあるまい。同様に、史料14のごとく「宣旨」とあっても、実在の文書を知らずに、後鳥羽が何らかの文書で承久の乱を起こしたという事実を肉付けする中で選ばれた文書名にすぎないだろう。頼経の追討、あるいは「征東」という命令内容からは、実在した追討命令文書から乖離した歴史像が肥大化するという方向性が見出せる。

こうした中世後期の〈承久の乱〉像を考える上で、式目注釈書が注目される。式目注釈書とは、『御成敗式目』の各条文について、博士家や武家奉行人に出自する知識人が注釈を加えた著述書や、彼等の講義を筆録した聞書類である。[31]『御成敗式目』十六条「承久兵乱時没収地事」に関して、十六世紀前中期頃に書写された諸注釈には、以下の記載が見える。

史料16　『清原業忠貞永式目聞書』（「法制」三八四頁）　＊「大永五年」（一五二五）

十六　承久―承久乱ト云ハ頼家、実朝三代将軍ノ后、武蔵守泰時、頼経ノ後見トテ余ニ天下ヲ恣ニス。故ニ後鳥羽ノ院是ヲニクウ思食シテ、春、有㆓東征志㆒、関東武家対治ノ宣旨ヲ天下ニ下サル。此由関東ヘ聞ヘシカハ、無程関東執権ノ武蔵守平朝臣泰時、相模守時房カ卅万騎ヲ引具シ打テ上、官軍京方大ニ乱ル。承久乱ハ公家ト武家トノ取合也。京方ハ公家ノ方也。年代記ニハ平義時与二官軍一合戦トアルソ、無レ程公家方マケテチリ〱ニ成也。……

史料17『清原宣賢式目抄』（『法制』四七七頁）　＊「天文三年」（一五三四）

一　承久兵乱時没収地事

承久兵乱ハ承久三年也。頼家、実朝以後、時政カ子義時、自然天下ノ柄ヲ弄シ、威ヲ四海ニ振ヘリ。後鳥羽院、義時カ武威ヲ下ニ振テ、朝義ノ上ニ廃ル、事ヲ歎キ思食セリ。鎌倉ニハ光明峯寺ノ御息頼経下向アレトモ、幼稚ニマシマス。此時ヲ以テ鎌倉ヲ退治シ、義時ヲ亡サントシ玉ヘリ。是ニヲイテ承久ノ兵乱起レリ。……

史料18『蘆雪本御成敗式目抄』（『法制』一四八頁）　＊「天文廿二年」（一五五三）

一承久兵乱時没収之地事

承久ハ年号也。承久ハ三年五月十五日、公家、武家兵乱起也。其比武家ニハ三代将軍絶、二位ノ尼ノ時也。帝ハ仁王八十四代順徳院也。折居土御門、後鳥羽院ノ時也。帝ノ曰、前々ハ天下ハ公家ノ計也、然ニ頼朝平家滅二悪逆一、静二天下一恩賞ニ、天下ヲ恣ニスル故、公家哀微。而ニ今ハ三代将軍過無二子孫一。今ハ公家腕強也。此時可レ絶二将軍一由、官軍ニ被レ下二宣命一。即関東聞、其時二位ノ尼、……

史料19『御成敗式目注　池邊本』（『法制』二三〇頁）　＊「天文廿三年」（一五五四）

一　承久兵乱ノ時没収ノ地ノ事　　承久三年之乱也

承久兵乱ト云ハ、鎌倉ノ管領義時ヲ退治セントテ京都ト鎌倉トノ合戦之乱也。……去共管領義時、将軍ノ代トシテ、ソノ司ヲナシケリ。此時公家ヨリ、ヨキ折フシナレハ、武家ヲホロボサン、ステニ三代将軍死去シテ武家断絶之時分ニ、……

史料20『式目聞書』上（『続群書類従』武家部二五輯上二四頁）　＊「天文廿四年」（一五五五）

一承久年号也兵乱公家武家合戦あり。……関東へ、天下を返すへしとの院宣なりしを、二位の尼、天下を返すましきの返事ある故に、京には、諸国の武士に関東対治の触をしける間、関東より遮而打上、……

史料21 『御成敗式目抄 岩崎本』（『法制』三〇六頁） ＊十六世紀前中期か

此御宇承久ノ乱ノ由来何ソト尋ルニ、元暦元年中鎌倉ノ右大将家頼朝……依レ之、自二公家一、武家ヲ退治セハヤト思召企ルコト間々在レ之。……承久年中、官ニ武家ヲ対治アルヘキトノ宣命ヲ被レ下。……此故ニ承久ノ兵乱起レリ。公家武家ノ取合也。

「宣旨」「宣命」「院宣」といった文書名が見えるが、既述の〈実在した追討命令文書から乖離した歴史像の肥大化〉は、ここでもより一層顕著である。後世に承久の乱は、後鳥羽が「天下」の奪回を目指して「関東」「武家」「鎌倉」「将軍」の「退治」「対治」を命じた事件と理解されていることが明らかであろう。

「義時追討」から「討幕」へという〈承久の乱〉像の変化は、個々の注釈書の表現に注目すれば一層明確となる。例えば史料16は、「年代記ニハ平義時与二官軍一合戦トアルソ」と、義時追討の旨を記しているであろう先行文献の存在を明示しながらも、地の文では後鳥羽が「関東武家対治ノ宣旨」を下したとしている。また史料17は、「自然天下ノ柄ヲ弄シ」以下の表現から史料13を参照したことが明らかであるが、史料13の「義時ヲ亡サントシ給シニ」が、史料17では「鎌倉ヲ退治シ、義時ヲ亡サントシ玉ヘリ」となっている。

これらの注釈書の編者・筆者やその受容者は、公家・武家の両方、あるいは京都・関東の両方に広がっており、(32) 決して鎌倉・東国や武士のみの歴史像だったわけではない。また室町時代において『吾妻鏡』は、局務清原家が儒教的政治思想の点から関心を有していた以外は概して読まれない書物であったが、応仁・文明の乱後は様々に関心が高まり広く受容されるようになったという。(33) 『吾妻鏡』が主張した討幕の〈承久の乱〉像も、それを取り込んだ清原家の式目注釈と『吾妻鏡』そのものの受容によって、特に十六世紀以降広まっていったと考えられよう。

3　『公卿補任』の変容

後世の史料の中でも、文学作品としての性格が顕著な史料に比して、例えば『公卿補任』等の職員録は基本的に作為の意図がなく、信用できる史料とするのが一般的な理解であろう。しかし、従来看過されてきたが、『公卿補任』も諸本によって記述の違いがある。

例えば本書第二章で指摘した通り、同時代人である藤原定家が記した定家本『公卿補任』の承久三年条冒頭には、流布本『公卿補任』に見えない信頼できる記述があり、政治史史料としての価値が高いと考えられる。定家本で承久の乱の発端は「五月十五日新帝（仲恭）未二即位一、被レ下下可レ追二討平義時朝臣一院宣上按察使光親卿奉書。蔵人頭右大弁資頼口宣」と記されていた(34)。それに対して流布本『公卿補任』には、「五月十五日、太上天皇起レ兵、追二討鎌倉二品并義時朝臣徒党一」とあるごとく、後鳥羽の追討対象に北条政子や「徒党」が加わっているのである。

新訂増補国史大系『公卿補任』は、流布本系統の宮内省御系譜掛御本（竹屋本・日野西本とも）を底本とし、山科言継・言経が筆写した山科本等の諸本で校合を加えたという（同書「凡例」参照）。その校訂注によれば、山科本の承久三年条奥書に、元亀元年（一五七〇）十一月、山科言継（「亜相都督郎藤」）が三条西実澄（実枝）の本を求め出して書写したとある。後鳥羽が北条義時のみならず政子や徒党の者の追討をも命じたとする理解は、遅くとも十六世紀以前から貴族社会で一般化していたことになろう。

かかる流布本『公卿補任』の〈承久の乱〉像は、作為的なものというよりも、承久の乱の発端を後鳥羽の討幕計画とみなす理解が定着した結果と考えられるのである。

おわりに

従来、承久の乱は後鳥羽の討幕計画に発するとされてきた。その根底には、南北朝期から続く後醍醐の「建武中興」との類似性への注目や、公武対立の歴史像、幕府のみが武士を組織するという理解等があるものと思われる。もとより先学が具体的に後鳥羽のいかなる構想を指して「討幕」の語を用いているのか分明ではないが、鎌倉殿を廃し御家人制度を解体するものとする理解であれば、見直す必要があると思われる。

本章では、後鳥羽が、院宣によって京で接点のあった特定有力御家人を動員するとともに、彼らを起点として、官宣旨により不特定多数武士を動員することで北条義時追討を計画していたこと、『承久記』諸本の義時追討命令（文書）の叙述が慈光寺本→流布本→前田家本と変容したこと、十四世紀頃から十六世紀頃にかけて〈承久の乱〉像が実在の文書から乖離した討幕の事件として変容・再構成されていったことを論じた。

本章では中世における〈承久の乱〉像の変容を通観することに重きを置いたが、各時代固有の意味付けや、特に近世・近代における〈承久の乱〉像がいかなるものであったかは、より詳細に論ずべき課題である。(35)〈承久の乱〉像の変容の背景には、『吾妻鏡』受容の広がりとともに、承久の乱後長く基調となった武家優位の現実があり、常に作為があったとは限らない。しかし、従来看過されてきたが、既述の変容を遂げた〈承久の乱〉像は今日に至る研究史にも大きな影響を与えているのであり、後世の史料が見せる「虚像」に無自覚でいるべきではなかろう。

注

（1）例えば近年の上横手雅敬「後鳥羽院政と幕府」（上横手・元木・勝山『日本の中世　八　院政と平氏、鎌倉政権』中央公論新社、二〇〇二年）二〇六頁、白井克浩「承久の乱再考」（『ヒストリア』一八九、二〇〇四年）、川合康『日本中世の歴史　三　源平の内乱と公武政権』（吉川弘文館、二〇〇九年）二五三頁等。

（2）貫達人「承久の変論」（『戦乱と人物』吉川弘文館、一九六八年）、奥富敬之「承久の乱と北条氏」（同『鎌倉北条氏の基礎的研究』吉川弘文館、一九八〇年）九九頁、平岡豊「承久の乱における院方武士の動員についての概観」（『史学研究集録』九、一九八四年）、杉橋隆夫「承久の乱」（『国史大辞典　七』吉川弘文館、一九八六年）、杉橋隆夫「京都の朝廷と関東の府」（『京の公家と武家』白川書院、二〇一一年）、河内祥輔「朝廷・幕府体制の諸相」（同『日本中世の朝廷・幕府体制』吉川弘文館、二〇〇七年。初出一九九一年）二八九頁、野口実「承久の乱」（鈴木彰・樋口州男編『後鳥羽院のすべて』新人物往来社、二〇〇九年）。

（3）西島三千代「慈光寺本『承久記』の乱認識」（『国文学研究』一三〇、二〇〇〇年）。以下、特に断らない限り、西島氏の見解は当論文による。西島氏は「倒幕」を用いるが、本書では基本的に「討幕」の語を用いる。

（4）安田元久「歴史事象の呼称について」（『学習院大学文学部研究年報』三〇、一九八三年）。

（5）慈光寺本『承久記』上—三〇五頁。『吾妻鏡』承久三年五月十九日条。なお『吾妻鏡』承久元年三月九日条・承久三年五月十九日条や流布本『承久記』では「長江・倉橋」両庄の地頭職が問題となっているが、小山靖憲「椋橋荘と承久の乱」（『市史研究とよなか』創刊号、一九九一年）は、亀菊と関係のある院領倉橋庄は存在せず、尊長の所領である頭陀寺領倉橋庄が混入したのではないかとする。

（6）東京大学史料編纂所架蔵転写本（請求記号2040.4-83）により、翻字の誤りや闕字を補訂した。

（7）小松家所蔵文書。鎌遺五—二七四六。本書第二章の注(13)参照。

（8）長村祥知「承久三年五月十五日付の院宣と官宣旨」（『日本歴史』七四四、二〇一〇年。本書第二章）。

（9）長村祥知「後鳥羽院政期の在京武士と院権力」（上横手雅敬編『鎌倉時代の権力と制度』思文閣出版、二〇〇八年。本書第一章）。

(10) 石井進「幕府と国衙の地域的関係」（同『日本中世国家史の研究』岩波書店、一九七〇年）二二九頁。注2平岡論文。

(11) 注(2)平岡論文、注(1)白井論文、宮田敬三「承久の乱における京方の軍事動員」（『古代文化』六一―三、二〇〇九年）。

(12) 山本隆志「関東武士の都鄙活動」（同『東国における武士勢力の成立と展開』思文閣出版、二〇一二年。初出二〇〇六年）が『吾妻鏡』や浄土宗関係の史料を挙げている。

(13) 渡邊晴美「北条時房の子孫について」（同『鎌倉幕府北条氏一門の研究』汲古書院、二〇一五年。初出一九九一年）、野口実「承久の乱における三浦義村」（『明月記研究』一〇、二〇〇五年）。なお、時房は承元二年（一二〇八）の六条八幡宮造営を分担している（海老名尚・福田豊彦「田中穣氏旧蔵典籍古文書『六条八幡宮造営注文』について」〈『国立歴史民俗博物館研究報告』四五、一九九二年〉）。他に造営を担当したのはいずれも京と関係の深い御家人であり（海老名・福田論文参照）、時房と京の関係の一証左となろう。

(14) 義時の「奉行」とは、例えば承久四年二月二十一日「茂木知基所領譲状写」（茂木家文書。鎌遺五―二九二七）に「壱所　在紀伊国賀太庄／副渡権大夫《（北条義時）》殿御奉行御下文」と見える下知状発給等の権力行使活動全般を指していよう。

(15) 注(2)貫論文、注(2)平岡論文、注(1)白井論文、注(11)宮田論文参照。

(16) 長村祥知「承久の乱にみる政治構造」（本書第六章）。

(17) 龍粛「『承久軍物語』の成立」（同『鎌倉時代　上』春秋社、一九五七年。初出一九一八年）。

(18) 伊藤邦彦「河内」（同『鎌倉幕府守護の基礎的研究　国別考証編』岩田書院、二〇一〇年）。

(19) 杉山次子「「慈光寺本承久記」をめぐって」（『日本仏教』三三、一九七一年）、日下力「源仲兼一族の足跡」（同『平家物語の誕生』岩波書店、二〇〇一年）。なお村上光徳「慈光寺考」（『駒沢国文』一四、一九七七年）は、慈光寺本『承久記』が慈光寺家所蔵だったことを明らかにしたが、作者については資料が少なく保留している。

(20) 延慶本『平家物語』第四（―二十五）。長村祥知「治承・寿永内乱期の在京武士」（『立命館文学』六二四、二〇一二年）の注(26)参照。なお注(19)日下論文は、源仲遠が、北白河院分国美濃の権守に補任されたことを重視しているが、当該期の権守は名目上の存在であり、実際の国務とはほとんど関係がなかったと考えられる。

(21) 後藤丹治「六代勝事記を論じて承久記の作成問題に及ぶ」（同『中世国文学研究』磯部甲陽堂、一九四三年。初出一九三九年）、杉山次子「承久記諸本と吾妻鏡」（『軍記と語り物』一一、一九七四年）、兵藤裕己「承久記改竄本系の成立と保元物語」（『軍記と語り物』一四、一九七八年）、弓削繁「承久記と鎌倉期の歴史物語」（同『六代勝事記の成立と展開』風間書房、二〇〇三年。初出一九九九年）、長村祥知「『六代勝事記』の歴史思想」（『年報中世史研究』三一、二〇〇六年。本書第七章）等。

(22) 益田宗「承久記」（『国語と国文学』三七―四、一九六〇年）、松尾葦江「承久記の成立」（同『軍記物語論究』若草書房、一九九六年。初出一九九一年）。

(23) 慶長古活字本では『新日本古典文学大系　四三』（岩波書店、一九九二年）付録三七四・三八〇頁。

(24) 流布本『承久記』の成立時期については、鎌倉後期説と南北朝期以降説がある（研究史は、西島三千代「『承久記』研究における発見のいくつか」〈日下力・田中尚子・羽原彩編『前田家本承久記』汲古書院、二〇〇四年〉参照）。後者の代表として、例えば注(3)西島論文は、流布本『承久記』を、討幕が可能となった現実を反映しているとして、南北朝期以降の成立と見なす。しかし既述のごとく、すでに『吾妻鏡』が討幕の〈承久の乱〉像を主張しており、この論点の限りでは西島説は成り立ち難い。西島氏以外にも、『平家物語』等の他作品を受容したという前提から流布本『承久記』の成立を南北朝期以降と見なす論者は多いが、流布本『承久記』がそれらの作品に影響を与えた可能性をも踏まえて再検討する必要があろう。十五世紀という時代環境を重視する議論ではあるが、鈴木彰「『承久記』との交渉関係」（同『平家物語の展開と中世社会』汲古書院、二〇〇六年。初出二〇〇二年）は、流布本『承久記』が『平家物語』八坂系第二類本に影響を与えたことを指摘している。さしあたり本章では、鎌倉後期に流布本『承久記』の骨格が成立し、数段階の変容を経て現存の流布本本文に至ったと考えておきたい。

(25) 注(24)西島「『承久記』研究における発見のいくつか」が先行研究を整理している。

(26) 注(24)西島「『承久記』研究における発見のいくつか」、日下力「前田家本『承久記』本文の位相」（注(24)『前田家本承久記』）、北村昌幸「合戦故事をめぐる『承久記』本文の改訂」（『軍記と語り物』四六、二〇一〇年）等。

おわりに

ただし、本章原論文とほぼ同時期に公表された原田敦史「『承久記』諸本論の検証」(『國學院雑誌』一一三—九、二〇一二年)は、流布本と前田家本それぞれに古態を示す箇所があることから、両書の親子関係を否定し、共通祖本からの枝分かれとする。原田氏の論は説得力が高いが、後述する通り、流布本→前田家本と考えねば説明が付かない部分もある点は強調しておきたい。『平家物語』諸本と同様に(佐伯真一「『平家物語』の諸本研究史」〈『平家物語大事典』東京書籍、二〇一〇年〉参照)、『承久記』の流布本・前田家本についても、直線的な系統図を描くことが困難であり、場面単位で数次にわたる交流を経たものが現存諸本であると理解すべきなのかもしれない。

(27) 『承久兵乱記』(『続群書類従』合戦部二〇輯上五五頁)は、地の文は仮名だが、ほぼ同様の官宣旨を引用する。前田家本系統の後出本と考えられるので、本章では考察の対象外とする。

(28) 注(24)『前田家本承久記』二〇・五三・二二一・二三三の各頁。

(29) 例えば『雑録』十(東京大学史料編纂所架蔵謄写本〔請求記号〕2009-100-10)に、元禄丁丑(元禄十年=一六九七)の春に狩野永納所蔵の一通を書写したとして、この官宣旨が記されている。また『大日本史料』四編之十五—九二一頁に、小松家所蔵官宣旨や藤堂文書に史料2と同文の「侵染セル文字」が確認できる旨が記されている。

(30) 史籍集覧『歴代皇紀』に、京都大学文学部古文書室架蔵勧修寺家文書の紙焼き写真により校訂を加えた。

(31) 池内義資「解題」(同編『中世法制史料集 別巻 御成敗式目註釈書集要』岩波書店、一九七八年)。以下、同書所収史料による場合は「法制」〇頁のごとく略す。

(32) 新田一郎「中世後期の「法」認識」(同『日本中世の法と社会』東京大学出版会、一九九五年)。

(33) 前川祐一郎「室町時代における『吾妻鏡』」(『明月記研究』五、二〇〇〇年)。

(34) 『冷泉家時雨亭叢書 四七 豊後国風土記・公卿補任』(朝日新聞社、一九九五年)一三八オ(三四一頁)の影印を私に翻刻した。この史料の解釈は本書第二章参照。

(35) 討幕像の展開を扱う本章とはやや関心が異なるが、関幸彦「承久の記憶」(同『敗者の日本史 六 承久の乱と後鳥羽院』吉川弘文館、二〇一二年）が、近世・近代における承久の乱の評価を概観している。

第四章　承久鎌倉方武士と『吾妻鏡』

――『吾妻鏡』承久三年六月十八日条所引交名の研究――

はじめに

本章の課題は、承久宇治川合戦を中心として、承久鎌倉方武士に関する基礎的事実を解明することにある。承久三年（一二二一）、北条義時追討を命じた後鳥羽院が、合戦の敗北により隠岐に流された。この承久の乱について、既往の研究では、後鳥羽が動員した京方についての研究が比較的進められてきた[1]。その反面、北条義時が動員した鎌倉方の研究はきわめて不十分であり、今まとまった研究を挙げるとすれば、西国で多く補任された承久新恩地頭が主に東国武士であったとする田中稔氏の研究が想起される程度であろう。しかし周知の通り、田中氏の主眼は京方の旧領としての新恩地頭補任地の網羅的検出にあり、鎌倉方武士の網羅や特質解明自体を目的としたものではなかった（注(1)田中論文）。その他では、西遷御家人についての言及を含めて、個別武士団研究や自治体史などで個別的に注目されてきたにすぎない。

田中氏を含む既往の研究の背景として、領主制論や階級闘争論に類する発想から、鎌倉幕府成立後にあって院に属した武士を少なからず異常視するとともに、東国武士が院と戦うことを自明視する理解があったことは想像に難くない。しかし今日では、武士論の進展とともに、鎌倉幕府成立後における高次の軍事動員主体としての院のあり方が重

視され、その視角から承久京方武士についての見直しも進んでいる。(2)

かかる現状にあっては、承久鎌倉方についても、今日の研究水準を踏まえて基礎的なところから研究を深めていく必要があろう。その方法として、例えば鎌倉方と記される武士や、新恩所領の獲得等で鎌倉方と考えられる武士を、諸史料から網羅的に収集するという作業も必要ではある。しかし、『承久記』一つをとっても検討を要する人名が諸本によって出入りしている事例があり、さらに中世後期や江戸時代における武士の系譜類には祖先の承久の乱での活躍が誇張・偽作されたと思しいものもある。それらの検討は後日を期すとして、さしあたり本章では、多数の鎌倉方武士が記載されている文書一通を多角的に読み込むという方法を採りたい。

承久の乱において鎌倉方は東海道・東山道・北陸道の三道から上洛した（『吾妻鏡』五月二十五日条）。北条時房・泰時ら率いる鎌倉方東海道軍と武田信光・小笠原長清ら率いる鎌倉方東山道軍は、六月五日・六日に美濃・尾張諸所の合戦で京方を破り、六月七日には美濃国の野上宿・垂井宿に陣を設けた。そこで開いた軍議の際に京近郊諸所の攻撃軍の配置を決めている。軍を進めた鎌倉方は六月十三日に近江国野路から方々に分かれ、六月十三日から十四日にかけて京近郊の諸所で戦闘を展開した（『吾妻鏡』各条）。その際の主戦場の一つが、北条泰時率いる鎌倉方が高倉範茂らの率いる京方に勝利した宇治・宇治川である。(3)

宇治川での激戦を伝える史料はいくつかあるが、特に注目すべきものとして、鎌倉方武士多数の勲功を記す『吾妻鏡』承久三年六月十八日条所引交名が挙げられる。あえて名付けるならば承久宇治川合戦鎌倉方勲功交名などとなろうが、煩雑を避けるため、以下では《交名》と略記することとする。

従来も《交名》は、そこに記された武士の承久の乱への参加を示す史料として、個別武士団研究や自治体史などで言及されることが多かった。しかし、《交名》自体を論じた研究は管見に入らず、その作成者や《交名》記載人名の比定といった基礎的研究さえも十分ではない。(4)最近刊行された五味文彦・本郷和人編『現代語訳吾妻鏡　八　承久の乱』（吉川弘文館、二〇一〇年）は、実名や名字地・所属武士団の比定が比較的詳細であり、特筆すべき成果であるが、全ての人名に注を付しているわけではなく、明白な誤りや、(5)私見を異にする比定もある。

《交名》は新訂増補国史大系本にして十三頁分に及ぶ。『吾妻鏡』を通覧しても、建長二年（一二五〇）三月一日条所引の「造閑院殿雑掌」目録（新訂増補国史大系本で十八頁分）、建久元年（一一九〇）十一月七日条所引の源頼朝初度上洛時の「行列」交名（同十五頁分）に次ぐ、長大な交名である。合戦に関わる『吾妻鏡』所引交名の中では《交名》の情報量が最も多く、《交名》に次ぐものとして建暦三年（一二一三）五月六日条所引の建保合戦「亡卒生虜等交名」（同五頁分）、宝治元年（一二四七）六月二十二日条所引の宝治合戦三浦方「合戦亡帥以下交名」（同五頁分）が挙げられる。

一般に『吾妻鏡』は、地の文には曲筆や編纂時の誤りが多いが、引用文書（それが偽文書の場合も含めて）には『吾妻鏡』編纂時の加筆が少なく原文書の文面を伝えていると考えられる。(6)既述のごとく長大な《交名》は、同時代史料が僅少な承久の乱研究にとってのみならず、『吾妻鏡』の材料を考える上でも貴重な史料といわねばならない。

そこで本章では、《交名》の作成者を解明し、《交名》記載人名の実名や名字地・所属武士団の比定と合わせて、そこから読み取れる承久鎌倉方武士の軍勢形態・国別分布や合戦の実態、『吾妻鏡』の史料的特質等の諸論点を考察することとしたい。

一　『吾妻鏡』承久三年六月十八日条所引交名と後藤基綱

ここでは、《交名》の構成と作成者について考察する。

1 《交名》の構成

まず、《交名》を含む『吾妻鏡』の必要部分を提示しておく。以下、史料に付したABCや①②③④といった記号、傍線などは全て筆者による。

史料1 『吾妻鏡』承久三年（一二二一）六月十八日条

今日、遣二使者於関東一。是今度合戦之間、討二官兵一、又被レ疵、為二官兵一被二討取一者、彼是有二数多一。関判官代ア、後藤左衛門尉、金持兵衛尉等尋二究之一、注二其交名一送二武州一。仍為レ被レ行二勲功賞一所レ遣也。中太弥三郎為二飛脚一云々。

A　六月十四日宇治合戦討レ敵人々

①　秩父平次五郎　一人。不レ知レ名。イ　小笠原四郎　一人。付弦袋。

……

善右衛門四郎　三人手討　渋谷六郎　一人。郎等討レ之。

已上九十八人ウ　此内衛府五人、生取七人。　判官代日記定云々

……

②　長布施四郎　三人。内一人荻野太郎等、一人佐々木判官親者、一人生取。　猪俣左衛門尉　一人

……

糟屋三郎　一人手討　同四郎　一人手討

小代与次郎　一人

已上八十四人エ　金持兵衛尉日記云々

③

佐加良三郎　一人。渡部弥三郎兵衛尉北面云々。直垂綾。　布施三郎　一人

……

宿屋太郎手　五人　興津左衛門三郎　二人手討

④

十五日已後於二京都一記レ之

植野次郎　一人　角田太郎　一人手討。九郎判官郎等美六美八。

……

荻原小太郎　一人　佐々木四郎右衛門尉　一人手討。佐々木太郎右衛門尉。

[オ]已上七十三人

[カ]并二百五十五人

B

六月十三日十四日宇治橋合戦手負人々

①

十三日

富部五郎兵衛尉　同町野兵衛尉

……

沼田佐藤太

[キ]已上三十五人

②

十四日

小代小次郎　行田兵衛尉

……

鎌田平三　甲斐
已《ク》上九十八人
并《ケ》百三十二人

③　神保太郎　　　　　　高井五郎

……

青根三郎

C　六月十四日宇治橋合戦越レ河懸時御方人々死日記

①　布施右衛門次郎　　　縣佐藤四郎

……

麻弥屋四郎　　　　　　同次郎

②　武蔵守殿御手

平六　　　　　　　　　少輔房

……

中三入道　　　　　　　後平四郎

地の文によれば、今度の合戦で勲功を挙げた鎌倉方武士を、関実忠・後藤基綱・金持兵衛尉が尋ね究め、交名を注して北条泰時（武蔵守・武州）に送った、さらに泰時が、関東で行う勲功賞沙汰のため、中太弥三郎を飛脚として交名を関東に送ったとある。その交名を引用したものが「六月十四日宇治合戦討レ敵人々」以下の記述（《交名》）であろう。《交名》は、大別してＡＢＣの三つの部分から成っている。さらに、Ａは①～④、Ｂは①～③、Ｃは①②の各要素に分けることができよう。

「討敵人々」を記すAのうち、A①末尾に「已上九十八人〈此内衛府五人、生取七人。〉」とある傍線ウは、「討㆑敵」った鎌倉方武士の数ではなく、「敵」である京方の数と考えられる。A①に鎌倉方武士は五十二人が記されているが、「秩父平次五郎〈一人。不㆑知㆑名。〉」等とある傍線イ相当部の数値を合計すると、九十七人以上になるからである(7)。同様に、A②に記された「敵」の人数を合計すると八十人となり、末尾の「已上八十四人」に近い。A④末尾の「已上七十三人」は、A③とA④の「敵」を合わせた数を指しているのであろう（《交名》記載の「敵」の人数は、A③四十人とA④二十八人を足して六十八人となる）。それゆえA末尾の「并二百五十五人」は、A①〜④の「敵」の合計を指していることとなる。

それに対して、「手負人々」を記すBのうち、B①末尾の「已上三十五人」や、B②末尾の「已上九十八人」は、そこに記された鎌倉方武士の人数を指している。B①には三十五人、B②には九十七人の鎌倉方武士の名が挙がっているのである。そしてB②最末尾の「并百三十二人」は、鎌倉方「手負人々」のうちB①とB②を合計した人数であり、傍線キと傍線クの合計ではなく、かえって実際の人名の数に合致している。B③は、「手負」に数えられたが十三日と十四日のいずれの戦闘によるか不明の者達と考えられる。

なお、B①の合戦当日のことを記す『吾妻鏡』六月十三日条には「東士廿四人忽被㆑疵。官軍頻乗㆑勝。武州以㆓尾藤左近将監景綱㆒、可㆑止㆓橋上戦㆒之由、加㆑制之間、各退去」とあり、泰時が戦闘を制止して以後、鎌倉方の手負が「廿四人」からB①に記される「三十五人」まで増えたことがわかる。この「東士廿四人」は、《交名》とは異なる情報に基づくものであろう。ただし、『吾妻鏡』六月十四日条には「東士已九十八人被㆑疵云々」とあり、《交名》B②と対応している。

「御方人々死」を記すCのうち、C①には八十八人、C②には十人の名が記されている。ただし、C①とC②に

「片穂刑部四郎」「飯田左近将監」が重複しているので、実際には九十六人が記されていることとなる。(8) これは『吾妻鏡』六月十四日条に「軍兵多水面並レ轡之処、流急、未レ戦、十之二三死。所謂、関左衛門入道、……安保刑部丞以下九十六人」とあるのと符合する。

2 軍奉行後藤基綱と『吾妻鏡』

(1) 軍奉行と勲功交名

如上の構成を持つ《交名》の作成者は誰か。まず、《交名》を関東に送った北条泰時が作成したとする考えは廃される。C②に武蔵守「殿」とあることから、泰時に提出された交名の文面が、そのまま『吾妻鏡』に引用されたと考えるべきだからである。であれば、傍線アに鎌倉方武士の勲功を「尋究」めたとある三人（以後、彼等を「軍奉行」と呼ぶ）が注目される。

《交名》のうち、A①の末尾とA②の末尾に《交名》の前提となった「日記」の存在が記されるが、他の部分にはそれに類する記述が存在しない。このことは、A①とA②の情報を受け取った人物が《交名》全体を作成したことを示す。A①の「判官代」とA②の「金持兵衛尉」は、傍線アに見える「関判官代」実忠と「金持兵衛尉」であろう。すなわち、傍線アで残る一人の軍奉行、後藤基綱こそが、《交名》の作成者と考えられるのである。

ここで三人の軍奉行の関係を考えておきたい。参考となるのは建暦三年（一二一三。十二月六日、建保に改元）の建保合戦（和田合戦）の勲功賞沙汰である。同年五月二日・三日の合戦で幕府勢力が和田・横山等の反乱を鎮めた。

史料2 『吾妻鏡』建暦三年（一二一三）五月四日条

両日合戦之間、被レ疵軍士等被レ召二聚之一、被レ加二実検一。山城判官行村（二階堂）為二奉行一。々親（金窪）、忠家（安東）相二副之一。被レ疵者凡百八十八人也。……次将軍家《源実朝》令レ尋二聞軍士等勲功之浅深一給。爰波多野中務丞忠綱申云、……

史料3　『吾妻鏡』建暦三年（一二一三）五月六日条

又仰二行村、行親、忠家等一、被レ注二今度亡率生虜等交名一。各、日来広尋二記之一。遂所レ令二献上一也。歴二御覧一之後、被レ預二広元《中原》朝臣一云々。其状云、本ニハ具記レ之。今略之。人数計記レ之。

　建暦三年五月二日三日合戦被レ討人々日記

　……（注、交名省略）

史料2によれば、合戦決着の翌日、奉行人による実検と鎌倉殿源実朝による軍功の尋聞が行われた。この日の実検では、二階堂行村が「奉行」を務め、金窪行親と安東忠家が「相副」ったとある。さらに史料3によれば、二階堂行村ら三人は「亡率生虜等交名」を作成している。建保合戦時の二階堂行村らの活動は、まさしく承久宇治川合戦時の後藤ら三人の活動に相当する。

すなわち、承久宇治川合戦では、後藤基綱が軍奉行、関と金持が副奉行を務めたのである。よって《交名》A④に「金持兵衛尉〈五人。二位法印《尊長》家人〉」とあるのは、副奉行にして戦闘員でもある金持の勲功を、上位の軍奉行である後藤基綱が《交名》の作成責任者として記入したものと考えられる。

《交名》の構成に沿って推測すれば、「討敵人々」（A）・「手負人々」（B）・「御方人々死」（C）を記録する本来の責任者は後藤基綱であったが、戦闘の行われた十三・十四日は一人では記録に手が回らず、「討敵人々」の一部を関と金持が補助し（A①②）、実検の落ち着いた十五日以降は後藤が一人で記録したのであろう（A④）。そして最終的に、後藤基綱がそれらの情報を整理して《交名》を作成したのである。

如上の理解から《交名》記載の人物を本貫地・出自ごとに整理したのが、後掲の表である。

（2）後藤基綱の恩沢奉行就任

以上のごとく《交名》の作成者は後藤基綱と考えられるが、関連して注目すべきは、のちに基綱が「恩沢奉行」と見えることである。

史料4　『吾妻鏡』文暦二年（一二三五）九月十日条

長尾三郎兵衛尉光景、雖レ致二度々勲功一、未レ預二恩賞事一。駿河前司義村（三浦）、并同次郎泰村（三浦）、属二恩沢奉行後藤大夫判官基綱一、頻執二申之一。仍有二沙汰一、可レ有二勧賞一之旨、被レ仰二付基綱一云々。而鎮西有二強盗人一。彼所領被二召放一者、可レ賜之旨、義村注二上覧状一。申云、不レ可レ望二未断闕所一之趣、近年雖レ被レ載二式条一、為二評定衆一、今及二此儀一、人以不二甘心一云々。彼光景、建暦三年義盛（和田）叛逆之時、雖レ為二十三歳小童一、向二于北御門搦手一、励二防戦一、矢多被レ射二立于腹巻一。又承久兵乱、相二具于泰村一、於二宇治橋之手一、竭二軍忠一云々。

木内正広氏によれば[9]、後藤基綱は恩沢奉行としての活動が嘉禎元年（一二三五）九月から仁治元年（一二四〇）十月まで確認でき、その頃は家令でもあった[10]。さらに木内氏は、鎌倉幕府の恩賞業務は主に政所が担当していたことを指摘し、後藤基綱が鎌倉殿固有の権限たる恩賞業務に関与する地位に選ばれた要因として、政所高級職員であることに加えて将軍頼経の側近だったことを重視している。

確かに後藤基綱が頼経側近であることは西暦一二三〇年代以降の政治過程を考える上で重要である。しかし、木内氏は触れていないが、《交名》の作成は後藤基綱の恩賞業務への関与が承久の乱（一二二一）の時点まで遡ることを示していよう。承久三年六月は、源実朝の暗殺後、三寅（頼経）が幼少のため、北条政子が鎌倉殿の代行者的位置にあり、北条氏に対抗しうる鎌倉殿は存在しなかった。当然、かかる時点での恩賞業務関与に、執権と対抗する将軍権力の引き立てを想定することはできない。

後藤基綱の恩沢奉行就任は、頼経側近という人脈的側面だけではなく、承久年間頃から恩賞業務に関与してきた奉行人としての経験・能力という側面も大きかったと考えられるのである。[11][12]

（3）後藤基綱と『吾妻鏡』の材料

また、《交名》は『吾妻鏡』の材料を考える上でも重要である。五味文彦氏は、『吾妻鏡』の材料として、頼朝～実朝将軍記は政所奉行人の二階堂行光・行政の記録、頼経・頼嗣将軍記は恩賞奉行の後藤基綱・中原師員の記録を想定し、「尼将軍」政子の時期は未詳とする（注（4）五味論文）。五味氏は特に注目していないが、《交名》は、氏が未詳とした「尼将軍」政子の時期の、おそらく『吾妻鏡』編纂時の手が加わっていない原史料を引用しているのである。『吾妻鏡』に引用された《交名》の原文書の出所として、さしあたり二つの可能性が考えられよう。第一は泰時が関東に送付した文書であり、[13]第二は後藤基綱が手元に残した土代・案文の類である。次の理由から、上記のうち第二の可能性が妥当と考えられる。

六月十三日・十四日には宇治以外に勢多や淀などでも合戦が繰り広げられており（『吾妻鏡』等参照）、それらの諸所でも、後藤基綱のごとき軍奉行が軍功の実検に当たり、勲功交名等の記録を作成していたと想定される。[14]当然、それらの記録も、六波羅で戦後処理に当たる北条時房・泰時の下に提出され、関東に送られたはずであろう。しかし、後藤基綱作成の《交名》以外は『吾妻鏡』に引用されていない。史料の不在は決して積極的論拠たりえないが、このことは、承久三年に六波羅から関東に送った宇治以外の諸所の合戦の記録が、鎌倉後期の幕府行政部署（政所・問注所や奉行人の家等）の文庫には存在していなかった、あるいは所在不明であったことを示唆する。[15]また五味氏が指摘する通り、『吾妻鏡』に後藤基綱の記録に依拠したらしき箇所が複数あることも、後藤基綱の手元にあった記録がのちに一括して『吾妻鏡』編纂に用いられたことを示していよう。

むろん、《交名》のみを以て後藤基綱の記録が承久頃の『吾妻鏡』の材料の全てということはできず[16]、より慎重な検討も必要であろうが、『吾妻鏡』の材料を論ずる際に後藤基綱の存在は従来以上に重視されねばならないと考える[17]。そして、合戦決着の数日以内に後藤基綱が作成した《交名》は、承久の乱に関する数少ない同時代史料の文面を伝えており、その豊富な記述は乱のさまざまな実態を解明しうる稀有の史料である。以下では、《交名》記載人名の比定から導き出せる諸論点を検討する。適宜後掲の表を参照されたい。

二　東国武士の軍勢形態

《交名》に記される武士には、名字地や出自の比定候補が複数存する者も多い。既往の個別武士研究には、おそらく名字のみを根拠としたために、《交名》記載武士の比定が誤っているものもある。もちろん、既往の研究の成果にも学ぶべき点は多々あり、相互に参照されにくい個別の指摘を総合化することで、齟齬を正し新たな知見を得ることが可能となろう。

ここでは、本章が《交名》記載武士のいくつかを確定しえた理由でもある、当該期の親族構造に基づく東国武士の軍勢形態についての理解を深めたい。

1　一族単位の軍事行動

京都大番役や守護制度の研究では、鎌倉幕府の御家人動員方式が、東国では惣領制的（家長による一族単位の動員）、西国では守護制度的（守護の催しによる動員）であることが指摘されている[18]。東国御家人に関しては、承久の乱の当初、北条義時が「遠江・駿河・伊豆・甲斐・相模・武蔵・安房・上総・下総・常陸・信濃・上野・下野・陸奥・出羽等国々」の「家々長」に「早相㆓触一家人々㆒可㆑向」と命じたとする『吾妻鏡』承久三年五月十九日条が論拠の一つとなっている（注(18)上横手論文四二六頁）。

家族史の視角からも、当該期における在地領主層の親族構造は、系譜的連続性を基軸とする父系血縁者の集団である「一族」と、父方縁者・母方縁者・姻族を含む「親類」との二重構造であり、家督の統轄する「一族」が軍事的活動の単位となったことが指摘されている(19)。

系図1　藤原氏秀郷流小山一族

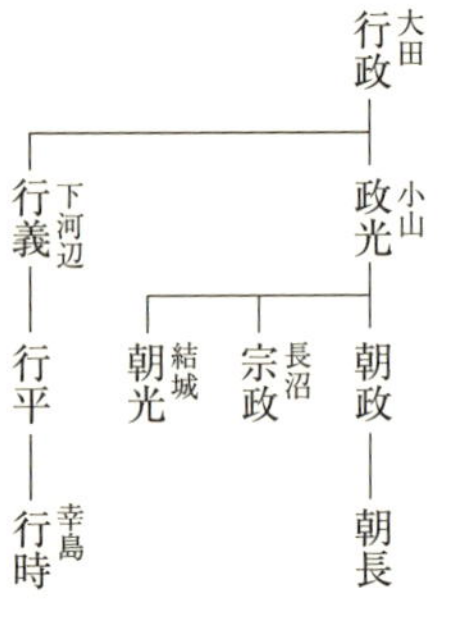

かかる東国御家人の〈一族単位の軍事行動〉は、他の承久の乱関係の史料でも複数確認できる。

史料5　宝治三年（一二四九）三月日「諏訪信重解状」（信濃諏訪大祝家文書。鎌遺一〇―七〇六一）

……

以前条（ママ）之言上如㆑斯。……就㆑中承久兵乱時、可㆑向㆓山道㆒之由、被㆑仰㆓下六月十二（ママ）日御教書㆒云々。……依㆑之、信重引㆓率一家者㆒、向㆔大井戸之討㆓敵人㆒、致㆓合戦忠㆒、預㆓勲功賞㆒畢。相烈一家之輩、同抽㆓忠節㆒、蒙㆓勲賞㆒者数十人也。……

関東からの「御教書」(20)をうけて信濃の諏訪信重が「一家者」を率いて美濃の大井戸に向かい、「一家之輩」数十人が勲功を挙げたとある。

史料6　『吾妻鏡』承久三年（一二二一）六月十二日条

……幸島四郎行時（或号㆓下河辺㆒）相㆓具小山新左衛門尉朝長以下親類㆒上洛之処、運㆓志於武州（北条泰時）㆒年尚、於㆓所々㆒令㆓傷死二之条、称二日者本懐一、離二一門衆一、先立自二杜山一馳二付野路駅一、加二武州之陣一。……

京近郊の合戦に際して、藤原氏秀郷流小山氏の庶流である幸島行時が、本来ならば小山朝長ら「一門衆」と行動をともにする予定であったことが記される。

史料7　『吾妻鏡』仁治二年（一二四一）十二月二十七日条

……承久三年兵乱之時、向二京方要害等一、毎レ敗二軍陣一、莫レ非二信忠（武田）之先登一。舎弟等雖レ相二伴之一、論二其功一全不レ均二信忠之労一。……

武田信忠が「舎弟等」とともに戦闘に従事していたことが記される。

以上の他、《交名》に即しても具体化することが可能である。例えばA③に「曾我八郎 一人。宰相中将格勤者。 同八郎三郎 一人。同格勤者。」とあるのは、曾我八郎父子が共に一条信能家人と戦闘したことを示していよう。また、《交名》には同じ名字の者が続けて記載されていることも多いが、それは戦闘時に近接していた一族がその集団のまま勲功実検をうけた結果であろう。

鎌倉方が戦闘の際に一族として軍事行動に当たっていたのであれば、《交名》に一族多数の名が見える興津・河村・渋谷・塩谷・今泉等は、宇治川で特に激しい戦闘を展開したと考えられよう。

2　庶流・姻族

かかる〈一族単位の軍事行動〉は、A②に相模国の藤原氏秀郷流波多野氏庶流の松田小太郎（政基）が熊野法印親者を討ったとあり、A④に波多野中務次郎（経朝）が熊野法印を討ったとあることから、松田と波多野のごとく名字を異にする同族でも指摘できる。

如上の理解から逆に、一部ではあるが《交名》記載人名の氏族の比定も可能となる。A②に「沼田小太郎一人手討、熊野法印子」とあるが、この「沼田」氏の比定候補としては、相模国足上郡の沼田を名字地とする藤原氏秀郷流（波多野氏の庶流）と、上野国利根郡の沼田を名字地とする武士が挙げられる。(21)名字地だけでは判断がつかないが、これには〈一族単位の軍事行動〉の視角が有効である。すなわち、既述のごとく松田と波多野が熊野勢と戦っていることから、熊野法印（快実）の子を討った沼田小太郎は相模の秀郷流と判断されるのである。B①の「沼田佐藤太」が藤姓と思しきことも、この想定を裏付けていよう。

系図2　三浦・北条・足利

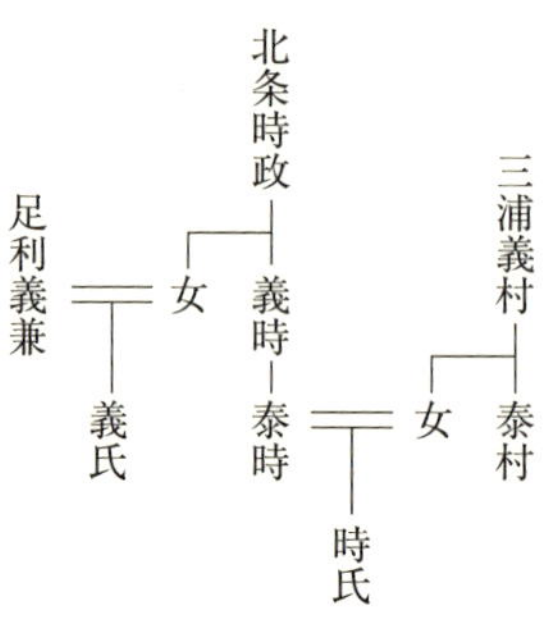

さらに姻族でも近接して軍事行動に当たる場合があった。《交名》B②に相模の河村藤四郎と岩原源八が続けて記される背景として、河村秀基と岩原保高女の婚姻や、河村行朝・朝宣が岩原保朝の養子となる等の親族関係が指摘されている。(22)

『吾妻鏡』六月十四日条には「武州（北条泰時）・武蔵前司（足利義氏）等、乗㆑筏渡㆑河」とあるが、泰時と義氏は従兄弟同士（義氏母が泰時の叔母）である。(23)

『吾妻鏡』六月十七日条に宇治川の先陣争いで前後して渡河したと記される佐々木信綱・芝田兼義・春日貞幸・中山重継のうち、佐々木信綱と中山重継が姻族であることを、湯山学氏が武蔵国河崎・小机の領有関係と合わせて指摘している。(24)

姻族の中でも聟は、「最も身近な親類の要として連帯関係をもつ対等な存在」とされ（注(19)高橋論文二九一頁）、舅に同行する場合が多かったと考えられる。ただし、如上の事例を挙げた場合に気になるのは、「父（父系親族）と舅

（姻族）のどちらもが戦場にいる場合、武士某はどちらに同行したのか」であろう。例えば既述の佐々木信綱の姻族たる中山重継は、渋谷氏の庶流（一族）でもあり、中山は渋谷に同行すべきではないのか、という疑問が生ずる。この点で参考になるのは、三浦泰村の動向である。三浦泰村は、京近郊の合戦に際して、「従二父義村一、雖レ可レ向二淀手一」も、宇治を攻める北条泰時軍に属した（『吾妻鏡』六月七日条）。三浦義村は泰村の父であり、一方の北条泰時は三浦泰村の姉婿にして烏帽子親の可能性が高い人物である[25]。ここからは、姻族や擬制的尊属よりも、血を同じくする直系尊属に同行すべきだとする認識が窺える。とはいえ、画一的な解答はもちろん存在せず、各人との「好（よしみ）」の浅深を有力な判断材料として、時々の判断や個別事情によって父系親族に同行するか姻族に同行するかを決していた、というのが実態であろう。

3　一族からの離脱

当然ながら、〈一族単位の軍事行動〉はあくまでも出陣当初の予定にすぎず、戦況に伴う自然離散により、軍勢形態も変化する点に注意しておかねばならない。さらに〈一族単位の軍事行動〉からの離脱は、戦術による意図的分離や個々人の恣意によってもなされた。

史料6は、幸島行時が自らの意志で「離二一門衆一」れ泰時の陣に加わったことを、泰時との主従関係の強固さを賞賛するかのごとく叙述する。しかし、幸島行時は軍功を挙げる機会の獲得を主たる目的として、主戦場というべき宇治に来たと考えられる[26]。

既述の三浦泰村が父義村ではなく泰時軍に属することを希望したのも、宇治が主戦場ゆえ軍功を挙げやすいからであろう。時々の判断で父系親族に同行するか姻族に同行するかを決することができたのも、一族からの離脱が比較的容易であったことの表れといえる。

流布本『承久記』下―九四頁には、北条泰時が宇治から小笠原長清・千葉胤綱・八田知重等を北陸道軍の援軍として西近江に派遣したとあるが、宇治川を渡る鎌倉方の中に千葉氏庶流の「相馬五郎子共三人」が見える。ここから岡田清一氏は、庶流の一族が嫡流家の胤綱と同一行動を取ったわけではないことに注目している。[27] 確かに《交名》にも、千葉氏庶流である相馬・風早・木内は記されているが、千葉は記されておらず、流布本『承久記』の記述が裏付けられる。この千葉氏庶流の宇治残留は、泰時の指示によるとの想定も可能であるが、既述の三浦泰村や幸島行時の動向を勘案すれば、主戦場での軍功を期する千葉氏庶流の独自の判断と考えるべきであろう。

ここで注意したいのは、勲功賞が個々人に与えられることである。それは、史料7で信忠の「功」「労」が舎弟個々人と区別されていることをはじめ、《交名》に勲功を挙げた個々人の名が記されることや、承久の乱後等に幕府が発給した恩給文書の受益者が武士個々人であることからも明らかである。

司令官の戦術は、家長を介して各一族に伝えられたであろうが、庶子・庶流が、その戦術に従えば自身の勲功の機会が減ると予想した場合、より活躍できる場を求めるのは自然な動向である。一族を率いる家長にとって庶子の離脱が好ましいはずはなく、全員が勝手なことをしたわけではないだろうが、個々人に与えられる勲功賞を求めて〈一族単位の軍事行動〉から離脱する者も複数いたと考えられる。なお、彼らの離脱が許可されたのは、鎌倉方の軍事行動が武士の自発的軍事行動に支えられており、京方攻撃という方向性の限りにおいて、司令官は彼等の恣意を否定できなかったからと考えられる。[28]

すなわち、軍事動員時や戦闘の当初は〈一族単位の軍事行動〉をとるが、戦況や戦術、さらには庶子・庶流の独自の判断によって、一族から離脱する場合もあったのである。《交名》に複数人がまとまって記される一族がある一方で、離れ離れに記される一族もある背景として、かかる事情を想定すべきであろう。

三　承久鎌倉方の国別分布と武蔵・相模武士

如上の理解により、《交名》記載武士の名字地比定も精度が増したと思われる。次に、名字地の比定に基づく承久鎌倉方武士の国別分布の特色を考えておきたい。

なお、早くから東国と西国の御家人制の相違が知られてきたが、近年はより精緻な次元で東国内における鎌倉幕府御家人制の地域的偏差も解明されつつある。(29) 承久鎌倉方武士を考える上でも、東国内の偏差に注目する視角を参考にしたい。

1　承久鎌倉方の国別分布

本章冒頭に鎌倉方の動向を略述したが、六月七日の軍議で宇治の手は北条泰時が率いることとなった。他の鎌倉方の大将軍は、勢多が北条時房、手上が安達景盛と武田信光、淀が結城朝光と三浦義村、芋洗が毛利季光である（『吾妻鏡』）。その軍議の際に、もと東海道軍・東山道軍に属していた各武士をどの部隊（勢多の北条時房、宇治の泰時など）に配属するかも再編制したと考えられる。その詳細は『吾妻鏡』六月七日条に記されていないが、それを補うのが《交名》である。

鎌倉方武士は勲功の機会を欲して積極的に軍事行動を起こしていたことが広く確認できるので（本書第六章）、戦場にいながら全く戦闘に関与しなかったという者は少ないと考えられる。もちろん、後述するごとく《交名》は鎌倉方の全てを記していないという点で限界を有しているが、特定の武士だけが記載されている（あるいは記載されていない）という事態を想定することは困難である。それゆえ、勲功を挙げながら《交名》に記載されなかった者がいるとしても、《交名》記載の鎌倉方武士の国別分布は実際の宇治川合戦鎌倉方の構成比と大きく変わらないと考えられる。

そこで宇治の泰時軍の構成を考えるべく、《交名》記載の鎌倉方武士の名字地・本貫地を比定すると、大半が東国であり、東山道よりも東海道の国の者が多いことに気付く。さらに国別で見ると、武蔵の人名が飛び抜けて多く、それに次ぐのが相模である。北条泰時が着岸した後、「武蔵・相模之輩攻戦」とあるのも（『吾妻鏡』六月十四日条）、その表れといえよう。

鎌倉方宇治攻撃軍の大将軍である北条泰時は、尾張まで東海道軍を率いてきたが、もと東海道軍の全てが泰時率いる宇治攻撃軍に編制されたわけではない。例えば武蔵の熊谷直国や、相模の本間忠貞、武蔵の小河左衛門尉・同右衛門尉、武蔵の箕匂政高が、北条時房率いる勢多攻撃軍に属していたことが確認できる(30)。

かく武蔵・相模武士が目立つ宇治攻撃軍・勢多攻撃軍は、北条義時の子・弟である泰時・時房が率いていることからも明らかな通り、京近郊合戦の際の鎌倉方の主力部隊と考えられる。宇治・勢多以外の攻撃軍を率いた大将軍の名字地・本貫地所在国も、安達景盛が武蔵、三浦義村・毛利季光が相模、結城朝光が下総、武田信光が甲斐と、やはり武蔵・相模が過半数を占める。

これらのことから、武蔵・相模をはじめとする東海道が多く、東山道がそれより少ないという《交名》記載人名の国別分布の構成比は、おおよそ鎌倉方東海道・東山道合流軍の全体的傾向と見なすことができよう。

ただし、例えば甲斐の御家人が《交名》にほとんど見出せないのは、その多くが他の攻撃軍（手上の武田信光軍か）に属していたからと考えるのが自然である。また既述のごとく、下総の千葉氏嫡流家は戦術上の理由で宇治から離れたため、《交名》には記されていない。これらを勘案すると、《交名》の示す各国武士の構成比が鎌倉方東海道・東山道合流軍の実態とは少し異なることも認識しておかねばならない。以下の考察では、かかる「少し」の変動がある可能性を認識した上で、繁雑を避けるためにあえて無視して論を進めることとする。

2 鎌倉方の「西国」武士

《交名》記載武士の大半が東国武士であるのは、鎌倉方が相模国鎌倉を起点として上洛した経緯からすれば当然である。しかし《交名》には小数ながら西国を名字地とする者が含まれる。

その背景として踏まえるべきは、武士の一族内分業である。一人の武士は固定的に一つの地にいたわけではなく、列島各地を移動したが、京・鎌倉の双方に基盤を有する御家人は一族内で鎌倉・東国所領と京・西国所領での活動を分担していた（本書第一章）。このことを踏まえれば、《交名》に「西国」武士が含まれるのは、一族内分業の一環として鎌倉もしくは東国で活動中の者が、承久の乱の際に鎌倉方として動員されたからと考えられる(31)。

系譜の明らかな西国名字の者としては、《交名》A①に「島津三郎兵衛尉」（忠義）と「若狭兵衛入道手」が連続して記され、C①に「若狭次郎兵衛入道」（忠季）が記されている。周知の通り、島津氏は鎮西の島津庄を名字地として薩摩守護を務め、若狭氏は島津氏の庶流で若狭守護を務めている。A①に島津・若狭が続けて記されるのは、〈一族単位の軍事行動〉ゆえであろう。なお、若狭忠季は鎌倉方に属したが、忠季の男忠経は京方に属している。承久三年時点では若狭忠季が鎌倉で活動し、忠経は京か若狭等の西国所領で活動していたと考えられる(32)。

3　北条氏と武蔵・相模武士

武蔵・相模が鎌倉幕府の基盤であるという指摘はしばしばなされるが、ここでは《交名》に武蔵・相模武士が多いことの意味をより具体的に考えたい。

菱沼一憲氏は、文治・建久年間の供奉人交名記載人名から約五〇〇名強の御家人を検出し、その本貫地として武蔵一三八、相模六三、上野二九、伊豆二六、常陸二五、信濃二四、下総二三、甲斐二〇、下野二〇、上総七、遠江七、駿河五……という数字を提示している(33)。のち建治元年（一二七五）度の「六条八幡宮造営注文」記載の御家人の数（「～～跡」も一名と数える）は、「鎌倉中」一二三名が最多であり、「武蔵国」八四名、「相模国」三三名、「信濃国」三二名、「在京」二八名、「甲斐国」一九名、「陸奥国」一五名、「上総国」一二名……と続く(34)。鎌倉幕府の成立期から鎌倉中期までを通して、武蔵・相模の御家人が他国に比して多いことを、前提として踏まえておかねばならない。

ただし当然ながら、承久鎌倉方の構成比が御家人の国別人数比そのままであった―換言すれば、北条氏の軍事動員命令を全ての東国御家人が均質に受容した―とは考えがたい。鎌倉方として上洛した御家人の構成比は、国毎の御家人数の相違を前提として、各国に対する北条氏権力の浸透度に応じたものと考えねばなるまい。

《交名》において武蔵武士が最も多いのは、「党的武士団」と称される小規模林立の存在形態ゆえに多様な名字が挙がったという事情もあろうが、やはり鎌倉方の最も重要な武力だったからであろう。それは鎌倉方の出陣に際して北条政子が「相二侍安保刑部丞実光以下武蔵国勢一、速可二参洛一」と指示し（『吾妻鏡』五月十九日条）、大江広元が「令レ待二武蔵国軍勢一之条、猶僻案也。於レ累二日時一者、雖二武蔵国衆一漸廻レ案、定可レ有二変心一也」と提案していること（『吾妻鏡』五月二十一日条）に明らかであろう。かかる鎌倉幕府の直轄軍というべき武蔵武士の鎌倉への移動を計算に入れて、鎌倉街道上道が整備されていたことも指摘されている。[35]

鎌倉前期の武蔵国の支配とその推移をめぐっては諸説あるが、[36]さしあたり承久の乱頃には北条氏主流が最大の影響力を有していたとする理解で大過なかろう。武蔵の有力武士では、建仁三年（一二〇三）九月に比企能員が、元久二年（一二〇五）六月に秩父平氏の雄たる畠山重忠が、建暦三年（一二一三）五月に横山時兼が、それぞれ滅亡している。武蔵の国務に深く関与していた人物では、元久二年（一二〇五）閏七月に平賀朝雅が京で討たれ、同じ頃に北条時政も鎌倉を追放された。

鎌倉の所在国相模でも、正治二年（一二〇〇）十二月に侍所司であった梶原景時が追討されている。建暦三年（一二一三。建保と改元）五月の建保合戦では、和田氏が滅び、土屋・山内・毛利・鎌倉等の一族諸人が討ち取られ（『吾妻鏡』五月六日条所引交名）、同年五月五日に政所執権の北条義時が和田義盛にかわって侍所別当を兼ねるに至る。[37]

さらに武蔵・相模の知行国主である鎌倉殿源実朝が承久元年（一二一九）正月に暗殺されたのちは、北条政子が鎌倉殿の立場を代行する。

すなわち、正治元年（一一九九）正月の源頼朝没後の幕府内政変によって武蔵・相模の有力武士が続々滅亡するとともに、北条氏が幕府機構の枢要を占め、北条氏に対抗しうる鎌倉殿が不在になっていた。北条氏主流は、承久の乱に参加した武蔵・相模の武士全てと個別に主従関係を築いていたわけではなかろうが、両国で軍事動員命令が広く受容される程度に覇権を築きつつあったのである。当該期の関東知行国の国守号は名目的なもので第一義的には国務運営から遊離していたと考えられるが、[38]元久元年（一二〇四）三月六日に北条義時が相模守に補任され、承久元年（一二一九）十一月十三日に北条泰時が武蔵守に補任されて以降、[39]武蔵守・相模守の「両国司」号（『沙汰未練書』）が北条氏の官途として定着するのは、当該期の北条氏による武蔵・相模支配の進展を象徴的に示していよう。

《交名》は、当該期において北条氏が武蔵・相模両国の軍事動員に強い影響力を有していたことを、直接的に示しているのである。

四　承久の乱史料としての可能性

ここでは、承久の乱の実態に迫る史料としての《交名》の可能性と限界を考察する。

1　承久京方の検出

《交名》は鎌倉方武士のみを記しているわけではない。A①に「宮木小四郎（家業）〈一人。野次郎左衛門尉（小野成時）〉」、A②に「松田小次郎〈二人。内一人、甲斐中将（高倉範茂）侍刑部丞云々〉」、A③に「曾我八郎〈一人。宰相中将（一条信能）格勤者〉」等とあるごとく、京方の武士や「張本公卿」とその配下が確認できる。ことに熊野関係者は六件が検出でき、京方の中でも特に奮闘したことが窺える(40)。

また、A④に「荻窪六郎〈二人。内一人、肥前国佐山十郎〉」、A①に「渋谷又太郎〈一人手討。出雲国神西庄司太郎〉」とある等、承久宇治川合戦京方に、他の史料では確認できない鎮西や山陰道の武士が属していたことがわかる。

このほか、《交名》を用いることで他の史料の裏付け、あるいは誤りの訂正も可能となる。先に千葉胤綱と庶流の別行動に言及したが、それは流布本『承久記』の記述が正しいと考えられる場合であった。それに対して、次のごとく流布本『承久記』が誤りと考えられる場合もある。京方の佐々木高重の出陣先につき、『吾妻鏡』六月十二日条は宇治とし、流布本『承久記』下―九九頁は供御瀬とする。上横手雅敬氏は供御瀬を正しいとするが(41)、特に根拠は示していない。《交名》A②に「長布施四郎〈三人……一人、佐々木判官（高重）親者……〉」、「藤田兵衛尉〈一人手討。佐々木判官手者云々〉」、A③に「二藤太三郎〈一人。佐々木判官親者〉」と見えることから、高重自身も宇治に出陣したと考えるのが妥当であろう。[42]

また、後述する三浦胤義と角田氏の戦闘のごとく、流布本『承久記』には部分的な誤りが想定できる場合もある。『承久記』の最古態本とされる慈光寺本には宇治川合戦を含む六月十三・十四日頃の京近郊諸所の合戦の叙述がほとんどないため、他の部分以上に流布本『承久記』の魅力が高くなるが、より慎重な検討も必要となろう。対照すべき史料として《交名》が重要であることはいうまでもない。

従来も利用されてきたが（注（1）宮田A論文等）、《交名》は承久京方武士を検出する上でも貴重な史料なのである。

2　乱中の私戦

既述のごとく《交名》からは鎌倉方・京方の双方が検出できるが、その中には個別事情を背景に想定すべき組み合わせも見出せる。ここでは、野口実氏が承久の乱における三浦氏の動向を論ずる中で注目した「乱中の私戦」、すなわち在地で所領紛争中の御家人同士、あるいは同族である御家人同士の戦闘を、[43]《交名》からも見出したい。

流布本『承久記』下―一二三頁に、東寺付近の合戦で、京方の三浦胤義の郎等三戸原八が鎌倉方の角田弥平次の郎従に討ち取られたとある。野口氏は、この背景として、上総国伊北荘を所領とする三浦胤義と、そこに隣接する墨田保や畔蒜北荘を領する角田氏との対立を想定する。

流布本『承久記』の性格上、傍証がほしいところであるが、[44]はたして、より確実な史料である《交名》A④にも「角田太郎（親常カ）〈一人手討。九郎判官（三浦胤義）郎等美六美八〉」とあり、三浦胤義と角田氏の戦闘が確認できるのである。ただし、胤義と角田氏の戦闘の場所が異なる点については、宇治川と東寺付近の二度行われた可能性も否定は出来ないが、流布本『承久記』の誤りと考えるのが穏当であろう。

また、同族間の戦闘は三浦氏以外にも事例が多い。例えばA④に「佐々木四郎（信綱）右衛門尉〈一人手討。佐々木太郎右衛門尉〉」とあるごとく、佐々木氏で確認できる。上級権力の軍事動員に従った結果敵対してしまった同族への積極的攻撃は、闕所地が一族に優先的に給与されるという法慣習[45]を背景に、一族内で所領を回収しようとした結果であろう。より根本的には、京・鎌倉を核に東西各地の所領での活動を一族内で分担する有力御家人一族の存在形態が、承久の乱時の一族分裂の前提となったと考えられるのである。[46]

3　『吾妻鏡』地の文および他史料との対比

以上のごとく、長大にして信憑性の高い《交名》は、それ自体はもちろんのこと、他の史料と対照させることで、承久の乱の諸側面をより一層解明する可能性を秘めている。

ただし、《交名》が宇治川合戦に参戦した鎌倉方の全てを記しているわけではない点にも注意しておく必要がある。例えば『皇代暦』九条先帝―承久三年六月十四日条に見える「藤原朝光」「伊佐大進（為宗）」や『吾妻鏡』六月十三日条地の文に見える「伊佐大進太郎」は《交名》に見えない（注(42)野口論文）。そのほか、『吾妻鏡』六月十四日条・十七日条や流布本『承久記』に佐々木信綱との先陣争いが活写される芝田兼義や、それに前後して渡河を試みた中山重継、北条時氏に同行した佐久満家盛・南条時員らの名も《交名》には見えない。

しかし、これらを『吾妻鏡』地の文の創作と考える必要はない。例えば、より確実な史料である承久三年七月二十四日「六波羅下知状」（播磨後藤文書。鎌遺五―二七八二）に「後藤六郎兵衛尉基重、宇治河合戦之時為二御方一致レ忠了」

とあるが、《交名》に後藤基重の名はないのである。[47] やはり《交名》が戦闘直後の混乱の中で作成された以上、記録漏れもあったと考えるのが自然であろう。

それに加えて注意しておきたいのは、承久の乱後に恩賞を請求する者が多数いたことである。すでに『吾妻鏡』貞応二年（一二二三）四月八日条に「去々年合戦賞、雖レ似レ有二究沙汰一、縡繁多之間、自然依レ有二相漏之類一、今日重被レ行レ之」とあるが、その後も勲功賞から漏れる者は多数いた。『吾妻鏡』嘉禎二年（一二三六）九月三日条には「去承久三年合戦間、称レ可レ給二本領一、漏二勲功賞一之輩事、就二愁申一、有二其沙汰一。但当時無二可レ然之地一。追可レ有二御計一之旨、被レ申云々」とある。また嘉禎四年（一二三八）九月九日、幕府は、地頭に本司跡率法と新補率法を混領しないよう下知したことにつき、違犯すれば「改二易其所一、可レ被レ充二行勲功未給之輩一」と沙汰している。[48] 勲功未給の者が所領を欲していても、恩賞に宛てる地が不足している状況が窺えよう。

仁治二年（一二四一）九月三日、北条経時が、承久宇治川合戦に従軍した父時氏（泰時の男）の遺命により、信濃国住人奈古又太郎への行賞を求める款状を恩沢奉行中原師員に出したが、それは「猶雖レ有二如レ此不幸之類一、於二奈古軍忠一者、勝二其中一」れていたからだという（『吾妻鏡』）。宇治攻撃軍以外にも、例えば橘公高・本間忠貞・小河左衛門尉・同右衛門尉、箕勾政高のごとく、勢多で北条時房に属して軍忠に励みながら、後年まで勧賞を受けられなかった御家人がいる。[49]

史料4の長尾光景のごとく、承久宇治川合戦に参戦しながら《交名》に記されず、合戦の数日後乃至は後年になって恩賞を申請した者は、他にも多数いたに違いない。『吾妻鏡』承久三年六月十七日条には宇治川先陣争いの証人である春日貞幸の「以二起請一述二事由一」状が引用されているが、六月十三日条・十四日条・十七日条の臨場感あふれる合戦の記述も、彼等恩賞請求者や恩賞推挙者の作成した文書・記録等が重要な材料となっていると考えられる。[50]

		六月十三日十四日宇治橋合戦手負人々			宇治橋合戦越河懸時御方人々死日記	
後藤十五日	28	十三日：35	十四日:98（吉本94）	不明		武蔵守殿御手
左近将監（盛家ヵ） ×熊野法師郎等	1					
						後平四郎
					四郎 新太郎	
尉（北面）						
			三郎			
		右近太郎 中次				
（左項「」内は吉本無。肥前房にかかるべきか）			藤内 肥前房〈安東手〉＊		平次兵衛尉 藤内左衛門尉	
			仲次			
			十郎 弥次郎			
			左衛門三郎＊ 四郎 六郎 紀太 八郎太郎 十郎			
			左衛門次郎（経光）			
			小次郎			
兵衛尉 ×二位法印（尊長）家人	5					
					小四郎	
						藤内
			九郎			
			左近将監			
			又太郎			
平内次郎	1		平内太郎			
次郎太郎 △宮分刑部丞	5					
						五郎殿（北条泰時男ヵ）
			五郎			
					藤次〈横溝五郎親類〉	

表　『吾妻鏡』承久三年六月十八日条所引交名

				六月十四日宇治合戦討敵人々					
				関：98		金持：84		後藤：73	
	本貫	氏・家・党・流			97.1		80	後藤十四日	40
	薩摩	惟宗	島津	三郎兵衛尉(忠時)	7				
	大隅	建部(桓武平氏資盛流を自称)	佐田			太郎(久秀)	1		
	周防?	藤氏	内藤						
東海道	伊勢カ	平氏カ	(黒田カ)						
	尾張		千竈						
	遠江	藤氏南家	佐加良(相良)					三郎(長頼) ×渡部弥三郎兵衛	1
	遠江		西郷						
	駿河	藤氏	牧						
	駿河	平氏	安東					「安東兵衛尉(忠家)手」 伊予、玉井四郎 肥前房*の小舎人童 △山口兵衛尉	1 1
	駿河	旧庵原郡司家	庵原						
	駿河カ	旧庵原郡司家カ	大内						
	駿河	藤氏入江	興津					左衛門三郎*	2
	駿河	藤氏入江	吉香(吉川)						
	駿河	藤氏大森	葛山	太郎	1				
	駿河		金持						
	駿河		鮫島						
	駿河		足洗						
	駿河カ		高橋						
	駿河		松野						
	駿河		宿屋					太郎手	5
	甲斐? 駿河?	源氏武田? 藤氏北家大森?	長沢						
	伊豆	藤氏乙麿流?	天野	右馬太郎	5				
	伊豆	藤氏乙麿流	仁田(新田)						
	伊豆 (武蔵:染屋)	平氏	北条	伊具六郎(有時) 深草六郎 染屋刑部七郎	 1 1				
	伊豆		妻良						
	伊豆	藤氏南家工藤	横溝	五郎(資重)	1				

		六月十三日十四日宇治橋合戦手負人々			宇治橋合戦越河懸時御方人々死日記	
後藤十五日	28	十三日：35	十四日:98(吉本94)	不明		武蔵守殿御手
		四郎太郎(政綱)	四郎			
			平太三郎 権守六郎 七郎		四郎(時国) 権守五郎	
			源次郎			
					平左衛門次郎	
			小太郎			
		平太 五郎　*				
		小五郎*				
					余一 小四郎	
中務次郎(経朝)* ×熊野法師	1	中務次郎* 五郎(義重)	宇治次郎〈又号波多野〉(朝定)			
		小次郎(政基)* 三郎(光基ヵ) 五郎(政泰ヵ) 平三郎 右衛門太郎				
			藤四郎(行秀)			
		小太郎* 佐藤太				
					弥五郎(経通)	
能)格勤者			太郎*			
			太郎(重景)		次郎(種業)	
					左近将監*	左近将監*
			左近将監 弥次郎〈死了〉			
			八郎〈相模〉(資信)			

本貫	氏・家・党・流		六月十四日宇治合戦討敵人々 関：98	97.1	金持：84	80	後藤：73 後藤十四日	40
伊豆?常陸?		井田						
相模	平氏秩父	渋谷	三郎 ×荻野三郎(景継) 権守太郎(光重ヵ) 又太郎 ×出雲国神西庄司太郎 渋谷六郎(盛重)の郎等	2 2 1 1				
相模 (武蔵:西党:小河)	平氏三浦	三浦	駿河次郎(泰村) 奴加沢左近将監 小河兵衛尉(直行)	2 1 1				
相模? 駿河?	平氏三浦? 源氏?	矢部						
相模	平氏鎌倉	梶原	平左衛門太郎手	1				
相模	平氏鎌倉	俣野						
相模	平氏鎌倉	豊田			四郎 五郎(景俊)　*	1 4		
相模	平氏鎌倉	香河	小五郎*	2	三郎(景高)	1		
相模	平氏鎌倉	長江						
相模	藤氏秀郷流 波多野	波多野			弥藤次(盛高)	1		
相模	藤氏秀郷流 波多野	松田			小次郎(政基)* ×甲斐中将(高倉範茂)侍刑部丞云々 九郎(有忠ヵ) ×西面平内(熊谷ヵ) ×熊野法印(快実)親者	2 2		
相模	藤氏秀郷流 波多野	河村			四郎(秀清ヵ) 太郎(時秀)の郎等 三郎(秀基ヵ) 五郎四郎(秀遠)	1 3 1 1		
相模	藤氏秀郷流 波多野	沼田			小太郎(家基ヵ)* ×熊野法印(快実)子(千王禅師)	1		
相模	藤氏秀郷流山内	山内						
相模	藤氏	曽我					八郎 ×宰相中将(一条信 八郎三郎 ×同格勤者 太郎*	1 1 1
相模	横山党?	糟屋			三郎 四郎	1 1		
相模	横山党	古庄						
相模		飯田						
相模		加世						
相模	藤氏山蔭流?	国分						

		六月十三日十四日宇治橋合戦手負人々			宇治橋合戦越河懸時御方人々死日記	
後藤十五日	28	十三日：35	十四日:98(吉本94)	不明		武蔵守殿御手
					善右衛門太郎(康知)	
			左衛門三郎		右衛門次郎	
		兵衛尉　＊「富部五郎兵衛尉」の下に「同町野兵衛尉」。島津本「同」なし			次郎	
			源八＊			
小五郎兵衛尉 △中七左近	1				九郎左近将監 三郎	
六郎 ×肥前国　佐山十郎	2					
					六郎	
			四郎(春員ヵ)		次郎 四郎三郎 六郎太郎	
					四郎三郎	
十郎	1					
					弥三郎 又太郎	
		太郎入道＊ 藤次太郎				
					七郎	
		小太郎(光忠ヵ)				
		弥三郎兵衛尉 五郎＊ 須河次郎 五郎＊ 堤五郎			七郎	
		弥太郎				
綱)郎等					六郎 弥三郎	
		新兵衛尉				

			六月十四日宇治合戦討敵人々					
			関：98		金持：84		後藤：73	
本貫	氏・家・党・流			97.1		80	後藤十四日	40
相模	平氏中村? 平氏三浦?	土屋					三郎兵衛尉	1
相模	平氏中村	二宮					三郎	2
相模	藤氏北家糟屋	四宮	右馬允	2				
相模ヵ	三善氏	三善	善右衛門四郎(康常)	3				
相模ヵ	三善氏	布施						
相模ヵ	三善氏	町野						
相模ヵ	源氏	岩原					源八＊	1
相模ヵ 武蔵ヵ	平氏? 丹党?	中村			四郎	2		
相模ヵ 武蔵ヵ		荻窪						
武蔵	紀氏大井	潮田	四郎太郎	1				
武蔵	紀氏大井	品河	小三郎(実員?実幹?) 四郎太郎(経員ヵ)	2 1				
武蔵	平氏秩父	秩父	平次五郎	1	次郎太郎 ×上臈	1		
武蔵	平氏秩父	江戸						
武蔵	平氏秩父	豊島	九郎小太郎の郎等信濃	2				
武蔵		志村						
武蔵	平氏秩父	河越	三郎(重員)	1				
武蔵	平氏秩父ヵ 藤氏?	小澤			太郎入道＊	2		
武蔵ヵ	藤氏毛呂ヵ	於呂 (毛呂ヵ)	△左衛門四郎 △五郎	2 4	小五郎 ×西面衆	1		
武蔵	藤氏秀郷流	清久					左衛門尉	2
武蔵	猪俣党	甘糟			小次郎	1		
武蔵	猪俣党	猪俣			左〔右〕衛門尉(範政)	1		
武蔵	猪俣党	今泉						
武蔵ヵ	今泉須下?	須賀						
武蔵	猪俣党	荏原					六郎太郎 ×下総前司(小野盛 七郎の郎等	1 1
武蔵	猪俣党	河勾			小太郎	1		
武蔵	猪俣党	藤田			兵衛尉 ×佐々木判官(高重)手者云々			
武蔵?	平氏	長布施			四郎(重康) ×荻野太郎等	3	三郎	1

		六月十三日十四日宇治橋合戦手負人々			宇治橋合戦越河懸時御方人々死日記	
後藤十五日	28	十三日：35	十四日:98(吉本94)	不明		武蔵守殿御手
					七郎	
					三郎(忠家)	
			平河刑部太郎 平河又太郎 刑部三郎 三郎太郎			
			左衛門尉(家朝) 太郎(家光) 六郎(家氏カ) 弥四郎 奥太 小三郎 五郎(経盛)		民部大夫(家経)	
			小次郎			
			太郎(近重) 五郎(惟近)			
					大倉六郎(某) 小太郎	
			小次郎			
			兵衛太郎			
			兵衛太郎(恒高)			
			太郎(信恒カ) 左衛門尉(家行カ)		弥次郎(光時)	
			小四郎		兵衛太郎	
			左近将監			
					兵衛尉(資泰カ) 五郎太郎(道忠)	
			平太 十郎*			
		小太郎				

本貫	氏・家・党・流		六月十四日宇治合戦討敵人々 関：98	97.1	金持：84	80	後藤：73 後藤十四日	40
					×佐々木判官(高重)親者			
武蔵?	藤氏	二藤?					二藤太三郎 ×佐々木判官(高重)親者	
武蔵	猪俣党	内島			三郎	2		
武蔵	小野姓猪俣党	人見			八郎	1		
武蔵	児玉党	児玉			刑部四郎	1		
武蔵	児玉党	庄	四郎(弘季) 五郎	1 1				
武蔵	児玉党	蛭河						
武蔵	児玉党	塩谷						
武蔵	児玉党	小代			右馬次郎(俊平) 与次郎	2 1		
武蔵	児玉党	小越			四郎(有平) 四郎太郎(有年) 右馬太郎(有高)	1 2 2		
武蔵	児玉党	富田	小太郎(近行)	1				
武蔵	村山党金子	金子			大倉太郎(時家) 右近将監 三郎(広家ヵ)	2 2 1		
武蔵	村山党金子	大倉						
武蔵	村山党山口	山口					⇒(駿河、安東)肥前坊＊	
武蔵	村山党山口	須黒			須久留兵衛次郎(家時)	1		
武蔵	村山党山口	仙波						
武蔵	横山党成田	玉井					⇒(駿河、安東)	
武蔵	横山党成田	奈良	五郎(高家)	1			兵衛尉 ×山法師	1
武蔵	横山党成田	成田					五郎 藤次	1 1
武蔵	横山党成田	別府					次郎太郎	1
武蔵	横山党	宇津幾					十郎＊	1
武蔵	横山党	目黒						

		六月十三日十四日宇治橋合戦手負人々			宇治橋合戦越河懸時御方人々死日記	
後藤十五日	28	十三日：35	十四日:98(吉本94)	不明		武蔵守殿御手
		右馬允(実員)			刑部丞(実光) 四郎 左衛門次郎 八郎	
四郎 △瑠璃王左衛門尉西面	1					
蔵人 △下総前司(小野盛綱)郎等	3					
			八郎五郎			
			三郎 六郎 七郎			
			右近将監		六郎	
					三郎太郎	
					六郎	
			四郎太郎			
			次郎(忠家)			
四郎の郎等	1					
			小太郎			
					左衛門次郎	
			女景太郎		四郎〈武蔵〉	
			兵衛尉			
			弥次郎		兵衛尉	
			八郎 飯積三郎 十郎			
					四郎 次郎	
			次郎兵衛尉			
小太郎	1					
					弥藤次	
		七郎				
		三郎				
		五郎兵衛尉				
				兵衛尉 五郎太郎		
太郎(親常ヵ) ×九郎判官(三浦胤義)郎等美六美八	1					

			六月十四日宇治合戦討敵人々					
			関：98		金持：84		後藤：73	
本貫	氏・家・党・流			97.1		80	後藤十四日	40
武蔵	横山党	大貫	三郎	1				
武蔵	丹党	安保						
武蔵	丹党	勅使河原			五郎兵衛尉の郎等 四郎	1 1		
武蔵	丹党	古郡						
武蔵	丹党	山田	八郎 次郎	2 2				
武蔵	丹党	岩田			七郎(政広)	1		
武蔵	丹党	小島						
武蔵ヵ	丹党ヵ	志水						
武蔵	野与党	道智						
武蔵	猪俣党? 私市党? 藤氏秀郷流?	太田			五郎	1		
武蔵	菅原氏	鶩(忍)						
武蔵	私市党	河原						
武蔵	私市党	西条						
武蔵		熊井						
武蔵		綱島						
武蔵		女影						
武蔵	藤氏利仁流斎藤	押垂	三郎兵衛尉(基時)	1				
武蔵		瓺尻			小次郎			
武蔵		行田						
武蔵		新開						
武蔵		古谷						
武蔵		麻禰屋						
武蔵ヵ		岡村						
武蔵ヵ		荻原						
武蔵ヵ		大山						
武蔵ヵ		河田						
武蔵ヵ		世山						
武蔵ヵ		富部						
上総? 信濃?	 源氏	江田						
上総	平氏忠常流上総	角田						

		六月十三日十四日宇治橋合戦手負人々			宇治橋合戦越河懸時御方人々死日記	
後藤十五日	28	十三日：35	十四日:98（吉本94）	不明		武蔵守殿御手
		右馬允				
					小四郎 六郎	
					三郎 太郎（胤綱ヵ） 次郎（胤継）	
		小次郎				
					四郎〈下河辺〉（行時）	
					三郎（秀幹）	平五
					刑部四郎＊	刑部四郎＊
					小太郎	
					左衛門入道（政綱）	
		三郎				
			四郎 九郎			
四郎右衛門尉（信綱） ×太郎右衛門尉（氏綱ヵ）	1					
左近将監 ×熊野法師郎等	2		四郎			
					三郎（資行） 三郎の子息一人	
					刑部二郎太郎 小三郎	
					〈信濃〉次郎	
					奥太	
			兵衛尉			

	本貫	氏･家･党･流		六月十四日宇治合戦討敵人々 関：98	97.1	金持：84	80	後藤：73 後藤十四日	40
	上総		横田						
	下総	平氏三浦 藤氏秀郷流	大河戸						
	下総	平氏忠常流千葉	木内			次郎(胤家)	1		
	下総	平氏忠常流千葉	風早			四郎(胤康)	1		
	下総	平氏忠常流千葉	相馬						
	下総	平氏忠常流千葉	椎名	弥次郎(胤朝ヵ)	1.1				
	下総	藤氏秀郷流 下河辺	幸島						
	下総	中臣	並木	弥次郎兵衛門尉	1				
	常陸	平氏繁盛流吉田	石河						
	常陸	平氏	片穂						
	常陸	源氏義光流	佐竹	六郎(義茂) 佐竹別当(秀義ヵ)手	2 2				
	常陸	藤氏八田ヵ	高野	弥太郎	1				
	常陸	藤氏秀郷流	関						
	常陸	藤氏秀郷流那珂	戸村	三郎(能通の男ヵ) △勅使左衛門尉入道	3				
	陸奥	藤原氏	宮木	小四郎(家業) ×野次郎左衛門尉(小野成時)	1				
	陸奥		保土原						
	陸奥		小平	左近将監	2				
	陸奥ヵ		佐加江 (寒河江ヵ)						
東山道	近江	宇多源氏	佐々木	又太郎右衛門尉 (秀忠)	1				
	美濃ヵ		内記						
	信濃	源氏義光流 小笠原	大井	左衛門三郎	1	太郎(光長)	1		
	信濃	源氏義光流 小笠原	小笠原	四郎	1				
	信濃	源氏満快流	飯沼						
	信濃? 武蔵?	源氏満快流? 藤氏毛呂?	泉					八郎 次郎(秀綱)	2 3
	信濃	滋野氏禰津流	春日						
	信濃	滋野氏禰津流	大塩						
	信濃ヵ	滋野氏海野流	小田切						
	信濃		塩尻	弥三郎 ?出雲国小三郎云々	1				
	信濃ヵ		屋代						

		六月十三日十四日宇治橋合戦手負人々			宇治橋合戦越河懸時御方人々死日記	
後藤十五日	28	十三日：35	十四日:98(吉本94)	不明		武蔵守殿御手
					六郎	
			三郎			
			平三〈甲斐〉			
					刑部三郎(親高)	
				太郎	与一	
			小太郎 小次郎	五郎 弥太郎 室三郎	三郎	
			又太郎		左衛門尉 平次太郎〈寺尾四郎兵衛尉手者〉	
				五郎		
次郎	1					
				三郎		
			右衛門六郎(秀綱)		右衛門五郎 八郎(時綱) 兵衛太郎(親綱)	
			七郎入道		太郎次郎 次郎太郎 八郎	
		六郎太郎	次郎(親綱)			
					中務丞	
			太郎			
			小太郎(芳賀高行ヵ)			
			八郎			
					次郎右衛門入道(忠季)	
					佐藤四郎	
			小四郎 五郎 余一			
					四郎 桜井次郎〈浦太郎手者〉	
			兵衛尉(能行) 四郎			
			二藤三郎(吉本「工藤」)			
						左近将監

				六月十四日宇治合戦討敵人々					
				関：98		金持：84		後藤：73	
	本貫	氏・家・党・流			97.1		80	後藤十四日	40
	信濃? 下野?		麻続						
	信濃ヵ		河平					次郎手 ×熊野法師	4
	甲斐	平氏?	鎌田						
	上野	児玉党	島名						
	上野	惟宗	神保	与三	1				
	上野	平氏	蒼海	平太	2				
	上野		高井						
	上野	児玉党	多胡	宗内(親時)	1				
	上野		寺尾						
	上野		小串						
	上野?下野?		植野						
	上野ヵ		青根						
	上野	藤氏秀郷流佐貫	佐貫			右衛門十郎 七郎(広胤)	4 1	右衛門尉十郎	1
	下野	藤氏秀郷流足利	佐野						
	下野	藤氏秀郷流足利	阿曾沼						
	下野	藤氏秀郷流首藤	小野寺	左衛門入道(秀通)	5				
	下野	藤氏秀郷流小山	皆河						
	下野	紀氏	波賀(芳賀)						
	下野ヵ	源氏ヵ	矢田						
北陸道	若狭	惟宗島津	若狭	兵衛入道手	3				
	佐渡?	村上源氏本間ヵ	河原田			四郎太郎	1		

	藤氏	縣	左近将監	2				
		岩平(吉本「岩手」)						
		浦	太郎	3				
	大江氏	大江						
	藤氏	奥沼(吉本「魚沼」)						
		黒田	三郎入道	1				
		佐伯						
	藤氏	藤巻					藤太〈三郎法師生取〉	1

		六月十三日十四日宇治橋合戦手負人々			宇治橋合戦越河懸時御方人々死日記	
後藤十五日	28	十三日：35	十四日:98(吉本94)	不明		武蔵守殿御手
				次郎	六郎	
茂)中間云々						
			源内八郎			
			源七刑部次郎 同三郎太郎			
					大舎人助	
					新太郎	
						平六
						少輔房
						中三入道

人数無記載は便宜1.1で表記。清和源氏・桓武平氏は源氏・平氏とした。

すなわち、勲功を挙げたことが『吾妻鏡』地の文に見えながら、《交名》に見えない者が複数存する一背景として、承久の乱後「勲功未給」の者が多数おり、彼等の恩賞請求に関わる文書・記録を『吾妻鏡』編纂時に地の文の材料にしたという事情が想定されるのである。また、《交名》に見えない者が承久宇治川合戦で勲功を挙げた旨を注記する系図類が多々存在するのは（第五章表２参照）、もちろん後世の創作や誇張も含まれていようが、如上の事情も想定すべきであろう。

承久鎌倉方の考察を進める上で、《交名》は質・量ともに最も重要な史料といえるが、他の史料と対照させて、《交名》に見えない事実にも注目する必要があろう。それは、ただ承久の乱を考えるのみならず、『吾妻鏡』の原材料を考える上でも重要な作業となるはずである。

おわりに

『吾妻鏡』承久三年六月十八日条所引「承久宇治川合

			六月十四日宇治合戦討敵人々					
			関：98		金持：84		後藤：73	
本貫	氏·家·党·流			97.1		80	後藤十四日	40
		屋島						
	平氏	弓削					平次五郎	1
	藤氏	大和?	大和太郎左衛門尉 の郎等 大和藤内(久良)	1 2 1				
		山城?			山城右衛門尉	16		
							権守三郎 ×甲斐中将(高倉範	1
	源氏							
	源氏							
	平氏							
	中原氏							

＊：同一人物。×：討つ。△生捕り。×・△の対象は固有名詞や地名・集団。
平河・須久留・女景：蛭河・須黒・女影とした。

戦鎌倉方勲功交名」は、承久の乱に関する数少ない同時代史料の文面を伝えており、その情報量も豊富であるが、従来は基礎的考察さえも十分ではなく、活用されてきたとはいい難い。

本章では、同交名が、軍奉行である後藤基綱の作成したものであり、『吾妻鏡』（特に従来未詳の政子「将軍」記）の原材料を考える上でも重要な素材であることを指摘した。そして、承久鎌倉方武士が均質な「東国」武士で構成されているのではなく、武蔵・相模の武士が主力であったこと、東国武士の〈一族単位の軍事行動〉という軍勢形態や乱中の私戦等の、承久の乱の実態を考える上でさまざまな可能性を秘めており、他史料と対照させることでより一層の成果が期待できることを指摘した。

軍事史を考える上で、《交名》を始めとする『吾妻鏡』所引の交名・合戦記録の価値はきわめて高いと考えられるが、従来は主に治承・寿永内乱期のものが研究の対象となってきた。『吾妻鏡』建長二年三月一日条所引「造閑院殿雑掌」目録や「六条八幡宮造営注文」が御家人制・財政史の研究に果たした大きな役割を見ても明らかなごとく、他の交名・注文類を体系的に利用することで従来看過されてきた課題が解明できるのではないだろうか。記載人名のさらなる比定や他史料との対照等、これらを用いた発展的研究を期したい。

注

（1）田中稔「承久京方武士の一考察」「承久の乱後の新地頭補任地〈拾遺〉」（同『鎌倉幕府御家人制度の研究』吉川弘文館、一九九一年。初出一九五六年、一九七〇年）、宮田敬三A「「承久京方」表・分布小考」（『立命館史学』二二、二〇〇一年）で網羅的検討がなされている。その他、宮田敬三B「承久の乱における京方の軍事動員」（『古代文化』六一―三、二〇〇九年）、長村祥知「後鳥羽院政期の在京武士と院権力」（上横手雅敬編『鎌倉時代の権力と制度』思文閣出版、二〇〇八年。本書第一章）も参照。

（2）注(1)宮田B論文、川合康「鎌倉幕府研究の現状と課題」（『日本史研究』五三一、二〇〇六年）、本書第一章等。

（3）例えば、「群書系図部集」所収系図で承久の乱の際の討死や勲功の注記を収集すると、戦場の記載の中では「宇治」が突出して多い。長村祥知「一族の分裂・同心と式目十七条」（本書第五章）の表2参照。

（4）平安末~鎌倉前期頃の合戦記録や鎌倉幕府の勲功認定手続きを扱った研究として、五味文彦「『吾妻鏡』の構成と原史料」（同『増補　吾妻鏡の方法』吉川弘文館、二〇〇〇年。原版一九九〇年。論文初出一九八九年）、岡田清一「合戦の儀礼」（福田豊彦編『中世を考える　いくさ』吉川弘文館、一九九三年）、河音能平「中世日本における軍忠状文書様式の成立」（同『世界史のなかの日本中世文書』文理閣、一九九六年。初出一九九三年）、高橋秀樹「いくさの情報と記録」（大三輪・関・福田編『義経とその時代』山川出版社、二〇〇五年）等があるが、いずれも《交名》には触れていない。

わずかに美濃部重克「戦場の働きの価値化」（『国語と国文学』七〇―一二、一九九三年）二〇頁が、軍記物語に至る合戦記録類の展開を概観する中で《交名》に触れているが、「判官代日記」の記録者（後述するごとく関実忠）を頼朝期の奉行人である大和判官代藤原邦通に比定するという根本的な誤りもある。

（5）例えば同書は《交名》に見える「宰相中将」を藤原範茂に比定するが、正しくは一条信能である。《交名》に見える「甲斐中将」が藤原範茂に比定できる。

（6）つとに八代国治『吾妻鏡の研究』（芸林社、一九七六年。原版一九四一年）が指摘する「切張の誤謬」など。

（7）「椎名弥次郎」（胤朝か）が討った敵の数（記載なし）に、その他が討った敵計九十七人を足した数。表の数値参照。

（8）なお、C①（新訂増補国史大系本では七八八頁と七八九頁）に「同《（佐貫）》八郎」と「佐貫八郎」が重複しているが、後者は吉川本に従い「佐野八郎」と校訂すべきである。その他、表には適宜校訂を反映させている。

（9）木内正広「鎌倉幕府恩賞の構造」（『日本史研究』二九二、一九八六年）。

（10）注（9）木内論文四四頁は、佐藤進一『鎌倉幕府訴訟制度の研究』（岩波書店、一九九三年。原版一九四三年）三〇頁に倣い、将軍家政所下文に「令」として加署する後藤基綱を「政所令」と称している。しかし、この「令」は『家令職員令』の規定に淵源する「家令」と称すべきである。令制から変質した平安時代以降の「家令」については、元木泰雄「摂関家家政機関の拡充」（同『院政期政治史研究』思文閣出版、一九九六年。初出一九八一・一九八四年）一七一頁参照。

（11）恩賞業務の主たる担当は政所だったであろうが（注（9）木内論文）、建保合戦時の副奉行金窪行親が交名作成の直前に侍所司に定められているごとく（『吾妻鏡』建暦三年五月六日条）、勲功実検は政所の専管業務だったわけではないと考えられる。よって単に奉行人と表現しておく。

（12）注（9）木内論文は重要な指摘に富むが、その基調である将軍と執権・得宗との対抗という理解は万能ではない。近年の保永真則「鎌倉幕府の官僚制化」（『日本史研究』五〇六、二〇〇四年）が重視する、幕府業務の増加による効率的運営化の表れとして、後藤基綱の恩沢奉行就任も位置付けうるのではないだろうか。

（13）史料3を参照すれば、承久の乱の際に西国から関東に送られた勲功関係の文書類も、鎌倉殿代行たる政子の御覧を経て最終的に大江広元が保管したと考えられる。政子が勲功賞を配分したことは『吾妻鏡』承久三年八月七日条参照。広元がさまざまな文書を集積していたことは『吾妻鏡』貞永元年十二月五日条参照。

(14) 鎌倉方東山道軍の鎌倉発向の際の叙述ではあるが、流布本『承久記』上—七六頁に「伊具右馬允入道、軍の検見に被二指添一たり」と見える。各軍に軍奉行的存在が同行していたことが窺えよう。

(15) 菊池紳一「『吾妻鏡』の編纂の材料について」(『埼玉地方史』一八、一九八五年)は、『吾妻鏡』全体の文書引用や高野山関連記事の検討から、『吾妻鏡』編纂にあたって積極的に広範な資料収集を行なったとはみなしがたく、基本的には幕府諸機関や奉行人家に伝えられた文書の写・記録を典拠とし、その他は『明月記』などの個人的関係で入手したものや『平家物語』などの流布していたもので欠を補ったとする。

　軍事関係文書を扱ったものではないが、鎌倉幕府における文書の保管・利用については追加法や訴訟関係文書に関する研究が参考になる。笠松宏至「『吾妻鏡』と追加法と」(同『日本中世法史論』東京大学出版会、一九七九年。初出一九六一年)は、『吾妻鏡』の法律記事の原拠史料として「奉行人の家の文書乃至記録」を想定する。また高橋一樹「訴訟文書・記録の保管利用システム」(同『中世荘園制と鎌倉幕府』塙書房、二〇〇四年。初出二〇〇二年)は、鎌倉幕府の文庫が評定事書と事切文書を担当奉行人ごとに保管しながらも、それらの全体像を把握した帳簿類を作成しておらず、保管文書の内容を知るには奉行人の介在が必要であったとする。

(16) 例えば、既述のごとく『吾妻鏡』六月十三日条の「廿四人」はB①の「三十五人」とは異なる情報に基づくと考えられる。

(17) 後藤基綱について、注(9)木内論文、注(4)五味論文以外では、浅見和彦「後藤基綱」(同『東国文学史序説』岩波書店、二〇一二年。初出一九九七年)、高橋慎一朗「鎌倉における御所の記憶と大門寺」(同『中世都市の力』高志書院、二〇一〇年。初出二〇〇三年)、中川博夫「後藤基綱・基政父子(一・二)」(『芸文研究』四八・五〇、一九八六年)がある。

　浅見論文は、後藤基綱の生涯を追い、彼が『十訓抄』編者である可能性を指摘する。高橋論文は基綱の弟の大門寺僧定清を中心に、後藤基綱と大倉の地や実朝・頼経・宗尊との関係を論じている。中川論文は年譜であり、承久宇治川合戦での交名注進等の『吾妻鏡』所見事例も網羅されているが、その主眼は歌人的側面の背景の解明にある。

(18) 五味克夫「鎌倉御家人の番役勤仕について」(黒川高明・北爪真佐夫『論集日本歴史　四　鎌倉政権』有精堂出版、一九七六年。

初出一九五四年）一八四頁、上横手雅敬「守護制度の再検討」（同『日本中世国家史論考』塙書房、一九九四年）。

(19) 高橋秀樹「鎌倉期・在地領主層の婚姻と親族」（同『日本中世の家と親族』吉川弘文館、一九九六年。初出一九八八年）。高橋氏も指摘する通り、「一族」を表す語には「一家」「一門」等の語も使用される（史料5・史料6参照）。

(20) 美濃の合戦は六月五日・六日のことなので、「六月十二日」という日付は誤記もしくは翻刻の誤りと思われるが、原本・写真帳の確認は果たせていない。なお『吾妻鏡』承久三年六月十一日条に諏訪信重の上洛が記される。

(21) 山本隆志「鎌倉幕府体制の樹立と上野」（『群馬県史　通史編三　中世』一九八九年）一六九頁。

(22) 高橋秀樹「相模武士河村・三浦氏と地域社会」（高橋慎一朗編『列島の鎌倉時代』高志書院、二〇一一年）二二二頁。高橋氏は、西相模の中小御家人である河村氏と松田・波多野・曾我・豊田などの諸氏との姻戚関係や、東海道足柄越ルートを介した地域社会の結合を論じている。

(23) 元久二年六月二十二日の畠山重忠追討時や建暦三年五月二日の和田義盛追討時にも、北条義時と足利義氏が近接して戦場に臨んでいる（『吾妻鏡』各条）。これにつき佐藤雄基「公卿昇進を所望した武蔵守について」（阿部猛編『中世政治史の研究』日本史史料研究会、二〇一〇年）一〇三頁は、足利義氏が十一歳の正治元年（一一九九）三月に父義兼が没したため、義氏は北条義時の保護下に置かれていたのではないかとする。義氏若年時の説明としては妥当かもしれないが、北条―足利に限らず一般に姻族が戦時に同一行動をとることも踏まえておくべきであろう。

(24) 湯山学「武蔵国都筑郡小机保」（同『武蔵武士の研究』岩田書院、二〇一〇年。初出一九七九年）。湯山論文は、主に鎌倉時代の武蔵における秩父平氏基家流（河崎・渋谷・中山）と佐々木氏の関係を示すさまざまな事例や伝承を挙げる。湯山氏は触れていないが、次の第一の点から両一族の関係が治承・寿永内乱以前に溯ることが指摘でき、第二の点から両一族が武蔵のみならず西国でも緊密な関係であった可能性がある。

第一に、『吾妻鏡』治承四年八月九日条に、佐々木信綱の祖父秀義が、中山重継の伯父渋谷重国のもとで二十年間を送ったとあること。

おわりに

第二に、貞応元年（一二二二）に紀伊国岩田で熊野山住侶岩田法眼行盛が、承久京方と考えられる「左衛門尉源高重并不レ知二実名一渋野（ママ）四郎高重猶子」を誅しているが（『承久三年四年日次記』五月十日条〈『大日本史料』五編之一―五四二頁〉）、この「源高重」が佐々木氏、「渋野四郎」が渋谷氏と考えられること。すでに小山靖憲「源平内乱および承久の乱と熊野別当家」（同『中世寺社と荘園制』塙書房、一九九八年。初出一九九三年）二三四頁が「高重」を「京方の佐々木高重」としているが、それ以上の言及はない。阪本敏行「熊野別当家嫡子・庶子家分立による在地支配の確立」（同『熊野三山と熊野別当』清文堂出版、二〇〇五年）二二九頁は、両人を佐々木氏と渋谷氏に比定しているが、高重を阿波国前守護（弥太郎判官）に比定するのは誤りである。佐々木高重として有名な弥太郎判官高重（経高男）は承久宇治川合戦で京方として誅されている（『吾妻鏡』六月十四日条、《交名》、流布本『承久記』下―一二八頁）。『尊卑分脈』三―四四二頁によれば、高綱男にも左衛門尉高重がいる。『佐々木系図』（群系三―三四三頁）では高綱男高重が見えず、泰高以下が兄光綱の子に掛けられており、高重の早世が想定される。それこそ、この熊野での討死ではないだろうか。この点、なお検討を要するが、一可能性として提示しておく。

佐々木秀義
- 定綱
  - 広綱
  - 信綱
- 経高
  - 高重（弥太郎判官）
- 高綱
  - 光綱
  - 高重
    - 泰高

(25) 野口実「執権体制化の三浦氏」（同『中世東国武士団の研究』高科書店、一九九四年。初出一九八三年）三四四頁。三浦義村女と北条泰時の婚姻は『吾妻鏡』建仁二年八月二十三日条。婚姻の時期は不明ながら、『吾妻鏡』寛喜二年七月十五日条・八月四日条から、北条泰時女（当時二十五歳）と三浦泰村の姻戚関係が知られる。

(26) 流布本『承久記』上―九四頁は、鎌倉方東海道・東山道合流軍が野上・垂井で京近郊攻撃軍を手分けする軍議の様子を叙述する。三浦義村が、北条時房は勢多を担当するようにと意見したことに対して、時房配下の本間忠家が、「時房軍の若党には戦をするなというのか」と異議を唱えた。それに対して三浦義村は、「平家追討の時」（寿永三年〈一一八四〉正月二十日の木曾義仲追討時の誤りであろう）のこととして、源範頼＝勢多、源義経＝宇治という先例を挙げ、範頼の勲功を強調して説得したという。京を攻撃する際に勢多・宇治が二大戦場になると予想されること、その中でも宇治こそが最大の戦場になると見なす者が多かったことが窺えよう。

(27) 岡田清一「幕府政治の変転と房総の動向」（『千葉県の歴史　通史編中世』二〇〇七年）一二〇頁参照。

(28) 長村祥知「承久の乱にみる政治構造」（本書第六章）参照。

(29) 例えば高橋典幸「鎌倉幕府と東海御家人」（同『鎌倉幕府軍制と御家人制』吉川弘文館、二〇〇八年。初出二〇〇五年）は、「東国」と一括されてきた地域の中での伊豆・駿河・遠江の御家人制の特質を論じている。

(30) 「承久三年《(付年号)》」六月十二日「熊谷直国書状」（熊谷家文書。鎌遺五―二七五五）、元徳三年三月五日「熊谷直勝譲状」（熊谷家文書。鎌遺四〇―三一三七六）。『吾妻鏡』嘉禄二年七月一日条。『吾妻鏡』仁治二年十一月十七日条。『吾妻鏡』嘉禄二年七月一日条には橘公高の時房軍所属も記されるが、本貫地は未詳。

(31) 例えば『吾妻鏡』五月二十五日条に記される三道の大将軍の交名で、本来なら東山道軍もしくは北陸道軍のはずの下野の足利義氏が、東海道軍の一人として挙げられているのは、彼が当時鎌倉にいたからであろう。

(32) 長村祥知「承久の乱における一族の分裂と同心」（『鎌倉』一一〇、二〇一〇年。改題して本書第五章）参照。

(33) 菱沼一憲「幕府の成立と地域社会の転換」（同『中世地域社会と将軍権力』汲古書院、二〇一一年）一四二頁。

(34) 海老名尚・福田豊彦「田中穣氏旧蔵典籍古文書『六条八幡宮造営注文』について」（『国立歴史民俗博物館研究報告』四五、一九九二年）。

(35) 川合康「鎌倉幕府の成立と「鎌倉街道」」（同代表『「鎌倉街道」の政治史的研究』科学研究費補助金研究成果報告書、二〇〇五年）。

(36) 知行国制下の国務管掌者乃至は政所執権としての制度的な支配、武蔵国の有力武士である秩父一族の族縁関係や留守所惣検校職の位置付け、鎌倉殿による武蔵武士との主従関係の委任等について、議論が展開されている。細部の評価は異なるものの、秩父一族・平賀氏の興亡と北条氏の武蔵進出の諸段階については、岡田清一「武蔵国留守所惣検校

職について」（同『鎌倉幕府と東国』続群書類従完成会、二〇〇六年。初出一九七四年）、菊池紳一「武蔵国における知行国支配と武士団の動向」（『埼玉県史研究』一一、一九八三年）、永井晋「鎌倉初期の武蔵国衙と秩父氏族」（『埼玉県立歴史資料館　研究紀要』七、一九八五年）、七海雅人「鎌倉幕府の武蔵国掌握過程」（『年報三田中世史研究』一〇、二〇〇三年）、菊池紳一「武蔵国留守所惣検校職の再検討」（『鎌倉遺文研究』二五、二〇一〇年）、伊藤邦彦「武蔵」（同『鎌倉幕府守護の基礎的研究　国別考証編』岩田書院、二〇一〇年）等参照。

(37) 北条氏の武蔵・相模進出における建保合戦の意義については八幡義信「建暦三年鎌倉政変の一考察」（『政治経済史学』二三、一九六四年）参照。その他、奥富敬之「武蔵・相模における北条氏得宗」（『日本歴史』二八〇、一九七一年）が、武蔵・相模の北条氏所領を論じている。

(38) 国守号を有する個々人が知行国主の家人として国務を管掌した可能性はあると考えている。

(39) ともに『鎌倉年代記』。武蔵守については注(36)諸論文参照。

(40) 宮地直一「承久の役と三山」（同『熊野三山の史的研究』理想社、一九五六年）。ただし、熊野には鎌倉方に属した者もいた。小山靖憲「源平内乱および承久の乱と熊野別当家」（同『中世寺社と荘園制』塙書房、一九九八年。初出一九九三年）参照。

(41) 上横手雅敬「近江守護佐々木氏」（同『鎌倉時代政治史研究』吉川弘文館、一九九一年。初出一九七九年）一八二頁。

(42) このことは野口実「承久宇治川合戦の史料」（野口実・長村祥知「承久宇治川合戦の再評価」〈『京都女子大学宗教・文化研究所研究紀要』二三、二〇一〇年〉四五頁の注(7)に長村の教示によるとして記されている。

(43) 野口実「承久の乱における三浦義村」（『明月記研究』一〇、二〇〇五年）。

(44) 慈光寺本『承久記』下―三五〇頁には、東寺付近での三浦胤義と三浦義村の対面が記されるが、角田氏は出てこない。

(45) 笠松宏至「中世闕所地給与に関する一考察」（同『日本中世法史論』東京大学出版会、一九七九年。初出一九六〇年）。

(46) 本書第一章、本書第五章参照。

(47) この基重は基清の男であろう。本書第五章参照。

（48）『吾妻鏡』、鎌倉幕府追加法九四。

（49）『吾妻鏡』嘉禄二年七月一日条、『吾妻鏡』仁治二年十一月十七日条。

（50）注（4）高橋論文は、『吾妻鏡』建暦三年五月三日条が描く建保合戦の江丸（のちの長尾光景）の活躍は、二十二年後に光景が提出した申状（史料4参照）に基づくことを指摘している。軍奉行ではなく戦闘者自身が作成した記録の実例は、例えば『吾妻鏡』正治二年正月二十三日条所引の梶原景時追討「合戦記録」等。

第五章　一族の分裂・同心と式目十七条

はじめに

本章の課題は、父子・兄弟といった複数人の動向に注目して、承久の乱に参じた武士一族の特質を考察することにある。

従来の承久の乱研究が主な考察対象としてきたのは、後鳥羽が動員し敗者となった承久京方武士であった[1]。また京方武士研究の一環ではあるが、乱に勝利し新恩地頭として西遷した承久鎌倉方武士についても研究はなされている（注1田中A論文・同B論文等）。しかし、個々の武士団に視点をすえれば、父子・兄弟といった近親で京方と鎌倉方に分裂した一族の複数あることが注目される。

つとに三浦周行氏は、当該期の家族制度が「家族的専制の風を助長」したとし、家督・総領（惣領）の意志により所領を失うなどして失意の境遇に陥った者が、承久の乱で家族とは異なる方に属したとする理解から、承久の乱を次のごとく評した。

承久の乱は政治的問題としてはこれを朝幕間の根本的衝突なりと謂ふべく、社会的問題としては家族的専制に対する反抗なりと謂ふべし。此乱に依りて、一門同族間の分裂を来たし、互に其嚮背を異にせるものは、此くの如き家族制度の破綻に基づけるもの頗る多かりしなり[2]。

ただし三浦氏は一族分裂の具体例を挙げておらず、どの事例からこの理解に至ったのか分明ではない。また、確かに個別事情として一族内の対立が乱で顕在化した場合はあろうが、後述する具体例では家長と嫡子が分裂している一族も複数あり、承久の乱時の一族分裂を当該期の「家族的専制」の問題一般に解消して説明することはできない。

戦前では、龍粛氏も「院側には利害の打算を行ひ、又野心を包蔵したものが多かったから、一族で公武の両方に分れたものが少なくなかった」として十一氏の分裂を系図化していた。しかし、龍氏自身が院の支持者を「幕府から退けられた怨恨を懐いた将士、北條氏に代らんとする野心家」とする以上、なぜ彼らの一族が鎌倉方に属したかの説明にはなっていない(3)。

その後も戦前の着眼は継承されず、個別武士団研究や自治体史の立場から各武士団の鎌倉時代における一場面として承久の乱時の一族分裂に触れた研究はあるが、乱の特質を示す現象としては考察が深められてこなかったのである。そうした中で注目されるのは、最近の野口実氏の研究である。氏は、承久の乱時の三浦義村を論ずる中で、当時の武士は強大な親の教令権のもとで兄弟関係が対等に近く競合・対立がしばしば発生していたとする理解から、三浦義村・胤義や佐々木信綱・広綱の分裂を位置付けようとした。この野口氏の理解も、兄弟間の分裂は説明できるが、父子間の分裂は説明できない点で、十全とはいいがたい。ただし野口氏が提示した論点には、承久の乱時の一族分裂の前提を解明しうる糸口があった。それは三浦胤義の在京を武士の一族内分業として位置付ける視角である(4)。

私見では、「家族的専制」論や「親の教令権下の兄弟対等」論ではなく、一族内分業論こそが承久の乱時の一族分裂を説明する有効な視角であり、さらに一族同心の京方武士を位置付ける上でも有効と考えられる。ただし、それのみではなく、上級権力による軍事動員の規定性という、単純ながら重要な論点をも組み込む必要があろう。かかる理解から本章では、承久の乱時の一族分裂の具体例を網羅的に集め、一族同心の京方武士との対比によって、それぞれの特質を明確にしたい。それによって、従来は十分な考察がなされていない『御成敗式目』十七条の背景が明らかになるものと思われる。

なお、本章末尾に『尊卑分脈』および「群書系図部集」所収系図から「承久」の注記を抽出した表を付した。適宜参照されたい。

一　承久の乱時の一族分裂

ここでは、諸史料から明らかとなる一族分裂の具体例を列挙する。それに先立ち、簡単に乱の経過を確認しておく。承久三年（一二二一）五月十五日、後鳥羽院は、京都守護として在京中の伊賀光季を追討し(5)、同日、東国に北条義時追討命令を発した。それを知った北条政子・義時ら鎌倉幕府首脳部は、東海・東山・北陸の三道から京に向けて軍を進発させる(6)。その際、宿老十五人は鎌倉に留まった(7)。六月五日・六日、大井戸渡・摩免戸・墨俣（洲俣）などの美濃の諸所で鎌倉方東海道軍・東山道軍と京方が合戦し(8)、鎌倉方が勝利する。鎌倉方東海道・東山道合流軍は六月十三日・十四日の京近郊の宇治・勢多・淀などの合戦でも京方に勝利し(9)、十四日夜に入京して(10)、後鳥羽院の敗北が決定する。北陸道では、鎌倉方北陸道軍が六月八日の越中国盤若野での合戦に勝利するなどし、鎌倉方東海道・東山道合流軍に遅れて入洛した(11)。

1　父子・兄弟

まず、父子・兄弟などの近親で分裂した一族を列挙する。以下、系図の人名につき、人名は承久京方、人名は承久鎌倉方、人名は宿老等として鎌倉に留まった者を指す。

八田氏（名字地：常陸）

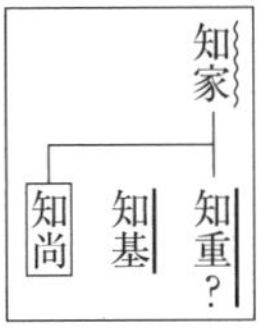

八田知基は、『茂木系図』（茂木文書。『大日本史料』四編之十六―四八頁）に「紀州賀太庄、承久三年九月十六日為二勲功賞一賜レ之」とある。一方、承久四年二月二十一日「茂木知基所領譲状写」（茂木家文書。鎌遺五―二九二七）に「壱所　在紀伊国賀太庄／副渡権大夫殿御奉行御下文」とあり、承久四年以前に右京「権大夫」北条義時発給の「下文」で賀太庄を与えられたことがわかる。義時が「奉行」した「下文」とは、今日の様式論でいえば下知状であろう。

義時単署の下知状が発給されるのは鎌倉殿実朝暗殺後の承久元年九月からであり、承久の乱後の安堵・補任・裁許はほとんど下知状によってなされていることから(12)、知基が承久三年に賀太庄を得たとする『茂木系図』の注記は事実と考えられる。すなわち、知基は承久鎌倉方として勲功を挙げたのである。

京方の八田知尚は、伊賀光季を追討し(13)、京近郊の合戦では宇治を防いだ。

両人の父知家は宿老の一人として鎌倉に留まっていた。

知家の男知重は、『尊卑分脈』一―三六八頁に「承久乱之時、紀伊前司」とあるのみで乱時の動向は未詳だが、その子孫が続いていることから、鎌倉方に属したものと考えられる。なお流布本『承久記』上―七五・九五頁には、八田知重が鎌倉方であったことが記される。

山内首藤氏（名字地：相模）

承久三年七月二十六日「関東下知状」（山内首藤文書。鎌遺五―二七八三）に「備後国地毗庄事。地頭重俊之子息太郎、於二京方一雖レ令二死去一、同次郎於二御方一致二合戦之忠一畢」とある。この太郎は俊業を指し、次郎は宗俊を指す。『山内

首藤系図』（群系四—三三〇頁）の俊業・宗俊にも同様の注記がある。

経通は鎌倉方に属して宇治川合戦で死去した(14)。

俊弘の京方参陣は『大江系図』（『大日本史料』四編之十六—三三四頁）に所見する。

三浦・佐久間氏（名字地：相模・安房）

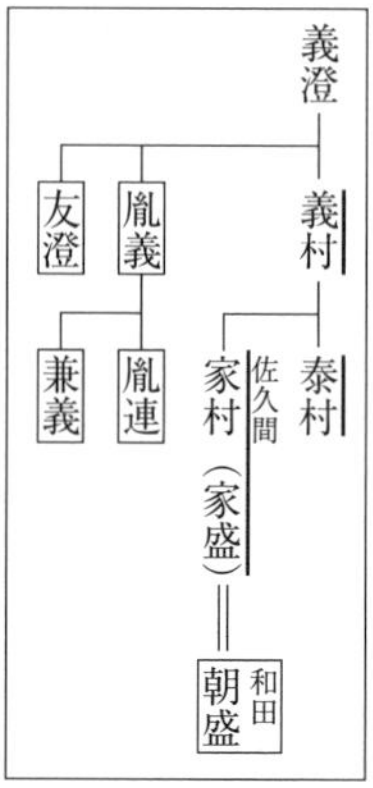

京方の三浦胤義は、伊賀光季を追討し、美濃の合戦では摩免戸を守り、京近郊の合戦では食渡を守った。決着後は東寺に籠もり、西山木島で自殺した（『吾妻鏡』六月十五日条）。

義村は、北条義時追討を勧める胤義の「私書状」を受けたが、それを北条義時に密告した（『吾妻鏡』五月十九日条）。鎌倉方東海道軍の大将軍の一人として出陣し、美濃の合戦では摩免戸を攻め、京近郊の合戦では淀を攻めた。その男泰村は泰時に属して宇治を攻撃した。

また友澄・胤連・兼義が京方に属して討死・自殺したことが『佐野本系図』（『大日本史料』四編之十六—三一七頁）に記される。

三浦の庶流である「佐久満（ママ）太郎」は、北条泰時率いる先発隊十八騎の一員として鎌倉から進発し（『吾妻鏡』五月二十二日）、宇治川では北条泰時の男時氏率いる六騎の一員として渡河した。この人物の実名を、『浅羽本系図』（『大日本史料』四編之十六—二五二頁）は「家村」とし、前田家本『承久記』下—二六七頁は「安房国住人佐久目太郎家盛」とする。

京方に属した朝盛は、和田常盛の実子で、佐久間家村の養子であった。承久の乱以前、朝盛は建保合戦（一二一三）

で和田方に属して敗北した後は逃亡していた（『吾妻鏡』建暦三年五月二日条）。『浅羽本系図』は、朝盛が承久の乱で院宣を蒙って宇治川合戦で功を挙げ、京方の敗北後は諸州を逃亡したとする。(15) 朝盛は尊長と行動をともにしていたようだが、嘉禄三年（一二二七）六月に捕縛されることとなる。

天野氏（名字地：伊豆）

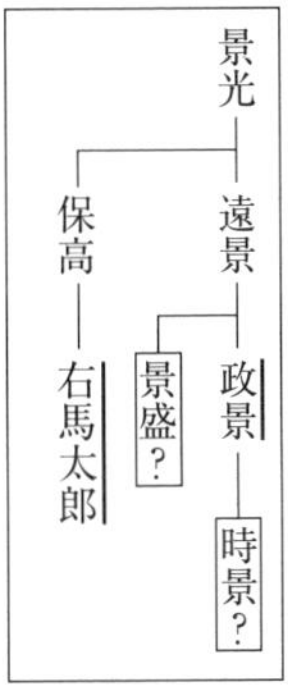

『慈光寺本』上―三二九頁に鎌倉方東海道軍第四陣の将として「佐野左衛門政景」が見えているが、これは天野左衛門政景の誤写と考えられる。(16) 六月二十五日、京方の「天野四郎左衛門尉」が梟首される（『吾妻鏡』）。『天野系図』（『大日本史料』四編之十六―三七一頁）によれば、当該期の「四郎左衛門尉」として政景男時景と政景弟景盛がいる。(17)

なお《交名》に宇治川合戦で敵を討ったと記される鎌倉方の「天野右馬太郎」は、右馬允保高の男で、政景の従兄弟と考えられる（注(17)菊池論文五九七頁）。また《交名》には、「天野平内太郎」・「天野平内次郎」が所見するが、彼等は治承・寿永内乱期の天野平内光家の息男と考えられる。光家を遠景（藤姓天野氏）の弟とする系図もあるが、「平内」とあるので別姓（平姓天野氏）の可能性もある（注(17)菊池論文五九七頁）。

大江・毛利・海東氏（名字地：（京）・相模・尾張）

京方の大江親広は、伊賀光季追討に動員され、京近郊の攻防では食渡で戦ったが、関寺辺で死去した（『吾妻鏡』六月十四日条）。

鎌倉方の大江佐房は、北条時氏等とともに摩免戸を攻めた。

毛利季光は、美濃の合戦では鵜沼渡を攻め、京近郊の合戦では芋洗を攻めた。

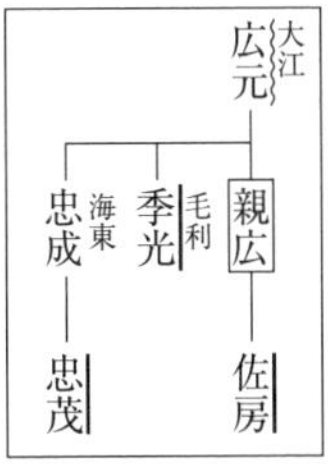

尾張国熱田大宮司忠兼の養子となっていた海東忠成の男忠茂は、『熱田大宮司千秋家譜』に「承久三年辛巳、雖レ未レ賜二庁宣一、自二関東一押テ入二于社内一、同七月賜二庁宣一」とあり、(18)承久鎌倉方に属していたことが窺える。

大江広元は宿老の一人として鎌倉に留まっていた。

佐々木氏（名字地：近江）

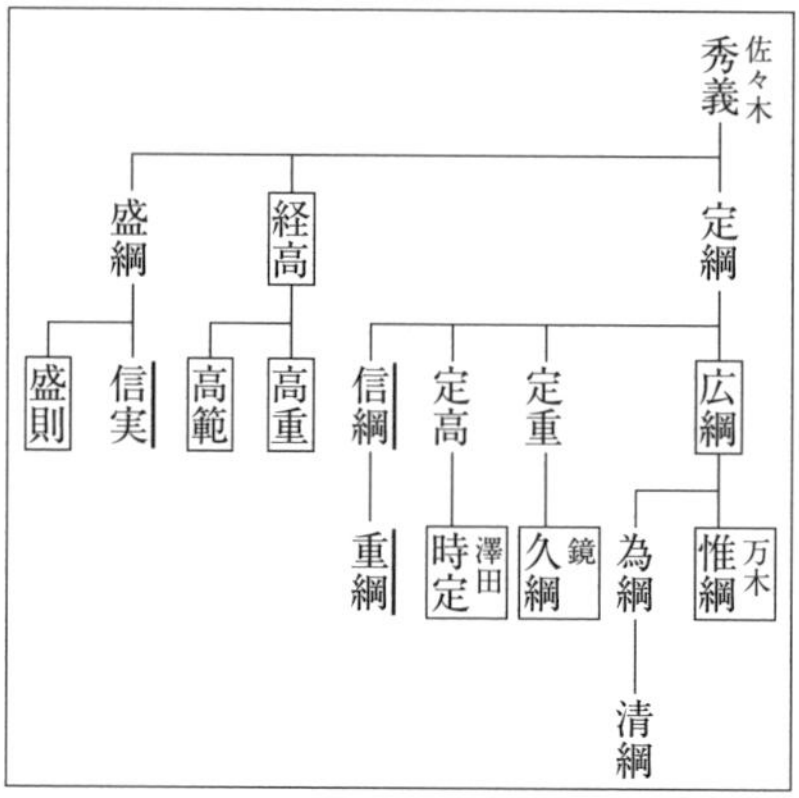

京方の広綱は伊賀光季を追討し、美濃の合戦では摩免戸を守り、京近郊の合戦では宇治を守ったが、「西面衆四人」の一人として梟首される（『吾妻鏡』七月二日条）。

久綱は摩免戸を防いだが自殺した。

経高は「候二院中一廻二合戦計一」らしていたが、乱の決着がついたのち、京の鷲尾で北条泰時の投降の勧めを断り自殺した（『吾妻鏡』六月十六日条）。経高が守護であった淡路国の大番武士は「さゝきの次郎左衛門のせう」が率いて墨俣や宇治に出陣している。(19)この「さゝきの次郎左衛門のせう」は、『尊卑分脈』三―四三八頁に「左衛門尉」とあり、『佐々木系図』（群系三―三〇八頁）に「弥二郎左衛門尉」とある高範（経高男）であろうか。

鎌倉方の信綱と京方の高重・惟綱は宇治川で合戦し、前者が勝利している。

信実は鎌倉方北陸道軍の大将軍の一人として上洛した。(20)

その他、系図類の注記に、惟綱・時定・盛則の京方参陣や重綱の鎌倉方参陣が記され、京方か鎌倉方かは不明ながら為綱・清綱の参陣も記される。(21)

後藤氏（本貫地：河内）

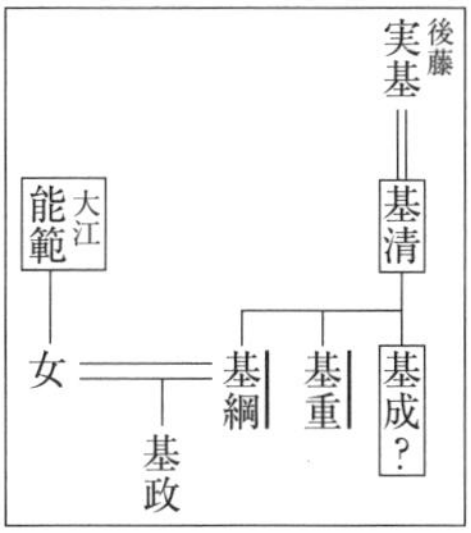

京方の基清は伊賀光季追討に動員され、七月二日に「西面衆四人」の一人として梟首される（『吾妻鏡』）。同日処刑された西面の大江能範は、後藤基綱の舅であった（『尊卑分脈』二―三一八頁）。

系図類の注記では、基清の男基成の宇治川での討死が記されるが、京方か鎌倉方かは記されていない。(22) 栗原信充編『題跋備考』所引「小本粘葉華厳経」に、尼性明の説明として「後藤右兵衛尉実基女、……後為㆓基清妻㆒、生㆓基成㆒。基成死㆓于王事㆒。基清亦戮㆓于鳴滝㆒」と見える傍線部も同様である。(23)

一方、鎌倉方の基綱は宇治川合戦の際に勲功交名をとりまとめ、(24) 基清の処刑にあたった。承久三年七月二十四日「六波羅下知状」（播磨後藤文書。鎌遺五―二七八二）に「後藤六郎兵衛尉基重、宇治河合戦之時為㆓御方㆒致㆑忠了」とあるが、この基重は基清の男であろう。(25)

若狭氏（名字地：若狭）

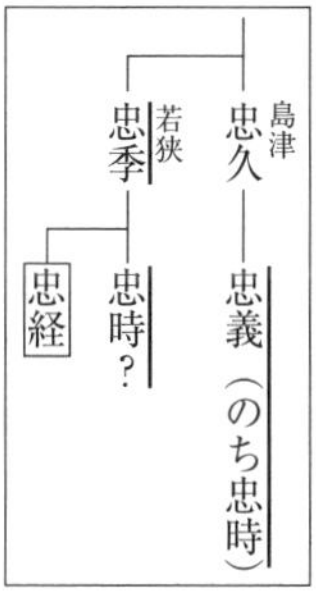

若狭忠季は鎌倉方に属し、宇治川合戦で討死した。(26)

忠季の男忠経の京方参陣は『浅羽本系図』（『大日本史料』四編之十六―二七四頁）や『島津歴代歌』（群系二―四六二頁）に所見する。南北朝期の史料に若狭忠季の「二男兵衛次郎」が京方に奉公し、乱後に罪科を恐れて「舍兄忠時」を頼って若狭に逃げ下ったとあるが、この兵衛次郎は忠経と思われる。(27)

承久の乱では、「島津三郎兵衛尉」忠義（のち忠時）が、鎌倉方東海道軍の北条泰時とともに京上し、宇治川で勲功を挙げている。(28) この島津忠義（のち忠時）につき、『若狭国守護職次第』（『群書類従』補任部四輯三三八頁）に「次郎兵衛（若狭）忠季子息三郎兵衛忠時」と見える人物（若狭忠時）と同一人とする理解と、(29) 別人とする理解とがある。(30)

河野氏（名字地：伊予）

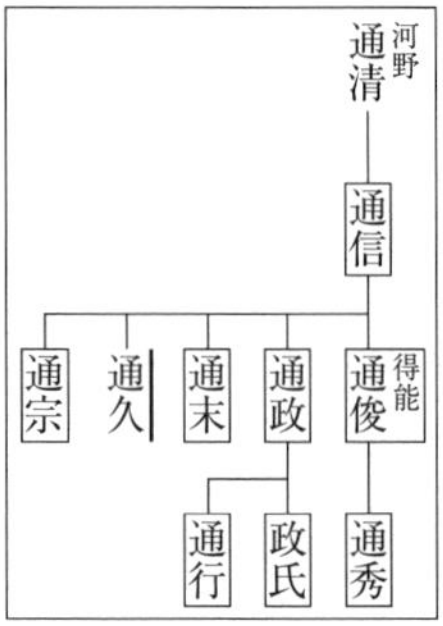

貞応三年（一二二四）正月二十九日「関東下知状」（保坂潤治氏所蔵文書。鎌遺五—三二〇七）に「父通信法師者、兵乱之刻、依㆑為㆓京方㆒、令㆑処㆓其咎㆒畢。道（通）久者、背㆑父参㆓関東㆒、致㆓忠節㆒之間、給㆓阿波国富田庄地頭㆒畢」とある。

京方の通信は、伊賀光季追討に動員され、さらに京近郊の攻防戦で下瀬を防いだとする史料（『慈光寺本』下—三三五頁）と、合戦以前に「蒙㆓潜勅㆒帰㆑国」っていたとする史料（『予陽河野家譜』六三頁）がある。いずれにせよ京で決着がついたのちも、通信は伊予で鎌倉方と戦い、捕らえられている。(31)

さらに『予陽河野家譜』（六四・六五・六七頁）には、通信の子・孫である通俊・通政・通末・通宗・通秀・政氏・通行も伊予で戦い敗れたとある。(32)

鎌倉方の通久は、『越智系図』（群系六—一四三頁）や『河野系図』（群系六—一六二頁）に宇治川合戦の先陣を務めたとある。

帆足氏（名字地：豊後）

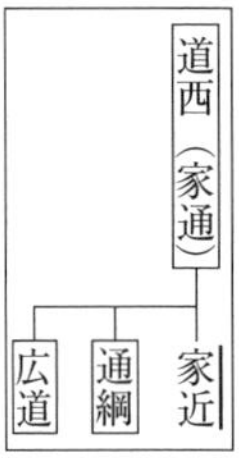

承久の乱の際、豊後の帆足氏諸人が具体的にいかなる行動をとったかは未詳ながら、乱後に起こった帆足家近と舎弟通綱の相論から、彼等の参陣が窺える。生前の父道西（家通）は家近を勘当していたが、道西と通綱・広道は承久京方に参じており、家近は鎌倉方に「奉

公」していた。そこへ道西が家近の勘当を免じないまま没したので、兄弟間で父の遺領である豊後国戸幡・昌蒲・佐古地頭職と斗加利屋敷を争うに至ったという。

鎌倉幕府は、母の所領であった豊後国戸幡・昌蒲・佐古は家近が一向領知せよ、道西の遺領は五分の一を家近が領知し、残る五分の四を通綱・広道が領知せよ、との裁定を下した(33)。

2 その他

やや遠い間柄なので既述とは区別すべきかもしれないが、従兄弟同士や伯父・甥などの分裂も確認できる。

加藤・遠山氏（本貫地：伊勢・美濃）

京方の加藤光員は、美濃の合戦で市脇に陣をとった（『吾妻鏡』六月三日条）。その男光兼は、『尊卑分脈』二―三二五頁に「承久乱時、被レ誅」とあり、子孫が断絶していることから、京方に属したと思われる。

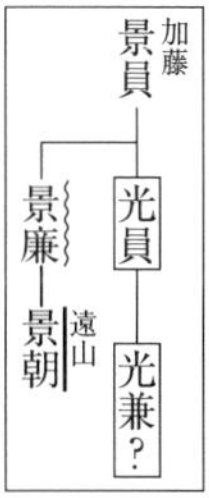

遠山景朝は、京方張本公卿の一条信能を預り美濃国遠山庄で殺害しており（『吾妻鏡』六月二十五日条、七月五日条）、鎌倉方に属していたに違いない。

その父景廉は宿老の一人として鎌倉に留まっていた。乱直後の八月三日に没しており（『吾妻鏡』）、出陣できる体調ではなかったのであろう。

大内・小野・金津氏（名字地：伊賀カ・信濃・越後）

大内惟信は、伊賀光季を追討し、美濃の合戦では大井戸を守ったが、敗れて逃亡した。その男惟忠は大井戸で討たれた（『慈光寺本』下―三四二頁）。

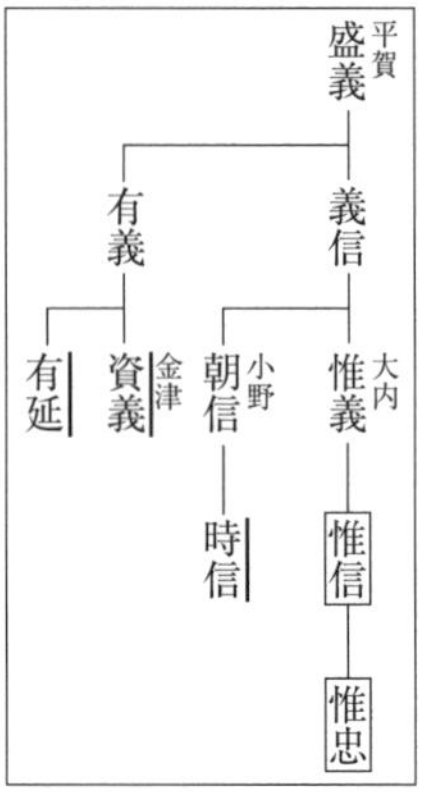

小野時信・金津資義は鎌倉方北陸道軍に属して上洛した（『吾妻鏡』六月八日条）。

承久三年八月二十一日「関東下知状写」（小早川家証文。鎌遺五―二八〇五）で勲功賞として安芸国安芸町村地頭職に補任された「平賀九郎有信」は、有義の男有延であろう。

また、次の事例が管見に入ったが、いずれも中世後期に活躍する武士の系図における記述であり、今は各系図以外に検討の材料が得られないため、記して後考を俟ちたい。

越知氏（本貫地：大和）

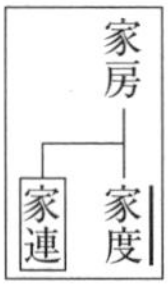

家度が鎌倉方の北条泰時に属して宇治で活躍したこと、家連が京方の源有雅に属して宇治で討死したことが、『越知家譜伝』（『大日本史料』四編之十六―二五九頁）に所見する。

夜久氏（本貫地：但馬）

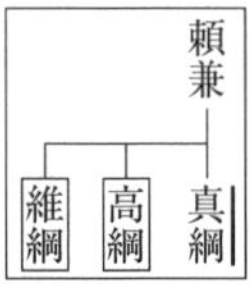

『夜久系譜』（『大日本史料』四編之十六―三三五頁）に真綱の関東方所属と高綱・維綱の京方所属が記される。

なお、公家・文士でも分裂は確認できる。

一条家

尊長と信能は、伊賀光季追討の勅定を受け（『慈光寺本』上―三一〇頁）、京近郊の合戦に出陣した[34]。乱後、信能は斬首

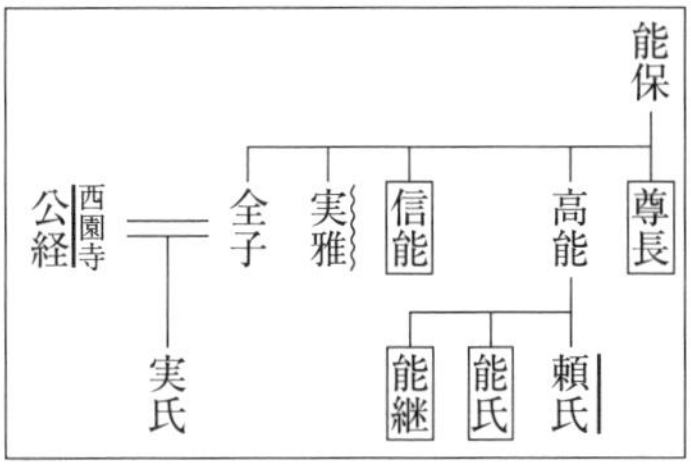

された（『吾妻鏡』七月五日条、藤原定家本『公卿補任』）。尊長は嘉禄三年（一二二七）六月まで逃亡したが、捕縛されて殺害された[35]。

能氏は承久三年に梟首された（『尊卑分脈』一―二五九頁）。ただし『慈本寺本』下―三六〇頁には、能継が丹波国に流され斬首されたとある。能継は、『吾妻鏡』承久三年七月二十日条に、順徳院の佐渡配流に供奉したが病のため京に戻ったともある。

頼氏は、伊賀光季追討直後に京を脱出して鎌倉に急を知らせている（『吾妻鏡』五月二十一日条）。

姻族の西園寺公経・実氏父子は、後鳥羽に弓場殿に召籠められた[36]。

公経の猶子となっていた一条実雅は、承久元年の三寅の下向に供奉し（『吾妻鏡』七月十九日条）、承久の乱時には鎌倉に滞在していた[37]。

源光行・親行父子

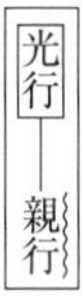

源光行は、後鳥羽が北条義時追討宣旨を発した際、副状と東士交名註進状を執筆したため（『吾妻鏡』五月十九日条）、乱後に鎌倉金洗沢に連行されて処刑されかけたが、嫡男の親行が一条実雅に働きかけるなど強く宥免を求めたため、助命された（『吾妻鏡』八月二日条）。親行は、出陣が確認できず、鎌倉にとどまっていたと考えられる。光行の出自は「武士の家」たる清和源氏満政流であるが（『尊卑分脈』三―七八頁）、その活動は吏僚・文士と呼ぶにふさわしく、親行も同様である[38]。

大江・後藤・佐々木・若狭・大内などの諸氏は、承久の乱時点で京都守護や畿内近国の守護であり[39]、乱以前に京での軍事警察活動が確認できる者も多い[40]。また天野・山内首藤は、鎮西奉行や伊勢・伊賀守護をつとめたことのある御家人の一族であった。若狭氏（惟宗氏）や大江氏の出自は京の下級官人である。後藤・佐々木・加藤・河野は平安時代から西国を本拠としており、後藤・佐々木・加藤は平治の乱後に逼塞したが、治承・寿永内乱期以降に畿内近国での政治的地位を取り戻している[41]。いずれも、鎌倉幕府を権力基盤とする有力御家人であるとともに、西国に本貫地ないしは主要な拠点があり、鎌倉・東国で活動する者と京・西国で活動する者の双方が確認できる一族が多い。

3　平時の分業と戦時の分裂

ここで想起されるのが、近年さまざまな時代で研究が進展している、武士の一族内分業論である。武士の分業構造は、平安後期においては京と在地所領での活動を一族内で分担するというものだったが、鎌倉幕府の成立によって、京を西国所領網の結節点とし、鎌倉を東国所領網の結節点として、京・鎌倉と各地の所領での活動を一族内で分担するというものに変化する（本書第一章）。

佐々木氏は一族内で東西の分業を展開した典型例であるが（本書第一章）、佐々木氏等の西国守護の一族はもちろんのこと、守護ではなくとも東国と西国の双方に所領を有していれば、京・鎌倉と東西の在地所領という一族内の分業がなされていたはずである。伊賀光季追討のために八田知尚が美濃国から召された（注(13)参照）というのは、同国に八田氏の所領があり、後鳥羽の軍事動員の際、そこに知尚がいたからと考えるべきであろう[42]。また河野氏のごとく、当主と多数の子孫が京方に属し、一人のみが鎌倉方に属すといった偏りが生じたのは、西国に重心を置く分業形態の表れであろう。

すなわち、承久の乱時の一族分裂は、乱勃発時に京・西国にいた者が京方に属し、鎌倉・東国にいた者が鎌倉方に属した結果生じたものであり、乱前における一族内の東西の分業こそが前提と考えられるのである。

乱以前の一族の東西配置を前提として、一族が分裂する契機として重視すべきは、京・鎌倉という狭小な空間における上級権力の軍事動員である。承久の乱以前、京において院権力による軍事動員は強力であった（本書第一章）。京で院による軍事動員が発動されれば、それを受容して勲功を挙げれば恩賞が得られるが、もし拒否すれば周囲の者に自身が即追討される。この説明は、「京」を「鎌倉」に、「院」を「北条氏」に置き換えても同様であろう。遠国の一族がどちらに属すかは二の次であり、まずは自身の身の安全を確保することが最優先だったに違いない。一族の動向よりも上級権力による軍事動員こそが、京方か鎌倉方かを決する上で重要だったのである。

以上を勘案すれば、承久の乱時の一族分裂は、一族内分業による東西配置と上級権力による強力な軍事動員こそが規定的要因と考えられる。誤解を恐れずに単純化すれば、乱勃発時にどこにいたのかが、京方に属するか鎌倉方に属するかを決定したのである。

公家・文士の場合、彼等の所在地は乱以前からの後鳥羽や北条氏との親密な関係の表れであり、そのまま乱勃発後の動向に連続している。むしろ注目すべきは、京にありながら鎌倉方としての立場を鮮明にした一条頼氏や西園寺公経・実氏の存在である。鎌倉との関係が深いため、後鳥羽の計画の危険さをより正確に判断できたのであろう。

二　一族同心の京方武士

1　一族在京の東国武士

承久の乱以前の活動地が乱勃発時の参陣先を決するという既述の理解は、一族同心して京方に属した武士一族についても当てはまる。その一例が、一族で在京していた東国武士の糟屋氏である。

糟屋氏（名字地：相模）

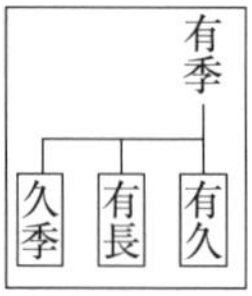

糟屋有久は北陸道に出陣したが討ち取られた[43]。有長・久季は美濃の合戦で大井戸渡を守ったが、敗れて帰洛した（『慈光寺本』下―三四七頁）。

糟屋氏は相模国の御家人であるが、彼らの父有季は建仁三年（一二〇三）に舅の比企能員が追討された際に討たれている[44]。その後は、関東での政治的基盤を失ったためか、有久が院領を知行し[45]、有久・久季・七郎（名は未詳）が後鳥羽院西面に祗候するなど[46]、京での活動のみが確認できるようになる。

2　京武者

また、京・西国で活動する武士が一族同心して京方に属したことは容易に想定できよう。事実、複数人が承久京方と確認できる一族は、以下の通りである。

清和源氏満政流諸氏（名字地：美濃・尾張・三河）(47)

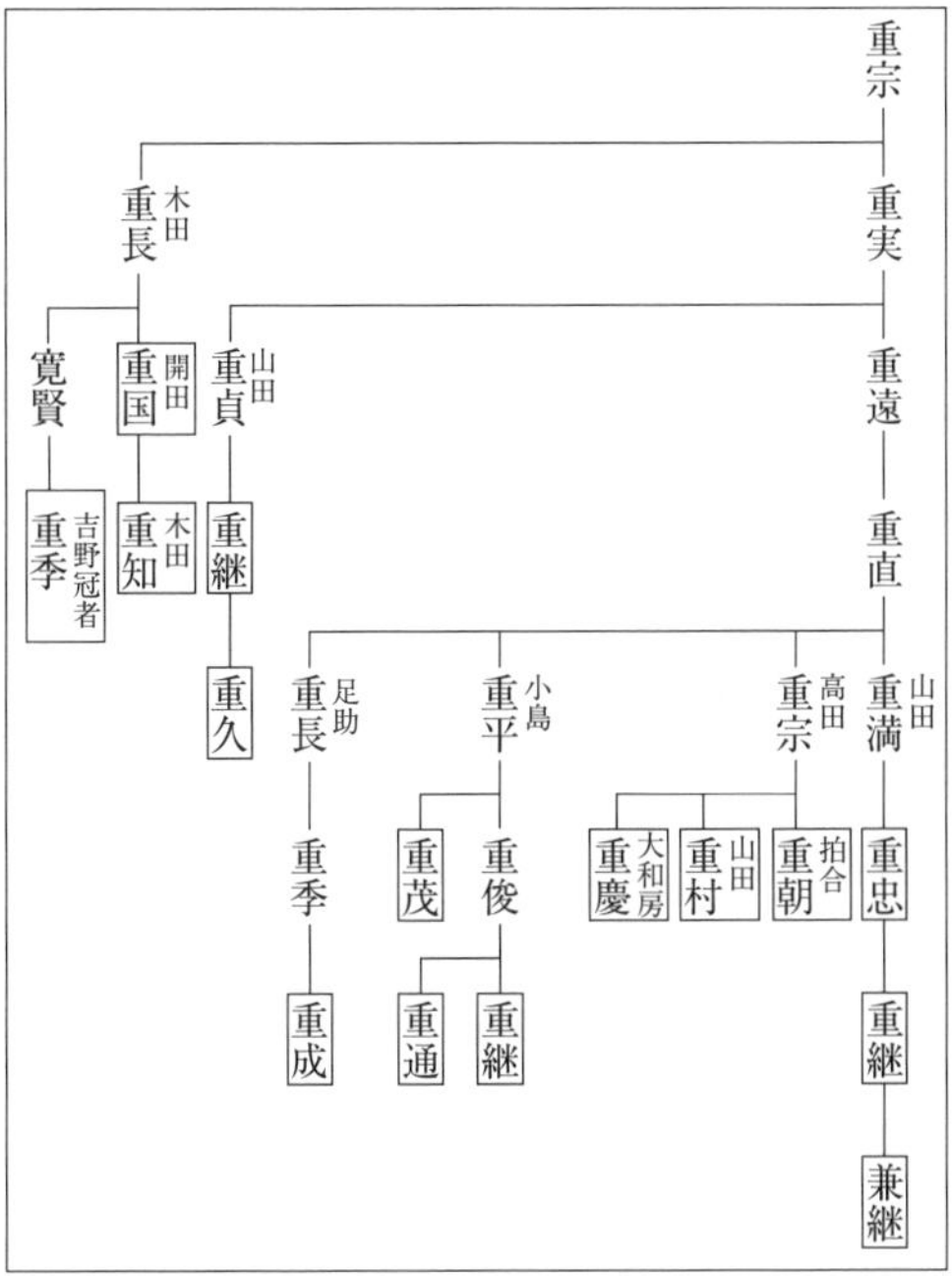

山田重忠（『慈光寺本』では重定・重貞）は伊賀光季追討に動員され、美濃の合戦では墨俣・杭瀬川を守った。京近郊の合戦では勢多を守り、敗れた後は東寺でも戦った（『慈光寺本』下―三五〇頁）。

美濃の「開田」（『尊卑分脈』に見える重国であろう）は、伊賀光季追討に動員され、美濃では「関田《ママ》」が伊義渡を防禦している（『慈光寺本』）。『吾妻鏡』に、美濃の合戦で池瀬を防いだと見える「関田《ママ》太郎」と同族もしくは同人であろう。

その他の者の京方参陣は『尊卑分脈』三―六四頁～七四頁に記される。

大野・朝日（名字地：尾張）

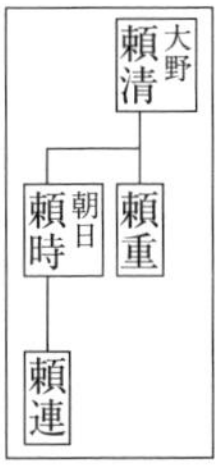

頼清（朝日判官代）は美濃の合戦で池瀬を防いだ。

頼清・頼重の京方参陣は『尊卑分脈』三―一六九頁に記され、頼時・頼連の京方参陣は『系図纂要』（『大日本史料』第四編之十六―三二八頁）に記される。

藤原秀康の一族（本貫地：河内）

藤原秀康は、伊賀光季追討に動員された。鎌倉方上洛の報が京に入ると、秀康は「追討の棟梁」すなわち追討使に任命され(48)、河内国甲斐庄等に使者を派遣して軍勢を徴集した(49)。美濃の合戦では総大将というべき立場にあり、美濃国若杜庄の教円などが属している(50)。

秀澄は、美濃の合戦では墨俣を守り、京近郊では鵜飼瀬を守った。

能茂は伊賀光季追討に動員され、乱の決着後は隠岐に流される後鳥羽に随行した（『慈光寺本』）。

秀信・秀範・宗綱はいずれも『尊卑分脈』二―四〇八頁・四〇九頁に「承久乱打死了」と所見する。子孫が勲功賞を得た形跡がないことから、京方に参陣したものと考えられる。

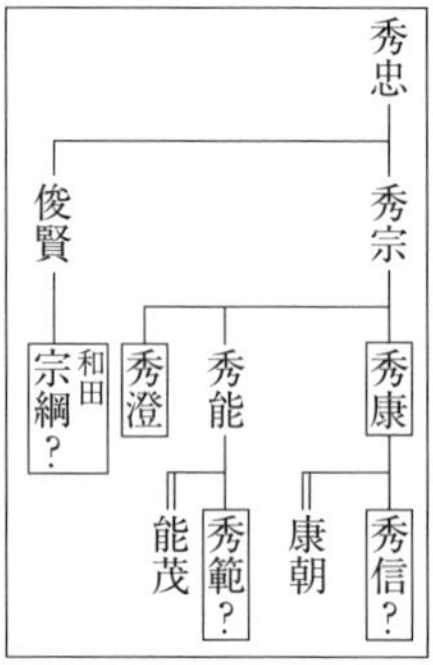

秀能は、『尊卑分脈』二―四〇八頁に「承久三年兵乱之時、追手大将也」とあるが、「内山永久寺置文」に承久の乱で秀能が「余殃」を蒙ったとあること等から、承久の乱には出陣していなかったと考えられている(51)。

以上のごとく、一族同心の京方武士は、権力基盤を公家政権に依存する傾向が強く、武士としては比較的高い官位につき、畿内近国の狭小な所領を本拠として、京と西国在地所領で活動するという存在形態にあった武士、すなわち京武者がほとんどである。

美濃・尾張の清和源氏満政流諸氏は、平安後期から後鳥羽院政期まで京での活動が確認できる代表的な京武者であり、藤原秀康は後鳥羽が育成した京武者であった(52)。尾張の清和源氏頼親流大野・朝日も、その祖は大和を本拠とする京武者であり、朝日頼清は建暦三年（一二一三）四月二十六日の法勝寺九重塔供養守護にも参じている（『明月記』）。

これらの他にも、京方に属した京武者で一族中に鎌倉方が確認できない者は多い。承久の乱の勝敗が決した直後、近江の清和源氏義光流錦織義継が捕縛され（『吾妻鏡』六月十九日条）、美濃の清和源氏頼綱流神地頼経も捕縛されている。(53) 摂津の清和源氏満仲流多田基綱は梟首された（『吾妻鏡』六月二十日条）。加賀・越中の藤原氏利仁流諸氏にも京方が多い（『尊卑分脈』二―三二一頁〜三四一頁）。また、河内の文徳源氏季忠、美濃の清和源氏頼綱流清水頼高も京方に属したという（『尊卑分脈』三―四二頁、三―一三九頁）。いずれも、平安後期から京での活動が確認できる京武者の家系である。

彼等の内には御家人に列した者もいるが、御家人として発展することはなかった。平安後期的な存在形態を維持した武士の多くは、一族を挙げて院に従属せざるをえなかったのである。既述の一族同心の東国武士も、関東の政変で敗れ上洛することで、平安後期的な存在形態をとるに至ったのであろう。

三 『御成敗式目』十七条――「父子各別」と「同道」「同心」――

既述の一族分裂、および一族同心の京方武士に対して、承久の乱後の鎌倉幕府がいかなる姿勢をとったのかは、乱から十一年後に制定された『御成敗式目』から窺える。式目には承久の乱に直接関わるものとして、次の十六・十七条がある。

一（十六条）承久兵乱時没収地事

……次、関東御恩輩之中、交㆓京方㆒合戦事、罪科殊重。仍即被㆑誅㆓其身㆒、被㆑没㆓収所帯㆒畢。而依㆓自然之運㆒遁来之族、近年聞食及者、縡已違期之上、尤就㆓寛宥之儀㆒、割㆓所領内㆒、可㆑被㆑没㆓収五分一㆒。但御家人之外為㆓下司荘官㆒之輩、京方之咎、縦雖㆓露顕㆒、今更不㆑能㆓改沙汰㆒之由、去年被㆓議定㆒畢。者、不㆑及㆓異儀㆒。……

一（十七条）同時合戦罪過父子各別事

①右、父者雖レ交二京方一、其子候二関東一、子者雖レ交二京方一、其父候二関東一之輩、賞罰已異、罪科何混。②又西国住人等雖レ為レ父雖レ為レ子、一人参二京方一者、住国之父子不レ可レ遁二其過一。雖レ不二同道一、依レ令二同心一也。但行程境遙、音信難レ通、共不レ知二子細一者、互難レ処二罪科一歟。

式目十六条に、京方に属した御家人で運良く処罰を逃れてきた者が、近年になって幕府に罪科を把握された場合、所領のうち五分の一を没収するとある。続く式目十七条に、①父子のうち京方に属した者には罰を与え、関東方に属した他方には賞を与える、②西国住人は父子のうち一方が京方に属せば他方をも罰する、ただし他方が遠く離れていて音信が通じがたく子細を知らなければ処罰しない、とある。

既述を踏まえれば、式目十七条の①が京方・鎌倉方に分裂した武士一族を念頭に置いて制定され、②が一族同心の京方武士を念頭に置いて制定されたことは疑いないであろう。

なお、②に「西国住人」父子の縁坐規定があるが、既述の佐々木以下の西国を名字地とする有力御家人や豊後の帆足氏への賞罰（注(33)三浦論文参照）が示す通り、鎌倉方に属した者（「賞」の対象者）がいる一族には基本的に①を適用している。その中でも、例えば京方の佐々木広綱の近江国守護や近江国横山郷を鎌倉方の弟信綱に与え[54]、京方の加藤光員の伊豆国狩野庄内牧郷を鎌倉に留まった弟の景廉に与える等（注(1)田中B論文一二五頁）、京方に属した者の西国所領・所職を鎌倉方に属した同族に与えた事例が目立つのは、闕所地が一族に優先的に給与されるという法慣習を背景とするものであろう[55]。既述の帆足兄弟に対する裁許も、遺領問題の解決策としては変則的ながら[56]、京方たる道西領の五分の一を式目十六条により一旦闕所地とした上で、式目十七条①により「父子各別」の賞として、闕所地一族優先給与の慣習により子の家近に与えたものと見なしうる。

以上から、②は、京方に参じた西国住人の中でも、①が適用できない一族に適用したと考えられる。笠松宏至氏は、

②の西国御家人への強い不信感の由来として、西国出身の京方武士の多さや、東と西で幕府との主従制に差違があったことを指摘する[57]。それに加えて重視したいのが、西国武士の一族内分業である。

②から、承久京方に参じた西国住人は、国を離れて「住国」の一族と緊密に音信を通じるのが一般的である、とする幕府の認識が窺える。その京方に参じた者が承久の乱勃発時にいた場所として、在地所領以外でまず想定すべきは、やはり京であろう。かかる西国の国御家人層の京・西国在地所領における活動分担が、「雖レ不二同道一、依レ令二同心一也」という幕府の不信感の一前提となっていたのである。

おわりに

本章では、承久の乱時の一族分裂の具体例を収集し、各一族内の人物の京方・鎌倉方としての行動を整理した。承久の乱時に一族が分裂した武士は、京・鎌倉と東西各地の所領での活動を一族内で分担していた。それは、一族同心して承久京方となった武士が、京と西国在地所領の活動を分担していたのとは対照的である。承久の乱時の一族分裂や一族同心は、一族内分業という武士の存在形態と上級権力による強力な軍事動員こそが規定的要因と考えられるのである。

如上の二種の京方武士の一族に対して、鎌倉幕府がとった姿勢は『御成敗式目』十七条に窺える。幕府は、西国住人を含む京・鎌倉に分裂した一族に対しては「父子各別」に賞罰を与え、鎌倉方のいない西国住人には父子「同心」とみなして縁坐の罰を下したのである。

注　　記	京・鎌	篇-頁
「承久三八十四、於美乃国被斬」	京	1- 259
「承久三丶丶被梟首」	京	1- 259
「承久乱已後、晦跡隠居。被尋出之後自害」。「法勝寺執行」	京	1- 260
「承久三七、有事出家」	京	1- 330
「承久乱之時、紀伊前司」	鎌？	1- 368
「承久為京方、一方賜大将。依致合戦、於関東被誅了」	京	2- 20
「承久三七廿三、於駿河国被斬。承久乱以後横災」	京	2- 104
「承久三年配流。同四年帰京」	京	2- 104
「承久三被誅」	京	2- 113
「承久戦場卒」	京	2- 116
「承久三乱出家。参隠岐御所。為海住山民部卿長房子」	京	2- 132
「承久三順徳院御遠坐時、一身令供奉云々」	京	2- 210
「承久合戦以後、於関東為敵被誅了」	京	2- 311
「依父同事、被切了」	京	2- 311
「為家綱被討」	鎌	2- 314
「承久乱時被誅了」	京	2- 315
「承久兵乱被斬了」	京	2- 340
「承久斬首」	京	2- 340
「承久乱逆、被斬首〈六十四〉」。「殷富門院蔵人」。「若狭守藤原範綱為子」。　＊2-229 内麿流にも同様の注記あり。	京	2- 342
「住駿河国。承久三四廿八死」		2- 351
「承久三年被斬」。「実父佐藤内舎人仲清也。為実基子相続」。＊2-318 利仁流・2-391 秀郷流にも実父に関する注記あり。	京	2- 393
「後鳥羽院承久御義兵始、依為関東代官、不応召。仍遣官軍、被追伐了」。「京守護」。「承久三年五月十五日、自公家被遣官軍、於京都被追罰」。	鎌	2- 398
「承久乱打死了」	京	2- 408
「後鳥羽院御厩奉行并御牛飼以下奉行。同院北面・西面。又備中・備後・美作・越後・若狭等国一度給之」。「承久三年兵乱時、院御方総大将。初度向美乃国豆戸。追手大将軍也。合戦之後、於河内国佐良丶、自害了」	京	2- 408
「承久打死了」	京	2- 408
「……後鳥羽院北面、西面……承久三年兵乱之時、追手大将也。乱之後、於熊野山出家、法名如願」	京	2- 408
「後鳥羽院北面、西面。承久乱時墨俣大将軍、搦手也。件合戦打死了」。「使」。「帯刀、左衛門尉、左兵尉」	京	2- 408
「瀧口、後鳥羽院北面、武者所、西面。承久乱打死了」	京	2- 409

表1　『尊卑分脈』に所見する承久の乱関係記事

氏	門流	名字・通称・官職等	名
藤原氏	頼宗流	一条	信能
		一条　少将	能氏
		(一条)法印	尊長
	道隆流	坊門	忠信
	道兼流	八田 小田　紀伊前司	知重
	師尹流	(熊野別当家)	湛全
	為房流	葉室	光親
		葉室	光俊
		葉室	宗行
		常陸介	朝俊
	為輔流	出羽守	清房
	内麿流	大膳亮	康氏
	利仁流	林　小二郎	家綱
		林　弥二郎	家朝
		板津　小三郎	家景
		加藤　兵衛尉	光兼
		安原　十郎	実親
		安原　左近将監	実員
		稲津　石見守	範宗
		赤塚	助遠
	秀郷流	後藤　左衛門尉	基清
		伊賀　左衛門尉	光季
		和田　左衛門尉	宗綱
		能登守	秀康
		左兵衛尉	秀信
		出羽守	秀能
		左衛門尉	秀澄
		左兵衛尉	秀範

注　　　　記	京·鎌	篇-頁
「承久参京方。永被棄捐」　＊異本では兄範直の注	京	2- 474
「承久乱相具秀康」。「後堀河北面、左〔イ右〕馬允、右衛門尉」	京	3- 42
「承久於京方被誅了」	京	3- 64
「父同時自害」	京	3- 64
「承久乱時、為重〔京ヵ〕方被討了」	京	3- 67
「承久乱、父子同時被討了」	京	3- 67
「承久乱之時十四歳。配流越後国。経七年謝免。出家法名安心」	京	3- 67
「承久乱之時、為重〔京ヵ〕方被討了」	京	3- 69
「重朝同時被討了」	京	3- 69
「重朝同時被討了」	京	3- 69
「承久京方被討了」。「美濃国岩滝郷本主」	京	3- 69
「承久京方。自害」	京	3- 70
「承久京方。自害」	京	3- 70
「承久京方。被討了」	京	3- 71
「承久京方。於美濃国大豆渡被討了」	京	3- 73
「父同時、為重〔京ヵ〕方被討了」	京	3- 73
「承久京方被誅了」	京	3- 74
「承久乱関東方。同三年五月於京都被討」	鎌	3- 103
「依父討死賞、賜美及国彦次郷」		3- 103
「承久合戦之時京方。為大井戸渡大将、被討了。打手栗野二郎国光、加野二郎也。皆以一家也」	京	3- 139
「承久乱、為京方被討、尾張国大野庄以下数ヶ所本領収公之了」	京	3- 169
「承久乱、為京方被討了」	京	3- 169
「美及国市橋庄地頭。承久勲功」	鎌	3- 171
「承久京方。住西国」	京	3- 205
「承久合戦分捕了〈廿四歳〉」	鎌	3- 239
「美濃国円教寺地頭職、為承久乱勲功拝領。仍住当国」	鎌	3- 245
「承久三六十二、於宇治川討死」。「近江守。左兵衛尉」		3- 272
「承久三年宇治川戦死」	鎌	3- 297
「承久乱、於宇治川被討了」		3- 318
「承久乱之時、為関東守護。為其勧賞、賜摂津国三条院勅旨田畢」	鎌	3- 320
「承久乱之時、渡美濃国大井戸。依其賞、賜美濃国大桑郷了」	鎌	3- 320

氏・門流		名字・通称・官職等	名
	貞嗣流	(熱田)大宮司	能範
文徳源氏			季忠
清和源氏	満政流	山田　左衛門尉	重継
		山田　大隅守	重久
		山田　二郎	重忠
		山田　孫二郎 伊豆守	重継
		山田　又太郎 津保山入道	兼継
		(高田)拍合冠者	重朝
		(高田)山田三郎	重村
		(高田)大和房	重慶
		小島　三郎	重茂
		小島　五郎 小源太	重継
		小島　三郎	重通
		(足助)賀茂	重成
		開田　判官代 木田	重国
		木田　又太郎	重知
		木田　太郎 吉野冠者	重季
	満快流	片切　源太	長頼
		片切　又太郎	為頼
	頼光流	清水　新蔵人	頼高
	頼親流	大野　判官代	頼清
		大野　太郎	頼重
		(石川)成田	光治
	頼信流	井上　九郎	光清
	義国流	山名　太郎	重国
		里美　判官代	義直
		足利　二郎	義助
	義家流	(若狭)若狭守	忠季
	義光流	佐竹　左衛門尉	秀繁
		免見(逸見)太郎	惟義
		免見(逸見)又太郎	義重　或　重義

注　　記	京・鎌	篇-頁
「承久乱之時、賜安芸国守護職了」。「伊豆守」	鎌	3- 326
「承久乱之後、賜阿波守護職。七ヶ国管領」。「左京大夫、信乃守」	鎌	3- 333
「承久乱配流」。「駿河守」。「左衛門尉」	京	3- 354
「承久三六丶、依天下事、被召出武家、出家。同年七月廿九日、被誅〈四十六〔か八〕才〉」。「承久三七、被誅」	京	3- 391 4- 148
「承久三丶一、為政景被殺了」	京	3- 411
「承久三四十六山城守。後鳥羽院北〔イ西〕面」。「承久三乱、参候京方。合戦之間、七月一日為囚人、被召預舎弟信綱。同二日被誅、被梟首了」	京	3- 421
「承久三参候京方。仍為一族重綱被誅」	京	3- 422
「承久三合戦、於宇治被討了」	京?	3- 422
「承久三六六参京方、於尾張国大豆津渡、自害了」	京	3- 423
「承久三四十六右衛門尉」。「承久三兵乱、渡宇治河一陣入京。数輩兄弟等皆雖参京方、一身為武門御方、専抽軍忠」	鎌	3- 423
「承久乱合戦之時、相随父、渡宇治河之間、脱甲冑衣裳、裸而帯剣弓箭、取付父馬鞦、渡河人也」	鎌	3- 424
「承久三十六天下逆乱。今度経蓮参候院中、回合戦計略了、但官軍敗走之後、隠居鷲尾辺、此由依風聞、武州送使者内島三郎云、相構不可捨命、申関東可厚免云々者、是勧経蓮自害之語也、……」。「法名経蓮」	京	3- 438
「承久乱於八幡自害了」。「右兵佐。内蔵頭。木工頭」	京	4- 37
「後鳥羽院武者所、同御時西面随一也。右大将家御時、伊富貴山悪党人張本大井大夫重弘以下搦取。……承久三合戦之時、重抽忠節。嘉禄三、依搦進謀反人高乗〔桑〕小二郎景秀、賜伊勢国三重郡内原八各地頭職。依勲功賞也」	鎌	4- 207
「承久三合戦之時、親父共為関東方、墨田（ママ）河於西岸令合戦、京方追落了」。「左将監。兵庫助。本盛奉。法蓮仏」	鎌	4- 207
「承久三兵乱之内、被殺」		4- 220
「承久兵乱之時、於宇治討死。時三十六歳」		4- 228

名字・通称・官職等：系図の注記から適宜記載したもので、承久三年時点の他史料に見えるとは限らない。

京・鎌：系図の注記から窺える京方を「京」、鎌倉方を「鎌」とし、明記されていない場合には「？」を付した。

篇・頁：新訂増補国史大系の篇－頁を記した。

氏・門流		名字・通称・官職等	名
		武田　五郎 石和	信　光
		加賀美　小二郎 小笠原	長　清
		大内　帯刀長	惟　信
宇　多　源　氏		権中納言	有　雅
		左〔イ右〕馬助	俊　光
	佐　々　木	山城守	広　綱
		万木　山城孫太郎 太郎左門尉	惟　綱
		葛岡　山城二郎 左兵衛尉	為　綱
		鏡　右衛門尉	久　綱
		大原(小原)	信　綱
		大原　左衛門尉 (小原)太郎	重　綱
		二郎 中務烝	経　高
桓　武　平　氏			保　教
紀　氏		池田　武者所	奉　永
			奉　継
		治部丞	久　氏
		弾正少弼	俊　就

《例言》　『尊卑分脈』から、「承久」の注記があるものを抽出した。そのため、承久の乱と直接関係しない者も含まれうる。猶子は、基本的に跡を継いだ家の一員として掲出したが、藤原範宗（２篇342頁）は生家に属して掲出した。

氏・門流：系図の記載に従った。そのため、仮冒が明らかな系譜やその可能性が高いものもある。

注　　　記	京・鎌	第-頁
「承久乱宇治河死」	鎌	2- 214
「承久乱ニ六月十四日於宇治川討死」		2- 221
「承久乱京方ニテ討死」	京	2- 231
「承久三年六月十四日関東方トシテ於宇治川流死、七十一」	鎌	2- 232
「父（注、家経）同死」		2- 232
「承久賞近江国中条拝領」	鎌	2- 233
「承久乱戦死」		2- 249
「承久乱有戦功」	鎌	2- 254
「承久乱溺宇治川而死」		2- 255
「承久乱有戦功」	鎌	2- 255
「承久乱有戦功」	鎌	2- 257
「承久乱溺宇治川而死」		2- 258
「承久乱溺宇治川而死」		2- 260
「承久三年六月十二日於宇治川討死」		2- 299
「承明門院蔵人。承久乱著勇名云、時年二十四」		2- 400
（注、忠久の）「弟忠季者於宇治川討死、承久乱関東方」	鎌	2- 462
（注、忠久の弟忠季の）「其子忠経於同所討死、京方」	京	2- 462
「承久ノ乱宇治ニ戦死」		2- 471
「南酒出祖也。承久三年宇治巻島之合戦、先陣云々」		2- 485
「次男、号知光寺殿、承久三年六月十四日宇治川打死、穐井等分、義純」		2- 493
「射礼楯無相伝、伊豆守、大膳大夫、従五位下、右大将家賜甲州石和荘、仍号石和、又依承久一戦之功、賜芸州守護、法名光連」 ＊3-44『両武田系図』：同様　＊3-59『若州武田系図』：同様 ＊3-66『武田系図』：「承久三年六月天下大乱、為東山道大将軍、従軍五万余騎、父子共有大功、是時賜安芸国」	鎌	3- 3
「承久三兵乱之時、武田信光、小笠原長清、賜東山道大将軍、引卒五万余騎、一戦而敵敗北、有数多武功」	鎌	3- 83
「承久於宇治合戦、一番討捕敵」		3- 83
「承久兵乱之時、随父長清顕武功誉」　＊3-99『小笠原系図』：「承久兵乱時励武勇、依有忠功、蒙宣旨為阿波守護」	鎌	3- 84
「承久乱被誅」		3- 149
「承久乱之後配流」	京	3- 157
「承久京都合戦散」	鎌	3- 178
「承久三官軍大将」	京	3- 202

表2　「群書系図部集」所収系図の「承久」記事

系　　図	氏・門流	名字・通称・官職等	名
武蔵七党系図　有道	有道氏	島名　三郎 白倉　三郎 富田　六郎兵衛尉 児玉　民部大夫六郎 児玉　太郎左衛門尉 児玉　五郎	親　高 成　季 長　家 家　経 家　朝 経　盛
武蔵七党系図　村山	桓武平氏	道智　太郎 金子　太郎 金子　六郎 金子　五郎 山口　左衛門尉 仙波　太郎 仙波　三郎左衛門尉	助　員 時　家 某 忠　澄 家　時 信　恒 家　行
足利系図	清和源氏義国流	足利　二郎左兵衛尉	義　助
山名系図	清和源氏義国流	山名　太郎	重　国
島津歴代歌	惟宗・藤原	若狭 若狭	忠　季 忠　経
佐竹系図	清和源氏義光流	岡田　左衛門尉	秀　繁
佐竹系図	清和源氏義光流	佐竹　六郎	義　茂
御当家(佐竹)系図	清和源氏義国流	足利	康〔イ泰〕氏
武田系図	清和源氏義光流	武田	信　光
小笠原系図	清和源氏義光流	小笠原 小笠原 加々美　四郎 小笠原	長　清 光　清 長　経
秋山系図	清和源氏義光流	秋山　六郎	光　長
竹内系図　平賀	清和源氏義光流	大内	惟　信
土岐系図	清和源氏頼国流	伊賀　判官	光　季
山県系図	清和源氏頼国流	山県神地　新蔵人	頼　経

注　　　　記	京·鎌	第-頁
「承久乱被没収有丹波半国ノ証文」 ＊3-243『赤井系図』:「承久打死」	京	3- 241
「承久合戦損命」	京	3- 243
「後鳥羽院仕源八、出家、宇治ニテ討死」	京	3- 266
「承久兵乱ノ時宮方ニテウタル丶」	京	3- 266
「承久三年六月十六日逆乱、候院、官軍敗北之後自害」 ＊3-341『佐々木系図』:「住相模渋屋、母同上」「淡路、阿波、土佐等守護」　＊3-307『佐々木系図』: 敗北後のこと詳細。『尊卑分脈』3-438 と同様	京	3- 281
「承久三年五月七日死去」		3- 287
「承久三四十六任山城守、同年応勅為官軍、七月二日所誅」 ＊3-360『佐々木系図』:「七ヵ国守護也、其跡信綱拝領ス」	京	3- 288
「於宇治川討死」		3- 289
「承久三為官軍、六月六日於尾州大豆津渡自殺」	京	3- 289
「承久官軍、故所誅」	京	3- 289
「承久三四十六任右衛門尉、同六月兵乱渉宇治川、此時兄弟在軍、信綱時在関東軍為戦功」　＊3-361『佐々木系図』:「承久ニ宇治川渡」	鎌	3- 290
「承久従父而渉宇治川、脱衣甲為功名、法名慈浄、文永四六十四死」	鎌	3- 291
「承久二十二十五使宣、承久乱討死」	京	3- 308
「井源太（注、家実）関東下向之時、鎌倉ニテ儲タル子息也、承久兵乱之時、行重、宇治河ニテ被打畢、其勲功、子息清行、常陸国相賀島ト云所ヲ賜知行ス」。「住常陸国云々」	鎌	3- 347
「父（注、広綱）同時被誅」	京	3- 360
「仁和寺御室童形ニテ終、父同時被誅」	京	3- 360
「承久之京方」	京	3- 361
「承久乱依忠賞、伯州長田之領主」　＊父昌明	鎌	3- 402
「承久兵乱ノ時関東方、忠功アリ」 ＊3-507『本間系図』: 人名「忠貞」、注記は同様 ＊3-514『海老名荻野系図』:「従北条時房之軍、於江州勢多、有戦功」	鎌	3- 501
「承久合戦時、京方大将軍奉、敗北之後、於西山木嶋自害、為頼卿猶子也」	京	4- 19
「承久合戦時討死」	京	4- 19
「承久合戦時、胤義同被誅」	京	4- 25
「承久為京方、於勢多橋討死、廿二歳、母川越乳母、十一歳之時取立、続惣領」	京	4- 63
「承久三九四、五十四歳而死」		4- 63
「承久三年六月十三日、於勢多橋討死、法名妙直」 ＊4-244『熊谷系図』:「歳二十二歳」	鎌	4- 63
「承久乱有戦功、安貞二年五月廿八日卒、年二十一」	鎌	4- 164

系　　図	氏・門流	名字・通称・官職等	名
赤井系図　源姓	清和源氏頼信流	葦田　八郎	朝　家
赤井系図　清和源氏	清和源氏頼信流	(葦田)三河阿闍梨	政　舜
渡辺系図	嵯峨源氏	渡辺 渡辺	生 守
佐々木系図	宇多源氏	蒜間　次郎中務丞 山崎　三郎 佐々木　山城守 葛岡　式部丞 鏡　右衛門尉 澤田　太郎左衛門 佐々木　四郎左衛門尉 佐々木　太郎左衛門 佐々木　使・左衛門尉 佐々木　師源太大夫 佐々木　山城太郎左衛門尉 (佐々木)勢多伽丸 佐々木　王太郎	経　高　法名経蓮 定　家 広　綱 清　綱 久　綱 時　定 信　綱 重　綱 高　重 基　重 惟　綱 定　時
村上源氏那波系図	村上源氏顕房流	山徒但馬房	行　明
本間系図	村上源氏	本間　太郎左衛門尉	忠　直(忠貞)
三浦系図	桓武平氏	三浦　平九郎判官 三浦　十郎	胤　義 友　澄
和田系図	桓武平氏	高井　兵衛太郎	時　義
北条系図	桓武平氏	熊谷 熊谷　小次郎孫兵衛尉 熊谷　備中守　平内左衛門尉	景　貞 直　家　法名観蓮 直　国
千葉系図	桓武平氏	千葉　千葉介	胤　綱

注　　　記	京・鎌	第-頁
「承久合戦時抽軍忠、但馬国磯部庄、淡路国由良庄拝領」	鎌	4- 197
「和田左衛門尉義盛合戦時、依勲功、賜於甲州井上庄、亦承久四年（ママ）壬午、宇治橋合戦有功」	鎌	4- 212
「承久三年夏、使数万騎討京師、清重以老留鎌倉、時清率軍兵、討敵有大功」		4- 236
「続後撰作者、承久三年順徳院御遠坐時令出家、一身令供奉」。「蔵、使、左衛門尉、大膳亮、正五下」	京	4- 278
「承久之乱被誅」。「蔵、石見守、従五位下」	京	4- 279
「承久乱之時、依為京方被誅」	京	4- 325
「承久乱時、為京方被誅」	京	4- 330
「法名観叟法念、塩屋三郎重保法名重賢嫡女嫁云々、承久三年摂津国豊島庄拝領云々」	鎌	4- 330
「実ハ隆継子也、関東エ被召出、賜肥後国、承久乱高名、嫡孫タルニヨリ為祖父子継家督」	鎌？	5- 7
「承久合戦比、奉仕後鳥羽院、天下武者所、小国合戦討死」	京	5- 13
「承久合戦内手負、於京死」 ＊5-30『大森葛山系図』:「承久乱被疵死」	京	5- 22
「承久三年安野合戦被討、揚佐深澤領主」		5- 23
「承久合戦之時、於尾張国被討」		5- 25
「承久三年乱出家、参隠岐御所」。「蔵人、出羽守、正五位下」 ＊5-89『上杉系図』：同様	京	5- 56
「後鳥羽院武者所」。「承久兵乱京方ニテ討死」 ＊5-118『糟谷系図』：同様	京	5- 116
「同（注、父有久）討死」	京	5- 116
「承久討死」	鎌	5- 129
「母二位法印尊長女、承久京方討死畢」 ＊5-255『佐野松田系図』：同様	京	5- 158
「宇治川ニテ死」　＊世代による		5- 159
「実名広興（與イ）、一説基行子、後鳥羽院後白川北面、承久京方、被誅、六十七、内舎人仲清子」	京	5- 162
「承久於宇治河討死」		5- 162
「歌人、五位尉、承久乱関東方、関東之評定衆」	鎌	5- 162
「承久三年於京都被誅」　＊5-269『佐藤系図』:「承久於京都自害」	鎌	5- 164
「父同被誅。十四歳」　＊5-269『佐藤系図』:「同時自害。十三歳」	鎌	5- 164
「承久兵乱時、渡大井川被疵」		5- 172

系　　図	氏・門流	名字・通称・官職等	名
千葉支流系図	桓武平氏	木内　次郎 下総守	胤　朝
君島系図	桓武平氏	大須賀　四郎	胤　信
笠井系図	桓武平氏高望王流	葛西　小三郎 (笠井)新左衛門尉	時　清
日野一流系図	藤原氏内麻呂流		康　光 (改康氏) 範　宗
内藤系図	藤原氏頼高流	内藤　左衛門尉	盛　俊
山内首藤系図	藤原氏資清流	山内首藤　小太郎左衛門尉 山内首藤　小三郎 左兵衛尉	俊　業 宗　俊
菊池氏系図	藤原氏隆家流	菊池　弥二郎 永野　太郎	能　隆 隆　長
大森葛山系図	藤原氏道隆流	沓間　二郎 大森　又次郎 葛山　小三郎	親　房 時　季 家　重
上杉系図	藤原氏良門流	出羽守	清　房
糟谷系図	藤原氏冬嗣流	糟屋 糟屋　乙石丸左衛門尉	有　久 有　長
秀郷流系図　結城	藤原氏秀郷流	幸島　四郎 (下河辺)	行　時
秀郷流系図　佐野阿曽沼	藤原氏秀郷流	足利　新二郎 吉水　二郎	忠　広 国　広
秀郷流系図　後藤	藤原氏秀郷流	後藤　使・左衛門尉 後藤　太郎左衛門尉 後藤　左衛門尉	基　清 基　成 基　綱
秀郷流系図　佐伯	藤原氏秀郷流	伊賀　太郎判官 伊賀　小太郎 寿王	光　季 光　綱
秀郷流系図　波多野	藤原氏秀郷流	菖蒲　五郎	実　盛

注　　　記	京・鎌	第-頁
「石川長野庄内美野地、黒谷、承久勲労之地也、法名無対」	鎌	5- 172
「母同（注、曽我祐信女）、強弩強力、法名西入、承久兵乱時、於洲俣射遠定、於宇治、京方大将軍右衛門佐朝俊討、五十三歳死」	鎌	5- 179
「母同（注、曽我祐信女）、八幡宮別当也、承久乱時被疵、下国死、十八歳」	鎌	5- 179
「修明門院判官代」。「母藤秀宗女。右馬助秀康為子。承久三年二月八日滅亡畢。二十五歳」		5- 189
「承久随兵」	鎌	5- 190
「承久三年六月十九日□□行光・宗実三輩士、討獲錦織判官代於六波羅」	鎌	5- 213
「承久乱殞命了」	京	5- 277
「承久三年後鳥羽院御謀反時、関東御方参、六月十四日宇治橋合戦粉骨尽、其軍忠依、安芸国大朝本庄等地頭職任、右京兆義時下文」	鎌	5- 280
「隠岐院祗候之間、去承久三年六月十四日為宇治手、京方ニテ矢合以前ニ落失畢、而当国湯山隠居之処被召取関東へ参日、成召人、天野左衛門尉ノ預ニテ経三年畢」	京	5- 334
「去承久乱之時、語、京都ニテハ関東ヨリ給之由ヲ構へ、関東ニテハ京都ヨリ給之由ヲ申テ、持明院右兵衛督殿内蔵頭時、渡辺惣官職掠給之間……」		5- 334
「隠岐院北面祗候之間、去承久三年於宇治手、信時落失、仍嘉禄二年比出来テ、伊予国親父信平領隠居住之」	京	5- 337
「隠岐院北面祗候之間、去承久三年六月十四日於宇治手長継雖致合戦之忠、御方戦破之間、付妻縁大和国長谷河里ニテ自害畢」。「武者所、左馬允」	京	5- 338
「宇治川打死」　＊世代から推測		5- 345
「承久三年宇治川戦死」		5- 347
「承久三年宇治川戦死」		5- 348
「承久乱於宇治被討了」		5- 357
「承久時為京方被討了」	京	5- 364
「承久乱討死」		6- 82
「承久乱院方」	京	6- 84 119
「承久乱射義忠」		6- 86
「承久有忠、被疵」　＊6-105『小野氏系図』:「承久自宇治橋打落河渡」		6- 91
「承久有功」	鎌	6- 93
「承久合戦之時、先進分取畢」		6- 108
「承久有忠」	鎌	6- 122
「建暦并承久渡宇治川有功」	鎌	6- 123

系　　図	氏・門流	名字・通称・官職等	名
		菖蒲　三郎	実　基
秀郷流系図　河村	藤原氏秀郷流	河村　藤三郎 河村　藤四郎	秀　基 行　秀
秀郷流系図　松田	藤原氏秀郷流	波多野　左衛門尉 宇治 波多野　次郎憲(ママ)	康　朝 経　朝
結城系図	藤原氏秀郷流	佐野　太郎	基　綱
桐原系図	藤原氏利仁流	後藤	基　成
吉川系譜	藤原氏武智麻呂流	吉川	経　光
遠藤系図	藤原氏忠文流	遠藤 遠藤　染七郎刑部丞 左衛門尉 遠藤　瀧口刑部丞 遠藤　弥四郎左衛門尉	湛 語 信　時 長　継
成田系図	藤原氏	玉井　太郎 成田　太郎 成田	 道　忠 資　泰
熊野別当系図		長王禅師 法印小松	 快　実
小野氏系図　横山	横山氏 (小野氏)	菅生　左衛門尉 下総守 野五郎左衛門尉 古庄　太郎	孝　政 盛　綱 孝　通
小野氏系図　猪俣		甘粕　小太郎	光　忠
小野氏系図　猪俣	猪俣氏	藤田　小三郎右衛門尉	好　国
小野氏系図	猪俣氏 小野氏	藤田　左衛門尉 室伏　三郎 室伏　三郎	能　兼 資　泰 保　基

注　　　　記	京・鎌	第-頁
「退出鎌倉参京方、故被流刑奥州平泉」 ＊6-152『河野氏系図』：同様	京	6- 142
「母時政女、承久比西面武者所召加」	京	6- 143
「母時政女、承久兵乱時為関東方大将、宇治川先陣、賜阿波国富田庄、父通信雖被流刑、為時政之孫、故令継河野家也」 ＊6-152『河野氏系図』：同様　　＊6-162『河野系図』：「渡宇治川十騎内第三番、給讃州富田荘、申替石井郷訖」 ＊6-167『河野系図』：「為宇治川先陣」	鎌	6- 143
「承久年中、隠岐院御治世之時、被召加西面武者所」		6- 161
「承久三年為院御共、下向佐渡国」　＊6-329『和気氏系図』：同様	京	6- 319
「承久三年六月出家、法名寂信、翌日為仙院御共参隠岐、後帰京」。「施薬院使権侍医従四位上」　＊6-330『和気氏系図』：同様		6- 319
「承久兵乱之時、讃岐国軍勢相催、依参院御方、於彼跡者被没取」	京	6- 351
「承久兵乱高名アリ」	鎌	6- 502
「承久兵乱関東先陣、宇治川入水」	鎌	6- 503
（注、父貞幸）「同時入水」	鎌	6- 503
「順徳院御宇昇殿、承久三年六月六日於尾張摩免戸渡、与官軍鏡右衛門源久綱合戦、久綱打負自殺」。「正五位下、尾張守、少輔、判官代、左近大夫、将監」　＊7-73『大江系図』：同様	鎌	7- 67
「承久為京方、於洲股討死」　＊7-303『伴氏系図』：同様	京	7- 282
「為承久京方、於洲股討死」　＊7-304『伴氏系図』：同様	京	7- 282
「承久合戦之時、進宇治橋被射眼畢、仍預勲賞、又於鏡野射敵畢」	鎌	7- 288
「承久合戦之時、於鏡野打敵訖」	鎌	7- 288
「承久合戦之時、進墨俣川、於鏡野致忠節、於宇治被射右眼、仍預勲賞」	鎌	7- 289
「鎌倉右大将於奥州追罰泰衡之時、為十七歳于栗原合戦射敵蒙疵畢、又承久合戦之時、墨俣川・宇治以下軍致忠節、仍預勲賞」	鎌	7- 289
「承久合戦之時付進而、墨俣河・宇治橋之軍ニ打敵畢」		7- 289
「承久乱、同父於墨俣・宇治橋蒙疵、賞美作国栗井庄久世保、備前国松保、法名西蓮」	鎌	7- 289
「左馬允、承久合戦之時進而墨俣河、於鏡野負手、於宇治橋致忠節被疵、仍預勲賞三ヶ所、法名迎圓」	鎌	7- 290
「承久合戦之時、於鏡野蒙疵、被射馬訖、打取敵渋河刑部六、仍勲賞毛呂郷吉郎庄内、法名照蓮」	鎌	7- 290

名字・通称・官職等：系図の注記から適宜記載したもので、承久三年時点の他史料に見えるとは限らない。

京・鎌：系図の注記から窺える京方を「京」、鎌倉方を「鎌」とし、明記されていない場合には「？」を付した。

第・頁：「群書系図部集」の第－頁を記した。

系　　図	氏・門流	名字・通称・官職等	名
越智系図	越智氏	河野　四郎 河野　太郎 河野　九郎左衛門	通　信 通　政 通　久
河野系図	越智氏	得能　太郎 （河野）	通　秀
和気系図	和気氏	左京亮	有　定〔イ貞〕 長　成
綾氏系図	綾氏	羽未　兵衛藤大夫 （羽床ヵ）	重　基
信州滋野氏三家系図	滋野氏	望月　左衛門尉 春日　刑部三郎 春日	盛　重 貞　幸 某
大江系図	大江氏	大江	佐　房
伴系図	伴氏	中井　五郎 大原　五郎 設楽　孫四郎左衛門尉 伊与部　弥六 設楽　伴四郎 澤田 富永　四郎 富永　三郎 富永　九郎 富永　与一	実　景 実　頼 実　幸 実　桑〔イ乗〕 資　秀 実　時 資　忠 惟　時 資　満 資　俊

《例言》「群書系図部集」所収系図から、「承久」の注記があるものを抽出した。そのため、承久の乱と直接関係しない者も含まれうる。猶子は、基本的に跡を継いだ家の一員として掲出した。

氏・門流：系図の記載に従った。そのため、仮冒が明らかな系譜やその可能性が高いものもある。

注

＊流布本『承久記』・前田家本『承久記』・『承久兵乱記』・『承久軍物語』には、最も古態をとどめるとされる慈光寺本『承久記』には見えない承久京方・鎌倉方の名も記されている。ただし、やや疑わしいものもあるため、全体の検討は後日を期し、本章ではごく一部を利用するにとどめた。

（1）田中稔A「承久京方武士の一考察」（同『鎌倉幕府御家人制度の研究』吉川弘文館、一九九一年。初出一九五六年）、田中稔B「承久の乱後の新地頭補任地〈拾遺〉」（同上書。初出一九七〇年）、宮田敬三「「承久京方」表・分布小考」（『立命館史学』二二、二〇〇一年）等。京方の検出には特に宮田論文を参照した。

（2）三浦周行「京方と武家方」（同『鎌倉時代史』第二十七章九十七節〈同『日本史の研究　新輯一』岩波書店、一九八二年。初版一九〇七年。改版一九一六年〉）。

（3）龍粛「承久の乱」（『鎌倉時代史論』日本図書センター、一九七六年。初出一九三一年）。龍氏が挙げるのは一条（貴族）・三浦・佐々木・後藤・山内首藤・河野・大江（広元・親広のみ）・若狭・佐久間・越知・夜久の諸氏。ただし系図中の個々人の京方・鎌倉方参陣の根拠となる史料を示しておらず、人名の漏れもある。また、龍氏は注（2）三浦論文には触れておらず、三浦氏の問題関心を継承したか否かは分明ではない。

（4）野口実「承久の乱における三浦義村」（『明月記研究』一〇、二〇〇五年）。ただし、野口氏は注（2）三浦論文・注（3）龍論文には触れておらず、一族分裂の専論を意図したものではない。

（5）『慈光寺本』上─三一〇頁に、後鳥羽が四月二十八日の城南寺仏事守護のためと称して動員した者の交名が記される。実際に追討にあたった者の名は、『慈光寺本』上─三一八頁、『吾妻鏡』五月二十一日条、『鎌倉年代記』五月十五日条裏書に記される。以下、伊賀光季追討に動員された、あるいは伊賀光季を追討したとする典拠は本注による。

（6）『吾妻鏡』五月二十五日条、『慈光寺本』上─三二九頁に、鎌倉方の三道編制の交名が記される。以下、鎌倉方の三道諸軍の所属の典拠は本注による。

（7）『吾妻鏡』五月二十三日条。以下、宿老の鎌倉駐留の典拠は同日条による。

（8）京方の配置は『吾妻鏡』六月三日条と『慈光寺本』下―三三五頁、鎌倉方の配置は『吾妻鏡』六月五日条・六日条に記される。以下、美濃諸所の合戦の配置の典拠は本注による。

（9）京近郊の合戦につき、京方の配置は『吾妻鏡』六月十二日条と『慈光寺本』下―三三五頁、鎌倉方の配置は『吾妻鏡』六月七日条・十三日条に記される。中でも宇治川合戦の鎌倉方は『吾妻鏡』六月十四日条、『吾妻鏡』六月十八日条所引交名に詳しい。以下、典拠を示さず宇治・勢多・淀の合戦の配置をいう場合は本注による。また『吾妻鏡』六月十八日条所引交名は《交名》と略記する。

（10）鎌倉方入京の日時は、長村祥知「承久三年五月十五日付の院宣と官宣旨」（『日本歴史』七四四、二〇一〇年。本書第二章の注（31））参照。

（11）『慈光寺本』は六月十七日とし、『百練抄』は六月二十日とし、『武家年代記』は六月二十四日とする。

（12）下山忍「北条義時発給文書について」（『中世日本の諸相　下』吉川弘文館、一九八九年）。

（13）『慈光寺本』上―三一〇頁、「諸国ニ被レ召輩」のうち美濃の「六郎左衛門」が八田知尚。新日本古典文学大系本は「廻文ニ入輩」の六郎右衛門を八田知尚に比定するが、誤りである。『鎌倉年代記』五月十五日条裏書に「一院勅二筑後六郎左衛門知久一、令レ討二伊賀太郎判官光季一」とあり、『吾妻鏡』六月十四日条にも「筑後六郎左衛門尉知尚」と見える。

（14）《交名》、『美濃国諸家系譜』（首藤山内系図）」（『大日本史料』四編之十六―二七五頁）。

（15）『明月記』六月十一日条（『大日本史料』五編之三―八四二頁以下）、『吾妻鏡』六月十四日条。

（16）野口実「慈光寺本『承久記』の史料的評価に関する一考察」（『京都女子大学宗教・文化研究所　研究紀要』一八、二〇〇五年）。

（17）菊池紳一「鎌倉時代の天野氏の系図について」（安田元久編『吾妻鏡人名総覧』吉川弘文館、一九九八年）五九八頁は時景とするが、景盛には触れていない。

（18）藤本元啓「鎌倉幕府と熱田大宮司家」（同『中世熱田社の構造と展開』続群書類従完成会、二〇〇三年。初出一九九一・一九九五年）四九頁、藤本元啓「熱田大宮司千秋家譜」（同『中世熱田社の構造と展開』初出一九九二年）三七二頁。

(19)（嘉禄元年ヵ）「某書状案」（大通寺本『醍醐雑事記』巻十〈第十・十一紙〉紙背文書。中島俊司編『醍醐雑事記』〈醍醐寺、一九三一年〉四二四頁）。同文書を鎌遺補二―八六六が醍醐寺本『醍醐雑事記』とするのは誤りであろう。

(20)『吾妻鏡』五月二十九日条、六月八日条。

(21)『尊卑分脈』三―四二三頁・四二四頁、『佐々木系図』（群系三―二八九頁・二九〇頁）、『佐野本系図』（『大日本史料』四編之十六―三三四頁）。

(22)『秀郷流系図　後藤』（群系五―一六二頁）では、基成に「承久於二宇治河一討死」とある。また『桐原系図』（群系五―二七七頁）では、基成に「承久乱殞レ命了」とある。

(23)『大日本史料』五編之七―五一九頁。浅見和彦「後藤基綱」（同『東国文学史序説』岩波書店、二〇一二年。初出一九九七年）二八八頁は京方としての討死と解している。

(24)長村祥知「『吾妻鏡』承久三年六月十八日条所引交名と後藤基綱」（野口実・長村祥知「承久宇治川合戦の再評価」第二章〈『京都女子大学宗教・文化研究所　研究紀要』二三、二〇一〇年〉。のち増補して本書第四章）参照。

(25)『秀郷流系図　後藤』（群系五―一六三頁）に、基清の男として「四郎左衛門尉」基重が掛けられており、『尊卑分脈』二―三二八頁にも「右兵尉」基重が掛けられている。このことを見落としていた注(24)拙稿（初出論文）では、「六波羅下知状」の基重は、『桐原系図』（群系五―二七七頁）に「承久乱殞レ命了」とある基成であろうとしたが、『秀郷流系図　後藤』では「太郎左衛門尉」基成と「四郎左衛門尉」基重が兄弟として並んでおり（『尊卑分脈』も輩行無記載ながら両者を記す）、当然ながら別人の可能性もある。ただし、宇治川での討死という共通点や、誤写の可能性があることからすれば、後藤文書の「基重」は系図類の太郎基成の可能性も捨てきれない。後考を俟ちたい。

(26)《交名》、『島津歴代歌』（群系二―四六二頁）。

(27)貞和二年（一三四六）二月日「若狭国太良庄禅勝申状案」（東寺百合文書リ函四五号。京都府立総合資料館東寺百合文書WEB

による)。田中稔「鎌倉幕府御家人制度の一考察」(注1田中著書。初出一九六〇年)二二七頁参照。

(28)(承久三年)五月十九日「北条義時書状案」(島津家文書。鎌遺五―二七四七)に「三郎兵衛」とあり、《交名》に「島津三郎兵衛尉」と見える。

(29)注(27)田中論文二三四頁、伊藤邦彦「若狭」(同『鎌倉幕府守護の基礎的研究　国別考証編』岩田書院、二〇一〇年)二四六頁以下等。

(30)熊谷隆之「鎌倉期若狭国守護の再検討」(『日本史研究』五八六、二〇一一年)。

(31)『吾妻鏡』六月二十八日条、「承久三年」七月二十日「藤原某書状案」(『薩藩旧記』前編二古写在国分氏。鎌遺五―二七八〇)、貞応二年十一月日「備後太田荘地頭太田康継・同康連連署陳状案」(高野山文書「又続宝簡集」一四二。鎌遺五―三一八〇)。

なお、承久三年六月二十八日「六波羅下知状写」(『予陽河野家譜』。鎌遺五―二七六二)は偽文書と考えられる。山内譲「承久の乱と地方武士団の動向」(同『中世瀬戸内地域史の研究』法政大学出版局、一九九八年。初出一九八二年)参照。

(32)『予陽河野家譜』六三頁、『越智系図』(群系六―一四三頁)は、通政が後鳥羽院の西面・武者所であったとする。なお『河野系図』(群系六―一六一頁)が孫通秀に西面・武者所と注記するのは書写の誤りであろうか。

もちろん、系図の注記は検討が必要であり、『予陽河野家譜』も通政が「賜二皇孫姫宮於妻女一」とするなど信憑性に欠ける記述が多い。しかし、承久元年七月の源頼茂追討事件の頃には「河野」某が在京しており(『愚管抄』巻六―三一六頁)、前代の治天である後白河の北面を列挙したと思われる『後白河院北面歴名』の無官の項には「越智通信通清子」と見える(翻刻は小松茂美「右兵衛尉平朝臣重康はいた」〈『小松茂美著作集　二〇』旺文社、一九九八年。初出一九八九年〉による)。従来は否定的に見られることもあったが、河野氏の院西面・武者所祗候の可能性は十分にある。

(33)延応元年十二月九日「関東下知状案」(筑後大友文書。鎌遺八―五五〇五)。この裁許は、後掲『御成敗式目』十六条を適用した例として早くから知られている。三浦周行「貞永式目」(『続法制史の研究』岩波書店、一九二五年)九八八頁、植木直一郎「式目に拠る判決例」(同『御成敗式目研究』岩波書店、一九三〇年)二六三頁、芦刈政治「承久の乱と新地頭の補任」(『大分県史　中世篇Ⅰ』一九八二年）八一頁等。

(34)『吾妻鏡』六月十二日条によれば両名が芋洗に出陣。『慈光寺本』下―三三四頁によれば尊長が大渡に出陣。

(35)『明月記』六月十一日条（『大日本史料』五編之三―八四二頁以下）、『吾妻鏡』六月十四日条。槇道雄「二位法印尊長と院政」（同『院近臣の研究』続群書類従完成会、二〇〇一年）。

(36)『吾妻鏡』五月十九日条。『賀茂旧記』五月十五日条は「きんつね、むまばどのにめしこめらる」とする。

(37)一条家の諸人については、塩原浩「頼宗公孫一条家の消長」（中野栄夫編『日本中世の政治と社会』吉川弘文館、二〇〇三年）参照。

(38)岩田慎平「頼家・実朝期における京下の鎌倉幕府吏僚」（『紫苑』一二、二〇一四年）参照。

(39)承久の乱時の西国守護の比定・動向は、佐藤進一『増訂　鎌倉幕府守護制度の研究』（東京大学出版会、一九七一年。第二刷一九八四年。旧版一九四八年）、石井進「平氏・鎌倉両政権下の安芸国衙」（『石井進著作集　三』岩波書店、二〇〇四年。初出一九六一年）、上横手雅敬「鎌倉幕府と公家政権」（同『鎌倉時代政治史研究』吉川弘文館、一九九一年。初出一九七五年）、田中稔「大内惟義について」（注(1)田中著書。初出一九八九年）、注(29)伊藤著書参照。

(40)長村祥知「後鳥羽院政期の在京武士と院権力」（上横手雅敬編『鎌倉時代の権力と制度』思文閣出版、二〇〇八年。本書第一章）参照。

(41)野口実「流人の周辺」（同『中世東国武士団の研究』高科書店、一九九四年。初出一九八九年）等参照。

(42)八田有知（知家の男）に始まる伊志《（自）》良氏（『尊卑分脈』一―三六九頁）は、承久の乱の勲功で長講堂領美濃国伊自良庄地頭職を与えられたという（「伊自良庄」〈『日本歴史地名大系　岐阜県の地名』平凡社、一九八九年〉）。後述する闕所地一族優先給与の慣習から、この伊自良庄は八田知尚の所領だった可能性がある。

(43)（承久三年）六月六日「北条義時袖判御教書」（市河文書。『大日本史料』第四編之十六―六五頁。鎌遺五―二七五三は一部校訂に難がある）、『吾妻鏡』六月八日条。

（44）『吾妻鏡』建仁三年九月二日条、『愚管抄』巻六—三〇〇頁。
（45）建保三年「後鳥羽上皇逆修進物注文」（『伏見宮記録』利五八。鎌遺四—二一六二〈一七〇頁〉）。
（46）平岡豊「後鳥羽院西面について」（『日本史研究』三一六、一九八八年）。本書第一章。
（47）便宜、『尊卑分脈』三—六二頁～七四頁に従い掲出するが、目崎徳衛「山田重忠とその一族」（同『貴族社会と古典文化』吉川弘文館、一九九五年。初出一九八六年）の指摘する通り、木田重長の子孫が足助重長の子孫と紛れている可能性が高い。
（48）『六代勝事記』。平岡豊「藤原秀康について」（『日本歴史』五一六、一九九一年）。
（49）天福元年五月日「石清水八幡宮寺所司等言上状」（『宮寺縁事抄』所々神領訴訟神事違例事。鎌遺七—四五一二）。
（50）寛喜三年五月十一日「中原章行問注勘状」（京都大学文学部所蔵文書・書陵部所蔵谷森文書。鎌遺六—四一四一）。
（51）田渕句美子「秀能の生涯」（同『中世初期歌人の研究』笠間書院、二〇〇一年。初出一九八一年）、大和典子「「承久の乱」における京方将軍藤原秀康とその周辺」（『政治経済史学』五〇〇、二〇〇八年）。「内山永久寺置文」は藤田経世編『校刊美術史料　寺院篇　下』（中央公論美術出版、一九九九年）所収。
（52）本書第一章、長村祥知「藤原秀康」（平雅行編『中世の人物　京・鎌倉の時代編　三』清文堂出版、二〇一四年）。
（53）『吾妻鏡』六月二十日条。神地頼経は『山県系図』（群系三—二〇二頁）にも「承久三、官軍大将」とある。
なお、伊賀光季追討に動員された京方武士に、美濃の「蜂屋入道父子三騎」が所見する（『慈光寺本』上—三二〇頁）。その一人は、『山県系図』に見える神地頼経の叔父「蜂屋三郎」頼経であろう（注（1）宮田論文参照）。「蜂屋入道父子」の人名が確定できず、系図は示していないが、美濃の清和源氏頼綱流も一族を挙げて京方に属したと考えられる。
（54）注（39）佐藤著書七八頁、注（1）田中B論文一五九頁。
（55）笠松宏至「中世闕所地給与に関する一考察」（同『日本中世法史論』東京大学出版会、一九七九年。初出一九六〇年）。
（56）上横手雅敬『北条泰時』（吉川弘文館、一九五八年）一〇六頁。
（57）笠松宏至「（頭注）西国の住人…」（『日本思想大系　二一　中世政治社会思想　上』岩波書店、一九七二年）一八頁。なお、鎌

倉幕府の縁坐規定全般については山口道弘「鎌倉幕府法縁坐規定を遶る二、三の問題に就いて」(『国家学会雑誌』一一八―九・一〇、二〇〇五年)があるが、式目十七条についての見解は笠松氏とほぼ同様である(山口論文九二頁)。

第六章　承久の乱にみる政治構造

――戦況の経過と軍事動員を中心に――

はじめに

本章の課題は、承久の乱における京方・鎌倉方の軍事動員の実態を把握し、当該期における上級権力の位置付けを論ずることにある。

承久の乱の政治史的研究として、唯一といえる体系的研究を提示したのは上横手雅敬氏である。かつて上横手氏は、承久の乱を、古代国家を組織できなかった有力な一権門である後鳥羽院政が、鎌倉幕府の組織的な御家人制に敗北した事件と位置付けた。(1)

上横手氏以外では、承久京方武士についての研究が進み、(2)平岡豊氏は先行諸研究を整理・検討して院の軍事動員の類型を示した。平岡氏の研究成果を私の理解で図示すると次のようになる。

・権門的動員＝西面・北面に組織した在京御家人、院領・院近臣領荘園の兵士

・治天の君的動員＝「家々長」、「堪武勇者」｛①東国十五ヵ国：幕府が宣旨を施行／②右以外：個別に使者を派遣｝

平岡氏は、治天の君的動員に充分な制度的裏付けがなく完全に機能しなかったため、院は敗北したとする。(3)細部の

相違はあるものの、平岡氏の研究は、後鳥羽院の権門としての限界を重視する上横手氏の理解を深め、具体化したものと位置付けることができよう。

しかし近年では、平安後期の院と共通する、武士を組織・動員する高次の主体としての後鳥羽院のあり方が注目され、(4)さらに後鳥羽による東国武士や寺社への京方誘引の事前工作も想定されている。(5)また、従来は約一ヵ月に及ぶ承久の乱全体の戦況の経過を踏まえた考察が十分ではなかったが、近年では基礎的な戦況の推移と京方の軍事動員の段階差が明らかにされつつある。(6)もはや、「後鳥羽院政がなし得たことは、幕府側の弱体に応じて、偶然的な契機で傭兵的な烏合の衆を集めただけ」（上横手A論文三五四頁）とする通説的理解は、全面的な再検討が必要となったのである。事前工作説は再検討が必要と思うが、本章も、平安後期の院中心の軍事体制の延長上に後鳥羽を位置付ける視角を前提とし、乱の戦況経過・段階差を重視したい。

その上で本章が特に検討したいのは、軍事動員を受けた者にとっての院権力の意義である。従来の承久の乱研究は、「院がいかに動員したか」という問いから、京方の軍事動員の制度的欠陥や在地勢力による動員忌避、結果としての権門後鳥羽の敗北という答えが導き出されてきた。しかし、如上の理解では読み解けない現象も存する。従来は看過されてきたが、承久の乱において複数確認できる、京・鎌倉から派遣された軍勢とは直接関係しない〈在地での戦闘〉がそれである。

承久京方の所領だったと考えられる承久新恩地頭補任地には、院領の知行や院との主従関係といった院の権門内部の支配関係が想定できない寺社本所領もあることが指摘されており、その地域的広がりを勘案すれば（注(2)田中論文参照）、院の軍事動員には単なる忌避の対象という以外の意味もあったと想定される。在地勢力に視点をすえて、彼らが院の軍事動員に「いかに対処したか」をも考察すべきであろう。

一方、従来は武士が院・京方と戦うのは自明と考えられてきたためか、承久鎌倉方武士についての踏み込んだ研究が少ない。しかし今日では、鎌倉前期においても院を高次の軍事動員主体とみなし、武士にとっての京の求心力を重視するようになっており（本書第一章）、改めて院の命令を相対化した鎌倉方武士を位置付け直す研究史的段階に来ている。承久鎌倉方武士にとっての院や北条氏の軍事動員の意義を正面から考察すべきと考える。

すなわち、上からの視角のみならず下からの視角をも採り入れて承久の乱の実態を考察することとなるが、それは従来個別の指摘にとどまってきた承久の乱の私戦的要素の意義付けをも意図している。(7) 考察に際しては、武士論の分野で解明が進む、武士と京の関係や武士一族の広域的な存在形態、在地における利害関係や所領獲得欲求に注目するのが有効と思われる。(8)

なお、近年の承久の乱研究の進展は、慈光寺本『承久記』への注目と並行している。文学分野の『承久記』研究では、諸本中で慈光寺本に独自の叙述が多く最も古態をとどめることが早くから指摘されていたが、(9) 近年では政治史の分野でも同様の指摘がなされ、積極的利用が進んでいる。(10) 本章でも、『承久記』に依拠せざるをえない場合は基本的に慈光寺本を検討対象とすることとする。

以下、承久の乱の各段階にわけて考察を進めたい。

一　伊賀光季追討と京・畿内近国——権門的軍事動員と知行国制度——

五月十五日、後鳥羽院が、京都守護として在京中の伊賀光季を追討した。伊賀光季方の武力は光季の親類や郎等と見て大過なかろう。ここでは、後鳥羽の動員対象となった武士の特質を考えたい。

『慈光寺本』によれば、後鳥羽は四月二十八日の城南寺仏事守護のためと称して次に挙げる者達を動員していた。表に史料1と後掲史料4の京方交名を人名順に配列したので、本文の省略部分は適宜参照されたい。

史料1　慈光寺本『承久記』上―三一〇頁～三一一頁

坊門新大納言忠信、……高倉宰相中将範茂、直ニ勅定ヲ蒙ラレケリ。刑部僧正長厳、二位法印尊長等也。

廻文ニ入輩、能登守《（藤原）》秀康、石見前司《（藤原範宗）》、……山城守《（佐々木広綱）》、……三浦判官《（胤義）》、……六郎右衛門尉、刑部左衛門尉《（小野成時）》、……中務入道《（佐々木経高）》父子二騎。

諸国ニ被レ召輩ハ、丹波国ニハ日置刑部丞、……播磨国ニハ草田右馬允。美濃国ニハ夜比兵衛尉・六郎左衛門《（八田知尚）》、……近江国ニハ佐々木党・少輔入道《（大江）》親広ヲ始トシテ、一千余騎。承久三年辛巳四月廿八日、高陽院殿ヘゾ参リケル。

史料1に挙げた交名部分は、比定しえた人名が他の史料と対照して妥当であることから、基本的に信用できるものと判断される。なお、ここに見える「直ニ勅定ヲ蒙」った者とは、乱後に「合戦張本」として処刑される院近臣や近習僧であり[11]、いったん考察の対象外とする。「廻文ニ入輩」と「諸国ニ被召輩」（以下、《廻文》《諸国》と略）はともに武士であり、何らかの基準で区分されている。これにつき平岡豊氏（A論文）は、前者は院との主従関係に基づく権門的動員を受けた武士、後者は院の公権力に基づく治天の君的動員を受けた武士とした。宮

表　慈光寺本『承久記』の京方交名

No.	『慈光寺本』の表記	比定	史料1	史料4
1	坊門新大納言忠信	坊門忠信	直ニ勅定	芋洗
2	按察使中納言、按擦殿	藤原光親	直ニ勅定	高陽院
3	佐々木野中納言有雅	源有雅	直ニ勅定	真木島
4	中御門中納言宗行	葉室宗行	直ニ勅定	伏見
5	一条宰相中将信能	一条信能	直ニ勅定	
6	高倉宰相中将範茂、甲斐宰相中将範茂	高倉範茂	直ニ勅定	宇治
7	二位法眼尊長	尊長	直ニ勅定	大渡
8	刑部僧正長厳	長厳	直ニ勅定	
9	能登守秀康	藤原秀康	廻文	東海道

10	石見前司	藤原範宗	廻文	北陸道
11	若狭前司		廻文	北陸道
12	伊勢前司	藤原清定	廻文	北陸道
13	阿房守長家		廻文	東海道
14	下野守		廻文	
15	下総守	小野盛綱	廻文	東海道
16	隠岐守		廻文	北陸道
17	山城守広綱	佐々木広綱	廻文	東海道
18	駿河大夫判官	大内惟信	廻文	東山道
19	後藤大夫判官	後藤基清	廻文	
20	江大夫判官、江判官	大江能範	廻文	北陸道
21	平判官胤義	三浦胤義	廻文	東海道
22	河内判官秀澄	藤原秀澄	廻文	東海道
23	筑後判官	糟屋有長	廻文	
24	弥太郎判官	佐々木高重	廻文	
25	間野次郎左衛門尉	間野宗景	廻文	
26	六郎右衛門尉		廻文	
27	刑部左衛門	小野成時	廻文	東海道
28	平内左衛門		廻文	東海道
29	伊王左衛門	藤原能茂	廻文	東海道
30	有石左衛門尉	糟屋有久	廻文	
31	斎藤左衛門	斎藤親頼	廻文	東海道
32	薩摩左衛門		廻文	東海道
33	安達源左衛門	安達親長	廻文	東海道
34	熊替左衛門	熊谷直宗	廻文	東海道
35	主馬左衛門	藤原秀盛ヵ	廻文	北陸道

田敬三氏は、A論文では平岡氏と同様の見解を示していたが、最近のC論文では『承久記』諸本を対比して、「院によって把握されていた西面や御家人を中心とする武士」「後鳥羽院政期に組織されていた武士」が、「在京の者は廻文で、在国している者は国ごとに集められた」としている。

まず在京か在国かを検討すると、《廻文》は後鳥羽院政期の洛中警固に携わり院に組織されていた者が目立ち（本書第一章参照）、武士としては比較的高い官職の者が多いことから、東国所領を名字地とする者も含めて、在京活動を主とする者が多かったと考えられる。一方、《諸国》は他の史料所見が確認できない者も多く、在国活動を主とする者が多かったと考えられる。

次に院との関係を検討すると、《廻文》と《諸国》の双方に西面や西面の一族が確認できることは宮田氏（C論文）の指摘する通りである。付け加えれば、《諸国》伊与〔予〕国の河野四郎通信も男通政が西面・武者所とされる。[12]やはり《廻文》と《諸国》の区分が後鳥羽との権門内の

No.	『慈光寺本』の表記	比定	史料1	史料4
36	宮崎左衛門	宮崎定範	廻文	北陸道
37	藤太左衛門尉		廻文	
38	筑後入道父子六騎	五条有範	廻文	東山道
39	中務入道父子二騎	佐々木経高	廻文	
40	日置刑部丞		丹波	
41	館六郎		丹波	
42	城次郎		丹波	
43	蘆田太郎	蘆田朝家ヵ	丹波	
44	栗村左衛門尉		丹波	
45	田野兵衛尉		丹後	
46	朝倉八郎		但馬	
47	草田右馬允		播磨	
48	夜比兵衛尉		美濃	
49	六郎左衛門	八田知尚	美濃	東山道
50	蜂屋入道父子三騎		美濃	東山道
51	垂見左衛門		美濃	東山道
52	高桑殿		美濃	東山道
53	開田	開田重国ヵ	美濃	東山道
54	懸桟		美濃	東山道
55	上田殿		美濃	東山道
56	打見		美濃	東山道
57	寺本殿		美濃	東山道
58	山田小次郎	山田重忠	尾張	
59	駿川入道	中条信綱	三河	
60	右馬助	中条範俊ヵ	三河	

関係の有無によるとは考えがたい。

ここで注目すべきは、史料1の後の『慈光寺本』の記述である。伊賀光季の追討に「打入人々、一陣ニ平判官胤義（三浦）、二陣草田右馬允、三陣六郎左衛門（八田知尚）、四陣刑部左衛門（小野成時）、五陣山城守広綱（佐々木）ヲ始トシテ、上下卅余騎」とあるごとく、《諸国》である播磨国の草田と美濃国の八田知尚[13]が、《廻文》数人と共に伊賀光季を追討している。等しく伊賀光季を追討する計画が事前に知らされ、その実行に携わったという点でも、《廻文》と《諸国》はともに権門的動員を受けたとみるのが妥当である。また後掲史料5との対比からも、《諸国》但馬の朝倉への軍事動員が権門的動員であったことが指摘できる。

すなわち、宮田氏（C論文）の指摘する通り、《廻文》と《諸国》の区分は承久三年四月の時点で在京していたか在国していたかにあり、ともに伊賀光季の追討軍（ないしはその予備軍）として権門的動員を受けたと考えられるのである。《廻文》が在京武士であり、《諸国》の大半が畿内近国の在国武士であることは、後鳥羽が京・畿内

61	真平		三河	
62	滋左衛門尉	重原次広	三河	
63	関左衛門	関政泰ヵ	摂津	東山道
64	翔左衛門	渡辺翔	摂津	東海道
65	田辺法印	快実	紀伊	
66	田井兵衛尉		紀伊	
67	宇多左衛門尉		大和	
68	加藤左衛門尉		伊勢	
69	伊予河野四郎入道	河野通信	伊予	下瀬
70	佐々木党		近江	
71	少輔入道親広	大江親広	近江	
72	帯刀左衛門	大内惟忠		東海道
73	平三左衛門			東海道
74	上野守			東海道
75	重原左衛門			東海道
76	御料			東山道
77	佐野御曹司	足利忠広ヵ		東山道
78	上野入道父子三騎			東山道
79	蜂田殿			北陸道
80	隼井判官			北陸道
81	筌会左衛門			北陸道
82	白奇蔵人			北陸道
83	西屋蔵人			北陸道
84	保田左衛門			北陸道
85	安原殿	安原実利ヵ		北陸道
86	成田太郎			北陸道

近国の武力を直接的な基盤としており、彼等に対する権門武力への取り込みが、伊賀光季追討を可能とする程度まで進展していたことを示していよう。

ところで、《諸国》が権門的動員を受けたとすれば、彼らはそれぞれの国内武士の中で特に後鳥羽と関係が深いはずである。そう考えると、《諸国》の中で特に人数の多い美濃・丹波が共に後鳥羽の院分国[14]であることは注目される。かつて石井進氏は、多くの西国守護が承久京方に属したことへの疑問に発して、安芸国の守護にして在庁兄部である宗孝親の事例から、知行国主としての院や院近臣が、有力在庁である守護を動員したと想定した（注(2)石井論文）。しかし小原嘉記氏は、安芸では宗孝親の在京により在庁兄部職が国衙行政から遊離しており、守護による国衙在庁機構の掌握という理解が成り立たないことを論証している[15]。また、乱以前から後鳥羽は在京武士を洛中警固に動員しており、院が在京する西国守護を在庁所職と無関係に動員しても特段疑問視するには当たらない（本書第一章）。守護系列は武家政権、国衙系列

No.	『慈光寺本』の表記	比定	史料1	史料4
87	石黒殿			北陸道
88	大谷三郎			北陸道
89	森二郎			北陸道
90	徳田十郎	得田章信		北陸道
91	能木源太			北陸道
92	羽差八			北陸道
93	中村太郎			北陸道
94	内蔵頭	藤原忠綱カ 藤原清範カ		北陸道
95	美濃堅者	観厳		瀬田
96	播磨堅者			瀬田
97	周防堅者			瀬田
98	智正			瀬田
99	丹後			瀬田
100	右衛門佐	藤原朝俊		宇治
101	蒲入道			宇治
102	奈良印地			宇治
103	吉野執行			魚市

・史料1の欄は、慈光寺本『承久記』上―三一〇頁～三一一頁に記載の者の動員方式（「諸国ニ被召輩」は国名）を記す。
・史料4の欄は、慈光寺本『承久記』下―三三四頁～三三五頁に記載の者の出陣先を記す。

は公家政権とする一般的理解のみでは、後鳥羽による軍事動員は説明できないのである。

むしろ知行国制度は、ここで見た美濃・丹波のごとく、守護級よりも小規模な武士が有事の軍事動員の前提として国主と私的関係を結ぶ契機であったという意味でこそ重要と考えるべきであろう。

二　鎌倉・越後での対応

次に、後鳥羽による北条義時追討命令の効力について検討したい。

1　有力御家人に対する後鳥羽の動員命令の効力

五月十五日、伊賀光季を追討した後鳥羽は、さらに北条義時追討を命じた。五月十九日、鎌倉に、京を十五日に発した伊賀光季の使・西園寺公経の家司三善長衡の使・三浦胤義の私書状・後鳥羽の命を伝える押松が一斉に到着する（『吾妻鏡』、『慈光寺本』）。前二者は義時に危機を伝える使者であり、後二者が院の義時追討命令を伝える使者である。

後鳥羽の計画は、院宣で在鎌倉の特定有力御家人複数名に北条義時の殺害を命ずるとともに、官宣旨で不特定多数の東国武士に義時の追討を命ずる、というものだったと考えられる(16)。しかし結果として東国御家人は、義時追討ではなく反後鳥羽軍として上洛することとなった。

白井克浩氏は、後鳥羽の派遣した院宣の使者、押松が早々に捕縛されたため、有力御家人は誰も院宣を見ておらず、別の使者が遅れて届ける予定だった官宣旨が届く頃に鎌倉は反後鳥羽で大勢が決していたとする。使者の問題はいったん置くとして(17)、仮に白井氏の理解に従えば、押松捕縛という偶然的要素がなければ東国武士は院宣・官宣旨を受容したことになる。確かに東国武士も官宣旨・院宣に一定の権威を認めていたことは、大番役で一時的に在京中の武士さえもが院命に従って洛中警固にあたったこと（本書第一章）、幕府内政争に敗れた者がたびたび京に向かい宣旨を要求したこと等から明らかである(18)。

しかし、鎌倉における押松捕縛という出来事自体を、有力御家人が院宣を無視した必然的結果と考えるべきであろう。押松が捕らえられた場所につき、『吾妻鏡』五月十九日条には「自二葛西谷山里殿辺一召二出之一」とあり、『慈光寺本』上―三二七頁でも「壱岐ノ入道（葛西清重）ノ宿所ヨリ、押松尋出シ」たとあり、一致している。少なくとも葛西清重は、押松と接触しており、院の命令内容を知った上で無視したのである。

さらに『慈光寺本』によれば、押松は五月「十九日ノ申ノ刻」に鎌倉に着き、伊賀光季の下人は「同酉ノ時」に着いたとある。『吾妻鏡』五月十九日条では、午の刻に伊賀光季の下人が鎌倉に着いてから押松を相尋ねたとあり、ここでも押松の先着が示唆されている。押松が鎌倉到着から捕縛までの間に後鳥羽の命令を伝えた有力御家人は、葛西清重以外にもいた可能性がある。

また、院の発した官宣旨・院宣以外に、京の三浦胤義から鎌倉の兄義村にあてて「私書状」が発せられていた。その内容は、「応二勅定一可レ誅二右京兆（北条義時）一、於二勲功賞一者可レ依レ請之由、被二仰下一之趣」であったという（『吾妻鏡』五月十九日条）。義村の場合、使者を追い返して北条義時の許に届け出たため、その行動が史料に残されたが[19]、三浦以外の御家人一族でも、在京活動中の者から鎌倉や東国諸所領で活動する者に「私書状」を遣わした可能性は十分想定しうる[20]。

以上を勘案すれば、やはりこの時、東国の有力御家人は院の命を知りながら従わなかったと考えるべきであろう。その前提として、東国における北条氏権力の定着と院権力の限界という、二つの点を踏まえておく必要がある。

前者については、北条氏主流が東国でのたび重なる政変に勝利し続け、特に武蔵・相模両国で覇権を築きつつあったことが重要であろう[21]。それにより、東国武士の間で「強者」としての信頼を獲得するとともに、鎌倉において有事の際に他の武士の反抗を抑えるだけの武力を保持するに至っていたと考えられる。

後者については、東国で早くから中央権力の強制力が低下していたことに加えて、特に前代の後白河院政の限界が挙げられる。それは後白河の執政期に保元・平治の乱が起こり、後白河自身が平家や木曾義仲に幽閉され、東国に鎌倉幕府が成立したことからも明らかであろう。有名な奥州合戦の際の大庭景能の言「軍中聞二将軍之令一、不レ聞二天子之詔一」（『吾妻鏡』文治五年六月三十日条）が示す通り、院の命は東国の軍事行動を止めることができなかったのである。

ただし後鳥羽院政期自体は、前代の後白河院政に比して院による武力編成が強大化した時期であった。治承・寿永内乱後の社会の安定と幕府勢力による西国支配の深化が在京武力の強大化をもたらす中で、後白河院の正統後継者として高い権威を有した後鳥羽は、西国守護を含む在京武士に対して、公権力による軍事動員が可能であり、さらに自らの権門武力への組織を進めていた。それにより後鳥羽は、歴代の院を悩ませてきた叡山堂衆を山上から追うなど、京・畿内近国では院政史上最大級の武力を動員し、反抗勢力を制圧することができた（本書第一章）。承久三年の伊賀光季追討の成功もその表れである。

後鳥羽による義時追討命令は、私的関係に基づく特定武士の動員を起点とする、公権力による不特定多数武士の動員が、東国においても成功すると考えたからであろう。しかし、鎌倉において院権力は高次の軍事動員主体という立場を回復しえなかったのである。

2　越後国加地庄願文山の合戦

その一方で、鎌倉以外の地には後鳥羽の軍事動員を受容した者もいる。

史料2　『吾妻鏡』承久三年五月二十九日条

佐々木兵衛尉太郎信実（兵衛尉盛綱法師子）、相二従北陸道大将軍一（朝時）、令二上洛一。爰阿波宰相中将（信成卿。乱逆之張本云々）家人酒勾〔吉本「深勾」〕八郎家賢（腰滝口季賢後胤）引二率伴類六十余人一、籠二于越後国加地庄願文山一之間、信実追二討之一訖。関東士敗二官軍一之最初也。

従来は看過されてきたが、当該条には不審な点が多い。金剛勝院領越後国加地庄（沼垂郡。現在の新潟県新発田市）は、鎌倉方北陸道軍の進軍方向とは逆の北東にはるかに離れており、京・鎌倉から派遣した総大将率いる軍勢が通過する地域ではない。「官軍」とされる酒匂家賢による同庄願文山の占領は、北条義時追討という後鳥羽の命とは直接関係しない。また、鎌倉方北陸道軍を率いる北条朝時は五月三十日の時点でも越後西部の蒲原に到着していなかったが(22)、佐々木信実がその前日の二十九日に加地庄で戦闘を行いえたとすれば、北条朝時に「相従」っていたとは考えがたい。当該条に記された日時・人名・地名が事実を記しているとすれば、酒匂家賢の行動は、後鳥羽による軍事動員発令という混乱に乗じて私的利益を追求したというのが実態に近いであろう。院近臣である坊門信成との関係から知りえた情報によるとはいえ、義時追討という後鳥羽の命を忠実に履行したわけではないのである。

また、加地庄の地頭が佐々木信実もしくは父盛綱と考えられることから(23)、佐々木信実は承久三年五月の時点で在国していた可能性が高い。仮に佐々木信実が鎌倉から北条朝時に従っていたとしても、酒匂による願文山占領を知った時点で、義時の命に従い京を目指すことよりも自身の所領保全を最優先したことには違いない。

すなわち、五月二十九日の時点では在地における領主間の私的戦闘であったはずの一事件が、上級権力間の勝敗が決した結果、公的な色分けを付与され、『吾妻鏡』に「関東士」対「官軍」という図式で描かれたと考えられるのである。

後鳥羽の義時追討命令に対する、鎌倉の有力御家人の無視と、越後国の酒匂家賢による自発的・積極的受容。後述するごとく、こうした両様の対応は当該期における院権力のあり方を端的に示しているのである。

三　鎌倉方武士の軍事行動

従来、承久の乱に勝利した鎌倉方は、烏合の衆たる京方に比して組織的な軍事力とされてきた。ただし、従来は東国武士が院と戦うことを自明視してきたためか、研究が不十分といえる。ここでは承久鎌倉方の軍事行動の特質を考えておきたい。

1　活動分担と勝者随従・所領獲得の論理

五月十九日、後鳥羽の義時追討命令を知った鎌倉では、北条政子が「不忠の讒臣等、天のせめをはからず、非義の武芸にほこりて、追討の宣旨申くだせり」として在鎌倉御家人に藤原秀康・三浦胤義の追捕を命ずるとともに(24)、北条義時・時房・泰時・大江広元・三浦義村・安達景盛の評議と政子への上申を経て、義時が遠江等十五ヵ国の「家々長」に「自二京都一可レ襲二坂東一之由、有二其聞一」として「相二触一家人々一、可レ向」と命ずる奉書を発した（『吾妻鏡』五月十九日条）。五月二十二日から二十五日にかけて、東海道・東山道・北陸道の三道から軍勢を進発させ、鎌倉にいない武士には各方面軍の進軍経路で合流するよう命じている（宮田A論文）。

鎌倉方の上洛軍発向時には、宿老十五人が鎌倉に留まった（『吾妻鏡』五月二十三日条）。これは、幕府上層部の一致団結を示すというよりも、戦乱時に鎌倉を不在にすることで生ずる不利益を避けるために、各御家人の一族内で上洛係と共に留守係を選んだ結果と考えられる。その際は、鎌倉・京を核とする東国・西国諸地域での活動分担(25)に応じて、一族の中でも乱以前から在鎌倉の者が鎌倉に残り、在国していた者が上洛軍に加わったと考えられる。宿老の鎌倉駐留は、長老的人物が鎌倉に在り、嫡子や庶弟が在国するという有力御家人一族が、当該期に多かったことを示すのではないだろうか。

さて、三浦をはじめとする有力御家人が早々に北条氏を支持したことで「北条氏に敵対しない」とする大勢が決したとしても、彼等有力御家人や東国の中小規模の多数の御家人が北条の軍事動員に応じて上洛したのはなぜであろうか。従来は、東国御家人が京方と戦うのは自明のことと思われたためか、踏み込んだ研究がなく看過されてきたが、彼らは、後鳥羽に義時追討の武力と予定されていたごとく、後鳥羽と直接の対立関係にあったわけではない。異なる階級は対立するという一般論の不成立が明らかとなった今日、宣旨・院宣に一定の権威を認めていた東国武士が京方と戦うために上洛した理由は、決して自明ではないのである。

東国武士の院命拒否・上洛の理由につき、『吾妻鏡』等の歴史叙述は、北条義時の姉である北条政子の主張した源頼朝以来の御家人との主従関係が院命に優越したとする。もちろん、頼朝の後家・実朝の母として鎌倉殿の代行者というべき立場にあった政子の呼びかけが、御家人の去就に大きな影響を与えたことは否定できない。

しかし彼らには、主従関係以上に重要なものがあったと考えられる。『慈光寺本』には、涙を流して説得する北条政子に対して、「二位殿ノ御方人ト思食セ」と忠誠を誓った武田信光（『慈光寺本』上―三二六頁）が、東海道軍の大将軍として進軍した美濃国東大寺で、もう一人の大将軍小笠原長清に「鎌倉勝バ鎌倉ニ付ナンズ。京方勝バ京方ニ付ナンズ。弓箭取身ノ習ゾカシ」と言ったとある。そこへ北条時房が「武田・小笠原殿。大井戸・河合渡賜ヒツルモノナラバ、美濃・尾張・甲斐・信濃・常陸・下野六箇国ヲ奉ラン」という文を飛脚で届けると、武田・小笠原が渡河したという（『慈光寺本』下―三四〇頁）。武田信光の「京方勝バ」の言に端的に現れているごとく、東国武士が最も重視したのは、主従の論理よりも勝者随従・所領獲得の論理であった[26]。

東国武士は、鎌倉最有力の北条氏との対立を避け、むしろ彼らに従い上洛することで新たな所領獲得の機会が得られることを重視したのである。それにより、平時に東国・西国での活動を一族内で分担していた御家人の多くは、鎌倉方と京方とに分裂することとなった（本書第五章）。

2　司令官の指揮からの逸脱

ここで想起されるのは、戦争状態の中で、鎌倉方武士勢力が独自の判断で謀叛人所領の発見即没収を遂行し、それが平時に地頭職として追認されたことである[27]。東国武士は、治承・寿永の内乱や頼朝没後の比企・梶原・畠山・和田等の大規模御家人の度重なる没落を通じて、戦争という特殊な状況下においてこそ所領・所職が獲得できることを知っていたのであろう。かかる理解を踏まえて、鎌倉方の軍事動員の実態を確認したい。

史料3　（承久三年）六月六日「北条義時袖判御教書」[28]

（花押）

五月卅日ねのときに申されたる御ふみ、けふ六月六日さるのときにたうらい。五月つこもりの日、かんはら《蒲原》をせめおとして、おなしきさるのときに、みやさき《宮崎》を、いおとされたるよし、きこしめし候ぬ。①しきふのせう《北条朝時》をあひまたす、さきさまにさやうにたゝかひして、かたきおひおとしたるよし申されたる、返々しむへう《神妙》に候。又にしなの二らう《仁科盛朝》むかひたりとも、三百きはかりのせいにて候なれは、なにことかは候へき。又しきふとの《北条朝時》も、いまはおひつかせ給候ぬらん。ほくろくたう《北陸道》のてにむかひたるよし、きこえ候は、みやさきのさゑもん《宮崎定範》・にしなの二郎《仁科盛朝》・かすやのありいしさゑもん《糟屋有石左衛門》・くわさのゐんのとうさゑもん《花山院藤左衛門》、又しなのけんし《信濃源氏》一人候とき、候。②いかにもして一人ももらさすうたるへく候也。山なとへおひいれられて候はゝ、山ふみをもせさせて、めしとらるへく候也。さやうにおひおとすほとならは、ゑ中《盛中》・かゝ《加賀》・のと《能登》・ゑちせん《越前》のものなとも、しかしなから御かたへこそまいらむする事なれは、大凡山のあんないをもしりて候らん、たしかにやまふみをして、めしとらるへく候。おひおとしたれはとて、③うちすてゝなましひにて京へいそきのほる事あるへからす。又ちうをぬきいてゝ、さやうに御けんにん《御家人》をもすゝめて、たゝかひして、かたきをゝいおとされたる事、返々しむへうにきこしめし候。しんたのおとゝの四らうさゑもん六らうなと、あひともにちうをつくしたるよし、返々しむへうに候。④又おの〳〵御けんにん《家人》にも、さやうにこゝろにいれて、たゝかひをもし、山ふみをもして、かたきをもうちたらんものにおきては、けんしやう（勧賞）あるへく候なり、そのよしをふれらるへく候。あなかしこ。

六月六日（承久三年）さるのとき　　藤原兼佐奉

いちかはの六郎刑部殿御返事

この文書は信濃の御家人である市河六郎からの軍功の報告に対する義時の返書である。この文書を発した義時の立場は、信濃守護ではなく幕府の最高権力者とみるべきであろう（宮田A論文）。

傍線①から、市河六郎が、鎌倉を発した北条朝時率いる北陸道軍の到着以前に、越後国西部の蒲原（頚城郡。現在の新潟県糸魚川市）や越中国東部の宮崎（新川郡。現在の富山県朝日町）で軍事行動を開始していたことがわかる。そして傍線②に見るごとく、越中・加賀・能登・越前の中小規模の在地領主は日和見状態であり、初期段階の軍事的制圧が雪達磨式に彼等の動向を決することを、義時は理解していた。そのためには傍線③のごとく、市河らの上洛を止めて、京方たることの明確な者を確実に討たせる必要があった。しかし義時が最前線で戦う鎌倉方を意の通り行動させるには、傍線④のごとく勧賞を提示せざるをえなかったのである。それは既述の『慈光寺本』に北条時房が武田・小笠原に六ヵ国を提示したとあることからも窺えよう。

なお、義時が市河らの上洛を止めようとしたことにつき、浅香年木氏は、東国御家人に対する北陸道の地元群小領主層の抵抗が根強かったことから、この機に彼らを掃討せんとしたと解する[29]。しかし、六月初頭段階の鎌倉では乱の勝敗の行方自体が不透明だったに違いない。義時は、長期的政策よりも、越中以下の者が「しかしなから御かたへこそまい」ることによる、乱の勝利そのものを意図していたと考えるべきである。

また、ここで予想された義時や各司令官の指揮を逸脱した武士の軍事行動は、実際に『吾妻鏡』から多くの事例を挙げることができる。

① 五月二十五日条：安東忠家が「此間有上背二右京兆《（義時）》之命一事下、籠二居当国一。聞二武州《（泰時）》上洛一、廻レ駕来加」。

② 五月二十六日条：春日貞幸が「信濃国来二会于此所一。可レ相二具武田《（信光）》・小笠原《（長清）》一之旨、雖レ有二其命一、称レ有二契約一、属二武州一云々」。

③ 六月十二日条：幸島行時が「相二具小山新左衛門尉朝長以下親類一上洛之処、運二志於武州一年尚、於二所々一令二傷死一之条、称二日者本懐一、離二一門衆一、先立自二杜山一馳二付野路駅一、加二武州之陣一」。

④ 六月十三日条：足利義氏と三浦泰村が「不レ相二触武州一、向二宇治橋辺一始二合戦一。（注、足利義氏が）相二待暁天一、可レ遂二合戦一由存之処、壮士等進二先登一之余、已始二矢合戦一」。

これらの逸脱行動に対して義時や各司令官が処罰を下した形跡はない。それどころか『吾妻鏡』は、①②③の記事につき、各人と泰時との主従関係を称賛するかのごとく叙述する。確かに彼らの主従関係は他に比して強固だったかもしれないが、むしろ各人の主たる目的は恩賞拝領につながる軍功の機会獲得にあり、泰時が最も早く進軍し京近郊では主戦場たる宇治を攻めることとなったために、泰時軍に属したというのが実態と考えられる。④には、足利義氏自身が待機を意図しながらも配下の者が先登を進んで戦闘を起こしたとあり、それを見た三浦泰村も遅れじと合戦を始めたと考えられ、軍功を挙げんと逸る武士の思考と行動が窺えるのである。

鎌倉方東海道軍・東山道軍が美濃・尾張の合戦に勝利した直後、美濃国野上・垂井で合戦僉議を開いた際に、三浦義村が北陸道軍の上洛以前に兵を京に遣わすべきだと主張し、僉議参加者から異議が出なかったのも（『吾妻鏡』六月七日条）、北陸道軍に軍功を奪われまいとする意思が共有されていたからであろう。

すなわち、鎌倉方の軍事動員は、上級権力の「動員」に乗じて私的利益を追求する好機と捉えた武士達の、自発的・積極的行動に支えられていたのである。それゆえ、指揮を逸脱した彼らの行動を、鎌倉方の各司令官は否定することができず、京方を攻撃するという方向性の限りにおいて推奨せざるをえなかったのである。
以上を勘案すれば、承久鎌倉方を単に組織的ということはできない。むしろ私的利益を追求する個の集合体という性格が顕著なのである。

四　後鳥羽院の対応とその影響

ここでは、鎌倉方の上洛に対する後鳥羽や京方武士の動向を考えたい。

1　公権力による軍事動員

まず事実経過を整理しておく。五月二十九日、六月一日頃（『吾妻鏡』各条）に東国武士の上洛を知った後鳥羽は、急遽防禦のための軍勢を動員し、北陸道と美濃・尾張へ派遣することとなった。

史料4　慈光寺本『承久記』下―三三四頁～三三五頁

能登守秀康ハ此宣旨ヲ蒙リ、手々ヲ汰テ分ラレケリ。「海道ノ大将軍ハ、能登守秀康《（藤原）》・河内判官秀澄《（藤原）》、……翔《（渡辺）》左衛門ヲ始トシテ、七千騎ニテ下べシ。山道大将軍ニハ、蜂屋入道父子三騎・垂見左衛門、……上野入道父子三騎ヲ始トシテ、五千騎ニテ下ルベシ。北陸道大将軍ニハ、伊勢前司《（藤原清定）》・石見前司《（藤原範宗）》、……内蔵頭ヲ始トシテ、七千騎ニテ下ルベシ。山道・海道・北陸道三路ヨリ、一万九千三百廿六騎トゾ註タル。残ノ人々ハ、宇治・勢多ヲ固メ玉へ。

瀬田ヲバ山ノ口ニモ仰付ラレケリ。美濃竪者《（観厳）》・播磨竪者・周防竪者・智正・丹後ヲ始トシテ、七百人コソ下リケレ。五百人ハ三尾ガ崎、二百人ハ瀬田橋ニ立向フ。行桁三間引放、大綱九筋引ハヘテ、乱杭・逆木引テ待懸タリケリ。

宇治ノ手ニハ甲斐宰相中将範茂《(高倉)》・右衛門佐《(藤原朝俊)》・蒲入道ヲ始トシテ、奈良印地ニ仰附ラレケリ。真木島ヲバ佐々木野中納言有雅、伏見ヲバ中御門中納言宗行、芋洗ヲバ坊門新中納言忠信、魚市ヲバ吉野執行、大渡ヲバ二位法眼尊長、下瀬ヲバ伊予河野四郎入道《(通信)》ニ仰付ラレケリ。残ル人々ハ、按察殿《(藤原光親)》ヲ始トシテ一千騎、高陽院殿ニゾ籠ケル。

本文の省略部分の人名は適宜、表を参照されたい。この史料4や『吾妻鏡』六月三日条には、四月末の時点で動員された者（権門的動員を受けた者）に加えて、新たに動員されたであろう者の名が多数見える（表№72以下）。京では偶然在京していた淡路の大番武士を美濃国「すのまた《(墨俣)》へかりくし《(駈具)》」ており、在京中の諸国の武士は全てが動員対象となったと考えられる。[30]

京以外では、六月二日頃に藤原秀康が「追討の棟梁」（『六代勝事記』）すなわち追討使に任命され、石清水八幡宮寺領河内国甲斐庄の前下司国範法師や、東大寺領美濃国若杉庄の教円等に使者を遣わして動員している。[31] 六月八日に越中国般若野庄に到来した宣旨には「応二勅旨一可レ誅二右京兆一」とあったといい（『吾妻鏡』）、この段階でも後鳥羽の命令内容は義時追討であった。

また、後鳥羽の軍事動員を拒否した但馬の法橋昌明が、乱の決着後に自身の勲功を鎌倉に註申した七月「廿三日状」には、次のごとき内容が記されていたという。

史料5　『吾妻鏡』承久三年八月十日条

……去五月十五日洛中合戦以後、及レ召二聚勇士一、帯下可二参洛一由　院宣上之召使五人、来二于昌明但馬国住所一。昌明斬二彼等首一之間、欲レ参二院中一之国内軍兵襲攻。昌明、一旦令レ防二戦之一、引二籠深山一。……

後鳥羽が五月十五日の伊賀光季追討以後に勇士を召したとあるのは、鎌倉方の上洛を知った六月初め頃のことであろう。

以上のごとく、鎌倉方の上洛という段階に至り、後鳥羽は一権門にとどまらない治天の君としての軍事動員を発動したのである（宮田C論文参照）。しかし、六月五日・六日の摩免戸・墨俣等（美濃国・尾張国）の合戦で京方は敗北した。鎌倉方の入京が迫った六月八日、後鳥羽はなおも宇治・勢多・淀などの京近郊への軍勢派遣を計画する。再び全ての在京武士が動員され、六月十二日に、武士の家の出自ではない坊門忠信・高倉範茂ら貴族も出陣した(32)。

この段階になると、後鳥羽は京近郊の諸寺社にも軍事動員をかけている。六月七日「院宣」(33)で興福寺衆徒に田原路の守護を命じ、六月八日には賀茂社の神主に「ゐんぜん」を発し(34)、六月十二日には比叡山の「山僧」を勢多に派遣している（『吾妻鏡』）。紀伊の熊野からは、快実が四月末から動員されていたが、六月十三・十四日の宇治川合戦では快実以外の熊野法師の奮戦も目立つ(35)。宇治には清水寺の敬月も出陣しており、魚市には「吉野執行」を配置している(36)。六月十三・十四日頃には石清水八幡宮寺の別当幸清も「院宣」を受けて鎌倉方武士を防いでいる（後掲史料6傍線③）。のちに「①承久兵乱之時、諸寺諸山悉参二京方一、雖レ奉レ敵二于関東一、園城寺独依レ存二旧好一、②可レ向二勢多・貢御瀬一之由、雖レ被二仰下一、辞二厳密勅命一(37)」と見えるのは、園城寺の主張という点を考慮する必要はあるが、地理的に見て傍線②は事実と考えられ、傍線①は後鳥羽による動員が少数の寺社に限らなかったことを示していよう。

しかし、六月十三日・十四日の京近郊諸地の合戦でも京方は敗北し、十四日夜に鎌倉方東海道・東山道合同軍が入京して（本書第二章参照）、後鳥羽の敗北が決定したのである。

承久京方の軍事動員を具体的に理解しうる史料は限られているが、その中で平岡氏は、河内国甲斐庄の国範や但馬の法橋昌明、伊賀の服部康兼が院の軍事動員を拒否した事例を挙げ、後鳥羽方の個別動員に制度的裏付けがなく失敗したとする[38]。

しかし、従来検出されている承久京方の数は、史料の残存状況を勘案しても少ないとはいえない（注(2)田中論文、宮田B論文）。また既述の戦況経過に明らかなごとく、後鳥羽は、本来ならば東国武士のみを動員して義時追討を遂行するはずだったが、予想外の防禦のために、西国武士をも動員対象として、公権力による動員を発動せざるをえない状況に追い込まれていた。軍事動員の効果の有無とは無関係に、鎌倉方東海道軍・東山道軍の速やかな進軍により、畿内より西から上洛した京方武士は多くが間に合わなかったに違いない[39]。

すなわち、乱の勝敗は鎌倉方の速やかな進軍が決したのであり、京方の軍事動員の制度的な問題以上に戦況の展開こそを重視すべきであろう[40]。

2　軍事「動員」の広がり

後鳥羽の軍事動員に対しては、上洛や拒否以外の反応もあった。以下では、後鳥羽の命令が「北条義時の追討」であったことに留意し、平岡氏とは異なる事例に注目して、京方の軍事「動員」の一側面を考えたい。

(1)　伊　予

河野通信は、後鳥羽によって伊賀光季追討や鎌倉方迎撃に動員されたが（史料1、『慈光寺本』下―三三五頁）、六月下旬には伊予で軍事行動を起こした。そのため通信は、北条泰時の命を受けた鎌倉方武士に追討され、七月頃に降人として上洛している[41]。おそらく河野は、京で後鳥羽の敗北が確定した頃に伊予へ下向し、在地の鎌倉方武士に対して抵抗を続けていたのであろう。

山内譲氏は、「在国において兵を挙げた例」は類例がほとんどないとし、河野の京方所属の要因として、国内御家人支配や南伊予をめぐる守護勢力との対立を想定している（注(41)山内論文）。氏の「在国において兵を挙げた例」への着目は重要であるが、それは河野の特殊性として理解すべきではない。既述の越後国願文山や後述の諸事例のごとく、在国挙兵の類例は複数存するのである。

従来、河野の承久京方所属を問題視してきたのは、無意識にせよ「御家人を動員するのは幕府」との思い込みがあったためと思われる。しかし、京の院中心の軍事体制を重視する今日の研究状況（注(4)参照）からすれば、河野が承久京方に属したこと自体は何ら異とするに及ばない。(42)河野通信が特に後鳥羽との強固な縁を有していた（注(12)参照）ならなおさらである。

ただし、河野が後鳥羽の敗れた京から伊予に下向して鎌倉方と戦っているのは、後鳥羽の軍事動員と無関係のはずであり、山内氏が重視する「在地の事情」によるものと考えられる。それが守護との競合であった可能性はあるが、今は未詳としておきたい。

(2) 加賀の林・板津

加賀の在地領主である藤原氏利仁流の林家綱は、互いの曽祖父が兄弟という関係の長野（板津）家景を殺害したが、承久の乱後、鎌倉に連行され、男林家朝とともに殺害された（『尊卑分脈』二―三一一・三一四頁）。これにつき浅香氏は、東国御家人の大規模軍団を前にして北陸道の地元群小領主層の結束が乱れたとする（注(29)浅香論文）。しかし、近隣の領主同士が常に結束するとは限らない。父親世代以前の同族であれば、むしろ東国御家人の接近より前から、地域内・一族内で競合していた可能性をも想定すべきであろう。

浅香氏も挙げる嘉禄二年（一二二六）二月十八日「長野景高譲状案」（菊大路家文書。鎌遺五―三四六五）に「京都騒動

之刻、景高太男長野三郎家景、為二林二郎家綱一、被レ秣〔誅〕二其身一畢」とあるのは、五月十五日の伊賀光季追討時のことと考えられる。『吾妻鏡』六月八日条には、越中国般若野において宮崎・糟屋・仁科・友野らが「相二具林・石黒以下在国之類一合戦」したとあるが、京や鎌倉からの軍勢が迫る前から、加賀で林家綱が長野（板津）家景を討つなど「在国之類」の合戦は始まっていたのである。

ここからは、京と比較的関係の深い在地領主が、私的利益追求のために、後鳥羽の「義時追討」という意図を逸脱してその軍事動員を自発的・積極的に受容し、先制の軍事活動を起こしたのを、『吾妻鏡』が京から発向したかのごとく描いた、という流れが想定できる。

（3）美濃国大井庄

鎌倉前中期、美濃国東大寺領大井庄の下司職をめぐって、大中臣奉則と、その親族である平明友（奉則の義母の娘婿。建保年間に死去）・教円父子とが、激しい相論を展開していた[43]。寛喜三年（一二三一）三月の両者の対決と証文を勘申した寛喜三年五月十一日「中原章行問注勘状」（注(31)参照）から、美濃における乱の実態を考えたい。

たび重なる訴訟とそれに伴う下司職改替の中で、おおむね在地を掌握していたのは奉則であった（注(43)大山論文三六一頁）。一方、明友・教円の法廷工作の特色は京で結んだ公武の要人との縁を十全に活用した点にある。例えば承元二年（一二〇八）、明友が「依レ為下経二廻京都一之者上、次女仁中合天、以二此文書一可レ寄二進坊門大納言殿（信清）一也」（『鎌倉遺文』六巻一六七頁。以下、頁数のみ記す）とある。この工作は失敗に終わるが、承元四年二月頃に明友は「申二上卿二位殿（藤原兼子）一候天給二御文一」り（一六九頁）、明友妻妙蓮の下司職補任を導いた。いうまでもなく坊門信清・卿二位藤原兼子は後鳥羽院近臣の有力者である。

建保年間には「牧四郎入道」が下司職に補任されるが（一六六頁）、この牧四郎入道は『武家年代記』建久三年・六波羅に見える在京の御家人牧国親と考えられ、「先年比波在京身候幾」（二六三頁）、「住京有縁之者也」（二六八頁）とされる教円が関与した可能性が高い（注(43)折田論文一八四頁）。安貞二年（一二二八）頃には教円が大外記中原への寄進を画策し、寛喜二年（一二三〇）三月に大外記中原が下司職に補任される。それに対する奉則の訴訟提起が、寛喜三年五月十一日「中原章行問注勘状」作成の直接的な原因である。

教円は、奉則の訴状で、「就レ中教円者、去承久之乱逆之時、伴二秀康一依レ向二合戦之庭一、重代之所領若杜庄、不日被二没収一畢。已犯過之身、争与二奉則一雖二一言一致二相論一乎」（二六三・二七〇頁）と、承久京方に属したことを非難された。それに対して教円は「件乱逆仁洲俣近辺之輩、依レ為二勅命一、大略被二駈召一候畢。全非二教円一人一候。付二御使一被二責召一候之間、為レ助二当時之身命一、相向候畢。依二其事一被レ没二収本領一候歟。此条毛非二教円一人之嘆一候」（二六四頁）と反論した。この叙述から、宮田氏（A論文・C論文）は京方による軍事動員が強制を伴うものであったと指摘する。

しかし、教円と同じく乱の際に美濃にいた奉則は「教円波依レ向二合戦一、被レ没二収本領一候畢。奉則波依レ不レ向、于今安堵仕候」（二六六頁）と、自らの意志で合戦に参加しなかったと主張している。中立、あるいは消極的な鎌倉方という選択肢もありえたのである。奉則は、承元四年（一二一〇）末〜五年初頃に下司職相論を鎌倉幕府に提訴するなど、御家人としての利点を活かす方向性が窺えるが、他方の教円が幕府と無関係だったわけではない。教円も、建暦元年（一二一一）五月頃に幕府関係者である左兵衛尉行俊に文書を提出しているのである（注(43)折田論文）。

これらを勘案すると、確かに乱の際には京方の強制的動員もあったであろうが、教円は半ば自発的に後鳥羽の軍事動員を受容したと考えられるのである。当該事例は、承久の乱以前から在京活動の盛んだった在地領主が、乱の際に京方として行動する可能性が高いことを示していよう。

（4）香椎宮・淀

史料6　元仁二年（一二二五）三月日「田中宗清願文」（「宮寺縁事抄」告文部類。鎌遺五―三三六一）

一　宗清為二幸清一致二芳心一条

合戦之時、幸清欲レ奉レ振二神輿於○《軍》陣一之日《上歟》、御祈之間、為二別忠一立三二ヶ願二云、……加之、①被二　院宣一請文状云、此事兼日令二存知一候、可レ致二丁寧之祈念一云々。率爾之兵乱、兼日之存○《知》如何是四。②騒動最中爾下二遣使者於香椎宮一、令レ追二出地頭一事是五。令レ隠二居落人一事是六。③称二院宣一、差二遣武勇之輩一、欲レ防二関東武士一之間、④件之輩於二社堂一及二私闘諍一、両方互以令二殺害一事是七。其後夜陰仰二交野馬允貞宗一、令レ放二火于近辺在家一、射二遣流鏑矢一、欲レ却二駿河前司義村勢一事是八。……

元仁二年、石清水八幡宮寺権別当の田中宗清が、いま一人の権別当たる善法寺流の中殿超清の「濫望」を排して、自身の「所望」の実現（別当昇任であろう）を祈願する願文を、八幡大菩薩に捧げた。史料6はその願文の一条であり、宗清は自身の正当性の一つに、超清の父にして元仁二年当時の別当である竹幸清に芳心をつくしたことをあげる(44)。

史料6によれば、承久三年当時、石清水八幡宮寺別当にして香椎宮検校でもある幸清は、後鳥羽の義時追討計画を事前に知っており（傍線①）、「騒動」を筑前国の香椎宮から「追出地頭」す絶好の機会とした（傍線②）。後鳥羽は義時追討を命ずるにあたり、承久三年五月十五日「官宣旨」（鎌遺五―二七四六）で「抑国宰并領家等、寄二事於綸綍一、更勿レ致二濫行一」と命じていたが、その危惧通り、幸清は後鳥羽の「義時追討」という意図を逸脱して私的利益を追求したのである。

むろん、逸脱とはいえ義時追討・鎌倉方武士防禦という後鳥羽の命の基本的な方向性を否定するものではなく、六月十三日頃に鎌倉方武士が京近郊に迫ると、幸清は後鳥羽の命に従い京の防衛線を担うべく「武勇之輩」を遣わそうとした（傍線③）。しかし幸清が遣わした者は、関東武士を防禦するよりも「私闘諍」を優先させたという（傍線④）。これまた私的利益の追求といえよう。従来の承久の乱研究では看過されてきたが、上級権力が発した軍事動員命令を下位者が自発的に利用するという動向が重層している点に注意しておきたい。

既述の諸事例を踏まえて史料5を見直せば、鎌倉方の進軍路ではない但馬国で、院の軍事動員を拒否した法橋昌明と国内武士との戦闘が起こっていることが注目される。昌明に敵対した国内武士が院中すなわち京に向かおうとしていたかどうかは微妙であるが、ここでも後鳥羽の軍事動員を受容して、在地の敵対者を討とうとした者の存したことが窺える。

(5) 小　括

従来、承久京方の敗因として、強制的動員に対する拒否が重視されてきた。確かにそれを示す史料は存するが、その一方で後鳥羽の軍事動員を積極的・自発的に受容する者も存したことを看過してはならない。院による軍事動員は、在地で先制の軍事行動を起こす正当性の根拠となりえたのである。ただし、軍事動員命令を受容した彼らの主目的が私的利益の追求にあり、院の意図からの逸脱もあったことが示す通り、院の軍事動員にいかに対処するかは受容者次第であった。従来の議論のごとく院による軍事動員の効果の有無を一概にいうことはできないであろう。

注意すべきは、後鳥羽の軍事動員を積極的に受容した者に、後鳥羽ないしはその周辺に連なる在京有力者との何らかの縁を有していた者が目立つことである。京を中心とする都鄙間の多様な人的・物的交流が展開する中で、承久の乱以前に在京経験があり院周辺に接点を有した者は、美濃国大井庄の教円のごとく、院の権門内部の支配関係（北面・西面・所領知行等）の範囲を超えて存したに違いない。また、有事の際の保護・援助を期待して院周辺との縁の取り結びを積極的に求めた者も多々いたであろう。

院の公権力による軍事動員は、強制力に限界を抱える一方で、権門の枠を超えて院と接点のある者達に積極的に受容されたのである。

おわりに

以上、本章では、権門後鳥羽に対する組織的な幕府の勝利と解されてきた承久の乱の軍事動員の実態を、戦況の諸段階に即して考察してきた。

承久三年五月十五日、後鳥羽は京・畿内近国の権門武力を動員して伊賀光季の追討に成功した。国内で守護級よりも小規模な武士が国主と私的関係を結ぶ契機として、知行国制度が重要であったと考えられる。

同日、後鳥羽は院宣と官宣旨を発し、京との関係が比較的深い東国の特定有力御家人を起点に不特定多数武士を動員して北条義時を追討しようとしたが、鎌倉の有力御家人は院の命令を知りながら従わなかった。

京に迫る鎌倉方を迎撃すべく、後鳥羽は公権力による軍事動員を発動せざるをえなかったが、鎌倉方の速やかな進軍により、畿内より西から上洛した京方武士の多くは間に合わなかったと考えられる。

後鳥羽の軍事動員に対しては、拒否する者がいた反面、後鳥羽の意図から逸脱しながらも私的利益追求のために自発的・積極的に受容する者が諸国にいた。彼らのごとく院の権威を重視し推戴せんとした者は、京や院周辺と縁のあった者が多く、院の権門内部の支配関係の枠を超えて存在したと考えられる。

院は、諸国においては強制力に限界を抱えながらも、推戴の対象としての意味は有していた。院の権威を重視していた武士の代表的存在は在京武士であろうが、中でも院に密着しその権門武力に組織されていた者は、その度合いがいっそう強かったに違いない。ゆえに在京武士は後鳥羽院政期の洛中警固や承久京方の中核となったのであり、京・畿内近国においては院を中心とする強力な軍事警察体制が機能していたのである。

一方、北条政子・義時の軍事動員に応じて、東国武士は上洛した。鎌倉方の軍事動員は、所領獲得等の私的利益を追求すべく自発的・積極的に軍事行動を展開した彼らに支えられていたため、指揮を逸脱した彼らの行動を、鎌倉方の各司令官は否定することができなかった。

承久の乱後、西国に進出した東国武士による非法狼藉や守護使入部等に伴う問題が頻発するが、その停止命令の一つである元仁二年（一二二五）四月五日「六波羅御教書」（金剛寺文書。鎌遺五―三三六四）には、河内国金剛寺に対して守護が「去乱逆以来、求二吹毛之咎一、入二部寺内一」していたとある。毛を吹いてでも隠れた傷を求めるごとく、なんとしても「咎」を見付けて入部せんとする守護の姿から、乱中の鎌倉方武士の行動も容易に想像できよう(45)。

乱の最中も、勝利すれば新たな所領を獲得できる鎌倉方武士の戦意はきわめて高かったと考えられ、防禦にまわった京方主力（京から発向した軍勢）の戦意は鎌倉方に比すれば低く、それも勝敗を決する一因となったに違いない。

また建長二年（一二五〇）六月十日「若狭国旧御家人跡得替注文案」（東寺百合文書ノ函一―五。鎌遺一〇―七二〇二）には、「青奥次郎入道跡、自二承久乱逆最中一地頭押領」、「木津平七并薗部形部（ママ）丞跡、自二承久乱逆一地頭押領」等と、若狭国で承久の乱の「最中」から地頭の押領があった旨が見える。青奥次郎入道や木津平七の名字地であろう青庄・木津庄は若狭の西部に位置し、越前―近江―京という鎌倉方北陸道軍の最短進軍路からは遠回りになることから、押領を行なっていたのは鎌倉方北陸道軍の本隊ではあるまい。先に後鳥羽の軍事動員を積極的に受容した在地武士の具体相を既述したが、中央の戦乱に乗じて鎌倉方として私的利害を追求した在国地頭もいたのである。

以上のごとく、京方・鎌倉方の双方から、起爆剤としての上級権力による軍事動員と、その意図から逸脱した合戦参加者による自発的受容という要素を見出すことができる。従来、承久の乱は、権門後鳥羽に対する組織的な幕府の勝利と解されてきたが、その理解の成り立ちがたいことは既述から明らかであろう。むしろ院と北条氏は、合戦参加者への影響力という点で同質性が指摘できるのである。(46)

しかし承久の乱後、鎌倉幕府の出先機関というべき六波羅探題が京に設置され、院は軍事動員命令を発する立場を放棄する。これによって、武家優位の公武分立の政治体制が確立するのである。

注

(1) 上横手雅敬A「承久の乱の諸前提」(同『日本中世政治史研究』塙書房、一九七〇年)、上横手雅敬B「鎌倉幕府と公家政権」(同『鎌倉時代政治史研究』吉川弘文館、一九九一年。初出一九七五年)。
のちに上横手氏は、守護制度の公的性格や承久の乱の私戦的側面に注目し、過去の自説の見直しを示唆している。しかし氏自身がその論点を深めることはなかった。上横手雅敬C「建久元年の歴史的意義」(前掲『鎌倉時代政治史研究』。初出一九七二年)一六二頁、上横手雅敬D「鎌倉・室町幕府と朝廷」(同『日本中世国家史論考』塙書房、一九九四年。初出一九八七年)三〇七頁。以下、ABCDを付した論稿は、例えば「上横手A論文」のごとく注番号を略す。

(2) 田中稔「承久京方武士の一考察」「承久の乱後の新地頭補任地〈拾遺〉」(同『鎌倉幕府御家人制度の研究』吉川弘文館、一九九一年。初出一九五六年、一九七〇年)、石井進「平氏・鎌倉両政権下の安芸国衙」(『石井進著作集　三　院政と平氏政権』岩波書店、二〇〇四年。初出一九六一年)、福田豊彦「承久院方武力にみる鎌倉初期の二つの主従制」(同『中世成立期の軍制と内乱』吉川弘文館、一九九五年。初出一九六九年)、五味文彦「院支配権と中世国家」(同『院政期社会の研究』山川出版社、一九八四年。初出一九七五年)等。

(3) 平岡豊A「承久の乱における院方武士の動員についての概観」(『史学研究集録』九、一九八四年)。平岡豊B「後鳥羽院西面について」（『日本史研究』三一六、一九八八年）も参照。氏の研究には戦況の段階差への注目や慈光寺本『承久記』の利用など、後述する近年の諸研究の先駆的な着眼点も示されている。

（4）宮田敬三A「鎌倉幕府成立期の軍事体制」（『古代文化』五〇―一一、一九九八年）が、後鳥羽による承久京方の動員を治承・寿永内乱期と同様の戦時の国家軍制に位置付ける見通しを示している。宮田敬三B「「承久京方」表・分布小考」（『立命館史学』二二、二〇〇一年）は、京方と見える者を網羅している。川合康「鎌倉幕府研究の現状と課題」（『日本史研究』五三一、二〇〇六年）は、院が武士を直接指揮する武士社会の秩序が承久の乱で解体されたとする見通しを提示している。長村祥知「後鳥羽院政期の在京武士と院権力」（上横手雅敬編『鎌倉時代の権力と制度』思文閣出版、二〇〇八年。本書第一章）は、後鳥羽が、守護制度の公的性格や権門武力組織が介在せずとも、前代の院と同様公権力によって在京武士を動員しえたこと、院の動員対象となる在京武士の構成が平安後期から鎌倉時代にかけて変容したことを指摘した。

（5）白井克浩「承久の乱再考」（『ヒストリア』一八九、二〇〇四年）。谷昇「承久の乱における後鳥羽上皇の寺社政策」（同『後鳥羽院政の展開と儀礼』思文閣出版、二〇一〇年。初出二〇〇六年）。以下、白井氏・谷氏の見解はこれらによる。

（6）平岡A論文、平岡豊C「藤原秀康について」（『日本歴史』五一六、一九九一年）、注(5)白井論文、宮田敬三C「承久の乱における京方の軍事動員」（『古代文化』六一―三、二〇〇九年）。

（7）上横手D論文三〇七頁、注(5)谷論文、野口実「承久の乱における三浦義村」（『明月記研究』一〇、二〇〇五年）に簡略ながら言及されている。

（8）今日の治承・寿永内乱期研究の進展は、かかる視角から導かれている。野口実『坂東武士団の成立と発展』（弘生書林、一九八二年）、川合康『鎌倉幕府成立史の研究』（校倉書房、二〇〇四年）参照。なお、鎌倉幕府荘郷地頭制成立論の研究史を画した川合康「鎌倉幕府荘郷地頭職の展開に関する一考察」（前掲書。初出一九八五年）が、多くの承久の乱関係史料を用いてなされていることも示唆的である。

（9）冨倉徳次郎「慈光寺本承久記の意味」（『国語国文』一三―八、一九四三年）等。

(10) 既述・後述以外では、松島周一「承久の乱と三河国中条氏」(峰岸純夫編『日本中世史の再発見』吉川弘文館、二〇〇三年)が後掲史料1の三河国に挙がる人名を比定する。野口実「慈光寺本『承久記』の史料的評価に関する一考察」(『京都女子大学宗教・文化研究所　研究紀要』一八、二〇〇五年)は、鎌倉方の軍事編制から『慈光寺本』の信憑性の高さを指摘する。宮田C論文は、流布本『承久記』・前田家本『承久記』が院方の無謀な一面を誇張するのに対して『慈光寺本』の信憑性が高いとする。長村祥知「承久三年五月十五日付の院宣と官宣旨」(『日本歴史』七四四、二〇一〇年。本書第二章)は、『慈光寺本』所引「院宣」は実在した可能性が高いことを論じた。

(11)『吾妻鏡』六月二十四・二十五日条、『公卿補任』等。

(12)『予陽河野家譜』(景浦勉編『予陽河野家譜』〈歴史図書社、一九八〇年〉六三頁)、『越智系図』(群系六―一四三頁)。長村祥知「承久の乱における一族の分裂と同心」(『鎌倉』一一〇、二〇一〇年。改題して本書第五章)参照。

(13) 新日本古典文学大系本は《廻文》の六郎右衛門を八田知尚に比定し、宮田C論文も「八田知尚ヵ」とするが、誤りである。本書第五章参照。

(14) 菊池紳一・宮崎康充「国司一覧」(『日本史総覧Ⅱ　古代二・中世一』新人物往来社、一九八四年)参照。

(15) 小原嘉記「西国国衙における在庁官人制の解体」(『史林』八九―二、二〇〇六年)。

(16) 長村祥知「〈承久の乱〉像の変容」(『文化史学』六八、二〇一二年。本書第三章)。

(17)『吾妻鏡』と『慈光寺本』を整合的に解釈すれば、押松は官宣旨の使者(『吾妻鏡』五月十九日条)にして院宣の使者でもあった(『慈光寺本』上―三二四頁)ことになる。官宣旨の使者は他にもいたであろうが、押松は官宣旨・院宣双方の使者と見てよいと思う。

(18)『吾妻鏡』正治二年二月二日条(梶原景時)、建仁元年二月三日条(城長茂)、承久元年二月十九日条(阿野時元)。

(19) 続く『吾妻鏡』の記述によれば、義村が「於二御方一可レ抽二無二忠一之由」を言ったとする。この点は、三浦義村が北条と一体の政治的立場にあり、北条に次ぐ勢力を有したことを勘案すると、曲筆が施されていると考えられる。野口実「執権体制下の三浦氏」(同『中世東国武士団の研究』高科書店、一九九四年。初出一九八三年) 参照。『慈光寺本』には「此ヨリ奥ノ大名・高家ハ、披露有ツル者ナラバ、和殿ト義村トヲ敵ト思ハヌ者ハヨモアラジ」という叙述がある。

(20) 例えば建暦三年(一二一三)の建保合戦の際に、在京中の佐々木広綱が、関東からの公的命令たる「御教書」(実朝御判、義時・広元連署)とは別に、「得二私飛脚一」たとある(『吾妻鏡』五月三日条・同九日条・同二十二日条)。当該期の在京御家人とその一族の活動分担については本書第一章参照。

(21) 長村祥知「承久鎌倉方武士と『吾妻鏡』」(本書第四章)。

(22) 史料3。流布本『承久記』には、北条朝時は五月晦日に越後国府中(頸城郡。現在の新潟県上越市)についたとある。

(23) 『吾妻鏡』建久六年十月十一日条、建暦三年正月二日条。『尊卑分脈』三―四三八頁。

(24) 政子が強気の演説をしたとするか(『六代勝事記』、『吾妻鏡』五月十九日条)、政子が涙を流して懇願したとするか(『慈光寺本』)という相違はあるものの、それを聞いた御家人が鎌倉殿との主従関係を重視したとする点で一致している。一般には『吾妻鏡』五月十九日条の記述が有名だが、それが『六代勝事記』を典拠としたことは、平田俊春「吾妻鏡と六代勝事記との関係」(同『平家物語の批判的研究　下』国書刊行会、一九九〇年。初出一九三九年)、弓削繁「六代勝事記と吾妻鏡の構想」(同『六代勝事記の成立と展開』風間書房、二〇〇三年。初出二〇〇一年)参照。

(25) 秋山哲雄「都市鎌倉の東国御家人」(同『北条氏権力と都市鎌倉』吉川弘文館、二〇〇六年。初出二〇〇五年)、本書第一章参照。

(26) 勝者随従・所領獲得の論理の重視は、後述する他の史料からも確認できる。なお『六代勝事記』には、不忠の臣の言を容れた不徳の君への反逆を正当化する思想が見えるが、これは実際に戦地に赴いた武士の思想というよりも、大江広元等が義時周辺に伝えた京の貴族社会の思想と理解すべきである。上横手雅敬「南北朝時代の天皇制論」(同『権力と仏教の中世史』法藏館、二〇〇九年。初出一九六二年)、長村祥知「『六代勝事記』の歴史思想」(『年報中世史研究』三一、二〇〇六年。本書第七章)参照。

(27) 注(8)川合康「鎌倉幕府荘郷地頭職の展開に関する一考察」。

(28) 市河文書。『大日本史料』第四編之十六―六五頁。鎌遺五―二七五三は一部校訂に難がある。

(29) 浅香年木「承久の乱と北陸道」（同『治承・寿永の内乱論序説』法政大学出版局、一九八一年）。

(30) （嘉禄元年ヵ）「某書状案」（大通寺本『醍醐雑事記』巻十〈第十・十一紙〉紙背文書。中島俊司編『醍醐雑事記』〈醍醐寺、一九三一年〉四二四頁。鎌遺補二—八六六が醍醐寺本『醍醐雑事記』とするのは誤りであろう）。平岡A論文、宮田C論文。

(31) 天福元年五月日「石清水八幡宮寺所司等言上状」（「宮寺縁事抄」所々神領訴訟神事違例事。鎌遺七—四五一二）。寛喜三年五月十一日「中原章行問注勘状」（京都大学文学部所蔵文書・書陵部所蔵谷森文書。鎌遺六—四一四一）。平岡C論文参照。

(32) 注(30)（嘉禄元年ヵ）「某書状案」、『吾妻鏡』六月十二日条、同六月十八日条所引「交名」。史料4の瀬田・宇治等の軍勢配置の記述は、人名は信憑性が高いが、美濃・北陸道への派兵と同日とするのは誤りであろう（宮田C論文、本書第二章）。

（貞応二年）「安芸国都宇竹原并生口島荘官罪科注進状写」（小早川家文書。鎌遺五—三〇六六）には、生口島領家の山科教成も宇治に向かったとある。

承久三年七月日「平信正文書紛失状案」（東寺百合文書へ函一号。鎌遺五—二七八九）に、京宅から宇治三室津に避難させた財物券契が六月十一日に「官兵」に押取られたとあり、京方武士の配置は六月十二日以前から始まっていたようである。

(33) 藤堂文書。『大日本史料』第四編之十六—一七七頁。『大日本史料』では疑義が呈されているが、宮田C論文と同様、文書の文面は信頼できるものと判断する。

(34) 『賀茂旧記』。神主が「社司・氏人もよをさる」とある。翻刻は尾上陽介「賀茂別雷神社所蔵『賀茂神主経久記』について」（『東京大学史料編纂所研究年報』一一、二〇〇一年）による。

(35) 史料1。『吾妻鏡』六月十八日条所引「交名」。長村祥知「『吾妻鏡』承久三年六月十八日条所引交名と後藤基綱」（野口実・長村祥知「承久宇治川合戦の再評価」第二章〈『京都女子大学宗教・文化研究所　研究紀要』二三、二〇一〇年〉。本書第四章）参照。

なお、特権付与による承久京方への誘導という白井氏の理解が、承久年間に一国平均役免除の対象に加わる熊野社に即して、谷氏にも継承されている。快実らの京方参陣は後鳥羽の厚遇の結果に違いないが、乱前からの後鳥羽の目的であったとする点には疑問がある。長村祥知「〈書評〉谷昇著『後鳥羽院政の展開と儀礼』」（『古文書研究』七三、二〇一二年）。

(36)『吾妻鏡』六月十六日条、『慈光寺本』下—三三五頁。注(32)参照。

(37) 年月日未詳「園城寺学頭宿老等申状」(古簡雑纂一。鎌遺三五—二七〇一二)。

(38) 注(31)天福元年五月日「石清水八幡宮寺所司等言上状」。史料5。承久三年八月十九日「関東下知状案」(東大寺文書。鎌遺五—二八〇四)。平岡A論文。

(39) 乱後、大隅国主神司恒用は「承久合戦之時、依二□(軍カ)兵催促状加判之咎一」り、調所書生職等について沙汰があったが、安堵されている(天福二年七月二日「某安堵状案」〈調所氏家譜。鎌遺七—四六八〇〉)。恒用は戦場に間に合わなかったのであろう。(貞応二年)三月十二日「平盛綱請文写」(小早川家文書。鎌遺五—三〇六五)・(貞応二年)「安芸国都宇竹原并生口島荘官罪科注進状写」(小早川家文書。鎌遺五—三〇六六)のごとく、承久の乱の際に西国住人が上洛し京に到着していたことが確認できる史料は数少ない。

(40) 宮田C論文は、後鳥羽が後手に回ったことは指摘するが(一〇二頁)、それ以上に、動員を受けた武士の京方への参陣拒否を重視しており(一〇三頁、一〇四頁)、平岡A論文の理解に近く、私見とは異なると思われる。

(41) 山内譲「承久の乱と地方武士団の動向」(同『中世瀬戸内地域史の研究』法政大学出版局、一九九八年。初出一九八二年)、本書第五章。

(42) むしろ問題となるべきは「なぜ伊予守護は京方に属さなかったか」であろう。当該期の伊予守護は佐々木氏(盛綱か信実)もしくは宇都宮氏と想定されているが、彼等の承久の乱時の伊予での動向は確認できない。

それに対して、周知の通り多数の西国守護が承久京方に属したが、その多くは後鳥羽院政期と同様乱勃発時も在京していたと考えられる。逆に、西国守護で承久鎌倉方に属したことが明白な者は、若狭の若狭忠季、備前の佐々木信実、土佐の三浦義村に限られるが、彼等はいずれも承久の乱勃発時に東国におり、鎌倉方として上洛している(『吾妻鏡』五月二十五日条、六月十八日条)。鎮西の守護は承久の乱時の動向がほとんど不明。

これらを勘案すれば、伊予守護が京方に属さなかったのは、単に承久の乱勃発時に在京していなかったからと考えるべきである。

事実、宇都宮頼綱は宿老の一人として鎌倉におり（『吾妻鏡』五月二十三日条）、佐々木信実は鎌倉方に属している。

承久の乱時の西国守護の比定・動向は佐藤進一『増訂　鎌倉幕府守護制度の研究』（東京大学出版会、一九七一年。第二刷一九八四年）、注(2)石井論文、上横手B論文、伊藤邦彦『鎌倉幕府守護の基礎的研究　国別考証編』（岩田書院、二〇一〇年）参照。

(43)　相論の経過等は、大山喬平「東大寺領大井荘」（『岐阜県史　通史編　中世』一九六九年）、折田悦郎「鎌倉時代前期における一相論について」（『日本中世史論攷』文献出版、一九八七年）参照。

(44)　祀官の職歴や系譜は「祀官家系図」（『石清水八幡宮史』石清水八幡宮社務所、一九三九年）参照。すでに谷氏が史料6の示す乱の実態に注目しているが、宗清を修理別当とするなど不十分な点もあり、改めて取り上げたい。
なお、石清水八幡宮寺の経営組織は、社務惣官と呼ばれる検校・別当と権別当・修理別当・小別当・上座・寺主・都維那で構成される（小山田陽子「石清水八幡宮寺に於ける社務惣官の成立と機能」〈『日本女子大学大学院文学研究科紀要』六、一九九九年〉）。社務惣官は田中・善法寺の二大門閥が独占し、両流で競合していた（伊藤清郎「石清水八幡宮」〈同『中世日本の国家と寺社』高志書院、二〇〇〇年。初出一九七六年〉）。

(45)　この「六波羅御教書」のごとく、乱中は鎌倉方武士の自発的行動に依存していた幕府上層部も、乱後になると彼等の非法を禁止する立場を鮮明にする。上横手雅敬「承久の乱の成果」（注(1)『日本中世政治史研究』）三七六頁が領主制の進展に対する「テルミドール」と位置付ける幕府の姿勢は、これらの一面を指している。

(46)　注(2)五味論文は、承久三年五月十五日「官宣旨」に追討使補任文言が見えないことから、院支配に、武家を通じての軍事編成の方式から庄公下職の直接的把握という方式への転換を見出し、院と鎌倉殿とが権力構造上同質の方向を歩んだとする。しかし、件の官宣旨は幕府（武家）による施行が予定されており、六月の段階で後鳥羽は藤原秀康を追討使に補任したと考えられるため、五味氏の説明には難がある。本章では、在地勢力からみた実態という点で同質の側面を重視した。

第七章　『六代勝事記』の歴史思想——承久の乱と帝徳批判——

はじめに

本章の課題は、『六代勝事記』の思想史的意義を論ずることにある。まず、本章の前提をなす『六代勝事記』・歴史思想史・帝徳批判の各研究史と問題の所在を挙げておく。

『六代勝事記』は、貞応年間（一二二二～一二二四）に成立した、高倉から後堀河までの天皇六代の間の勝事（耳目を驚かす出来事）の記であり、承久三年（一二二一）に起こった承久の乱関係の叙述が約四割を占める。[1] 作者については藤原長兼・藤原隆忠等の説が提出されている。[2] 本文や構想については、『帝範』『貞観政要』『新楽府』等の多くの漢籍・漢詩文を取り入れていること、[3] その成立後、『平家物語』『吾妻鏡』『保元物語』『承久記』『曽我物語』『皇帝紀抄』『法然上人伝』『東大寺続要録』に受容されたこと等が明らかにされている。[4] また、儒教の徳治主義に基づく後鳥羽批判が注目されており、先行諸研究を集大成した弓削繁氏は、承久の乱の現実に対して『六代勝事記』が漢籍に基づき後鳥羽を切り捨てたことで軍記物語や史論の展開が可能になったと評価した。[5]

以上によって、『六代勝事記』の文学作品史上の意義は明らかとなったが、弓削氏は思想史分野の先行研究には触れていない。一方、既往の思想史研究には『六代勝事記』を本格的に考察したものがないため、『六代勝事記』の思想史的意義は未解明なままにあるといえる。

既往の『六代勝事記』研究では、本文や構想を漢籍や他の作品と比較する、言わば文学作品的書物のみを対象とする研究方法がとられてきた。その方法自体は一個の書物の思想的特質を解明する上で不可欠であり、本章も従来なされていない歴史叙述との比較を試みる。それに加えて、古記録等から窺える、承久の乱以前の貴族が獲得した政治思想との関連をも考察する必要があろう。従来は貴族政治思想の研究自体が不十分であったが、こうした作業によって、既存の思想からいかなる影響を受けて『六代勝事記』の思想の体系が形成されたのか、その思想の体系は同時代あるいは後代との関連でいかなる意味を有するのかといった課題を解明することができると考える。また、さまざまな思想の成立・受容が、その時々の政治的・社会的環境の要請によることも重視されねばなるまい[6]。

かかる問題関心から本章は、成立を近くする歴史叙述―具体的には『愚管抄』と慈光寺本『承久記』―と比較して『六代勝事記』の特徴を明確にする。そして、既存の思想を継承した側面と、既存の思想を体系化して新たな主張を生み出し後代に継承された側面とを把握し、平安後期から承久の乱後における政治構造を考慮に入れて、その思想史的意義を解明したい。

如上に基づき企図するところは、『六代勝事記』を歴史思想史上に位置付け[7]、中世における歴史観の転換を論ずることである。従来、中世前期の歴史思想史研究で主に考察されてきたのは『愚管抄』[8]と『神皇正統記』[9]であった。加えて、いわゆる鏡物や軍記物語のいくつかの作品、宗教者の著述等にも論及がある一方、『六代勝事記』や『慈光寺本』の本格的研究はなされていない[10]。

また、鎌倉前期から南北朝期にかけて、歴史を動かす起因を、超越者の主体的意志や宿世・運命・末法といった人間不可測なものと捉える歴史観から、人間と捉える歴史観へ転換する（以下、前者を人間不可測の歴史観、後者を人間起因の歴史観と称する）という理解が共有されているが、その転換が何時・何を契機とするのかについては見解の一致を見ない[11]。主たる原因は当該分野の停滞に求められようが[12]、先行研究の大半がそうであるごとく、著名な歴史叙述のみを対象とし、その作品内部の分析にとどまっていては、何を契機とするのかの解明には自ずと限界があろう。

ここで注目されるのが、臣下が儒教の徳治主義に基づき帝王の徳の欠如を批判する言説（以下、帝徳批判と称する）である[13]。『神皇正統記』等が人間起因の歴史観とされてきたのは、帝徳批判の見地から過去を意味付けているからであった。それゆえ、帝徳批判に立脚する歴史叙述の登場は、歴史観の転換を反映していると位置付けることができよう。既往の歴史思想史研究では看過されてきたが、後鳥羽に帝徳批判を加える『六代勝事記』は、最も早い人間起因の歴史観となるのではないだろうか。同書の思想史的意義を作品外部の思想や環境との関連から考察することで、歴史観転換の契機が整合的に理解できると考える。

ただし、既往の帝徳批判研究も十全とはいいがたい。かつて上横手雅敬氏は南北朝期の帝徳批判について論じ、その源流が平安後期の貴族社会にあり、承久の乱を契機に一般武士層まで広まったとした[14]。氏の研究は中世前期を通観して帝徳批判を用いる階層の展開を論じたものとして重要な意義を有する。しかし、主題の性格上、南北朝期より前については簡略であり、また南北朝期までの各段階における論理構造の相違を考察したものではなかった。その後も平安後期における帝徳批判はほとんど研究されず[15]、南北朝期における帝徳批判の研究は進んだものの[16]、中世前期を通観する研究はなされていない。平安後期における帝徳批判の特質や後代との相違は、なお未解明なままにあるのである。

これらの課題に対しても、当該分野で従来看過されてきた『六代勝事記』を取り上げ、前代・後代の思想との継承関係に位置付ける既述の課題設定は有効と考える。

一　承久の乱前後の歴史観

本節では、作品内部の考察という方法で『愚管抄』『慈光寺本』『六代勝事記』それぞれの歴史観を比較する。この三書のうち、既往の歴史思想史研究では『愚管抄』のみに研究が集中しており、承久の乱のすぐ前後という思想史上重要な時期における歴史観の諸相を把握した研究はない[17]。概略ながら本節でその欠を補いたい。また、次節で詳論するごとく、『六代勝事記』の帝徳批判の特徴は君臣論・武力論にある。その内実を明確にするため、本節で『愚管抄』『慈光寺本』の君臣論・武力論に言及しておく。なお、のちに「四部合戦書」と称される『平家物語』等の軍記四作品は、西暦一二三〇年頃から約二十年以内の間に原態本が成立したとされる[18]。その中で『慈光寺本』を取り上げる理由は、他の三作品や『承久記』諸本の現存本文には原態本成立時以後の思想が混入している度合いが高いのに対して、『慈光寺本』は比較的乱後すぐの思想を反映していると考えられることにある。

1　『愚管抄』と慈光寺本『承久記』

『愚管抄』は、慈円によって承久の乱前に大部分が執筆された[19]。周知のごとくその背景には、慈円の同母兄九条兼実の二人の曽孫が東宮（懐成）と次期鎌倉殿（三寅）に位置しているという現実があり、九条家の発展を阻む、後鳥羽の北条義時追討計画に対する危惧があった。石田一良氏は、『愚管抄』が人間不可測の歴史観であることを詳論している。氏によれば、慈円の「道理」による日本史の七つの時代区分は、末法思想等の没落段階の法則が辺土小国たる日本に実現する過程であり、最澄の思想を継いで、正法・像法・末法の各段階に対応して宗廟神の約諾が顕現し、皇位や政治形態を決定するとしたという（注(8)石田論文）。氏の指摘を踏まえ、特に君臣論・武力論に注目して、その叙述を見ておきたい。

正法時には国王が補佐なしで世を治めたが、像法時には天照大神と春日大明神の「御一諾」によって藤原氏が国王を補佐した。その関係は「君臣合体魚水ノ儀」である。「魚水」「合体」の語は末法時の叙述にもあり[20]、この君臣関係の重視は、王と摂籙臣の仲を悪くする院近臣に対する批判と通底する[21]。

末法時では、鳥羽院の死後、保元の乱が起こり、「末代悪世、武士ガ世ニナリハテ」た。「文武ノ二道ニテ国主ハ世ヲオサムルニ、文ハ継体守文トテ、国王ノヲホンミニツキテ、武ノ方ヲバコノ御マモリ（注、宝剣）ニ、宗廟ノ神モ」乗り移って国王を守っていたが、今は「武士ノ、キミノ御マモリトナリタル世ニナ」ったので、壇ノ浦合戦で宝剣が消失した。ただし武士は、将軍が没すると「我身ニハヲソロシキ物モナクテ、当時心ニカナハヌ物ヲバヲレ〳〵トニラミツレバ、手ムカイスル物ナシ」という存在であり、将軍のみが武士を統制できる。その将軍に摂籙家出身の三寅がなるのは、「猶君臣合体シテ昔ニカヘリテ」「文武兼行シテ君ノ御ウシロミアルベシ」という宗廟神の議定が末代に顕現したからであった。武士を率いる摂籙将軍が「継体守文」の国王を後見するという武力論は、後鳥羽の武芸好みや西面設置に対する批判的な叙述と同根といえる[22]。

かかる君臣論や武力論には、院の帝徳欠如を批判する意図も窺われ、その意味では後述する『六代勝事記』に近いものがある。しかし、『愚管抄』が歴史を動かす起因とするのは帝徳の有無ではなく、末代や宗廟神の約諾といった人間不可測の言説であった。『愚管抄』の君臣論や武力論は、宗廟神の意志と関連させることで、摂籙家の三寅が文武兼行の将軍となることを正当化する政治思想なのである[23]。

以上、『愚管抄』が末法約諾史観とも称すべき人間不可測の歴史観であることを確認した。しかし慈円の危惧にもかかわらず、後鳥羽は承久の乱を起こして敗北し、三人の帝王が実質的に流罪に処せられるという前代未聞の結果となった。

『慈光寺本』は、承久の乱後の一二三〇年代に成立したとされ[24]、作者は濃尾の在地社会に関係のある武士もしくは下級官人とされる[25]。『愚管抄』等の、日本の現在を辺土小国の末法時と否定的に捉える仏教的世界像・歴史像と大きく異なり、『慈光寺本』は、序文に「今教法盛ニシテ　天竺・震旦・鬼界・高麗・景旦国、我朝日本日域ニモ、劫初ノ当初ヨリ今ニ至マデ、仏法ニカクレゾ無カリケル」とあるごとく、「日域」の「今」という空間・時間を肯定的に捉える。

かかる現実肯定的性格は、現世の存在は前世以前の因縁のもたらした報とする仏教の因果応報論[26]に基づく「果報」や「十善の君」等の語の頻用に顕著である。作中、院方では戦に先立ち城南寺の仏事を名目に兵を集めた後、御占が行われる。陰陽師らが思い止まるよう進言するにもかかわらず、卿二位の「十善ノ君ノ御果報ニ義時ガ果報ハ対楊スベキ事カハ」という言をいれて、後鳥羽は挙兵する。「十善の君」とは、現世に君として生まれたのは前世の善行によるとして、本来は君の絶対性を説明する根拠の一つであった。しかし、むしろ皮肉を込めた用語であることが後の叙述から判明する。戦に勝利した義時が「義時ハ《ママ》果報ハ、王ノ果報ニハ猶マサリマイラセタリケレ。義時ガ昔報行、今一足ラズシテ、下臈ノ報ト生レタリケル」と言うごとく、王に対する勝利という結果を、現世での自分の行動ではなく、前世の「果報」によって説明するのである。続く、自らの下臈という種姓の肯定は前の言葉と矛盾するかに見えるが、因果応報の原理の絶対性を表すとともに、義時も「昔報行」次第で「十善の君」に生まれうる程度に王が相対的な存在だと言わんとするものであろう[27]。後鳥羽と義時に身分上の差はあっても、君・臣の関係は措定されていないのである。現実肯定に基づく帝位を相対化する視座は[28]、尾張川の対陣の際に鎌倉方の市川新五郎が言った「誰カ昔ノ王孫ナラヌ」という言葉にも認められる。

武力論としては、「凡、御心操コソ世間ニ傾ブキ申ケレ。伏物、越内、水練、早態、相撲、笠懸ノミナラズ朝夕武芸ヲ事トシテ、昼夜ニ兵具ヲ整ヘテ、兵乱ヲ巧マシ〳〵ケリ」と、後鳥羽の武芸好みを批判的に叙述するが、承久の乱の結果の説明とは関連していない。

現実の出来事を現世では知りえない前世の「果報」によって説明する以上、誰が帝王であっても帝位を相対化しうるのであり、反面、帝王自身の為政者としての責任を敗北の原因とする視座は生まれえないのである。『慈光寺本』のごとく、「果報」という人間不可測の原理を、歴史を動かす起因とする歴史観を、果報史観と称することとしたい。

以上から、承久の乱を前後して成立した『愚管抄』『慈光寺本』は、帝位を相対化するか否かという政治思想の点では異なるが、ともに人間不可測の歴史観であることが指摘できる。

2　『六代勝事記』の歴史観

次に『六代勝事記』の歴史観を論じたい。『六代勝事記』は序文・歴史叙述部・評論部の三部から構成される（注(3)弓削「構想と表現」参照）。

序文で、作者は、今は「世すて人」であり、応保年間（一一六一～三）に生まれ、高倉天皇の時に出仕を始め、年齢「六十余廻」と自己紹介をする。そして、「身のためにしてこれをしるさず、世のため民のためにして是を記せり」という執筆意図や「安元の比より貞応の今」（一一七五頃～一二二四頃）の「見もし聞もせしこと」という執筆範囲を示す。

歴史叙述部では、各天皇紀とその間の「勝事」を記す。序文に示した安元年間より前の保元・平治の乱や、承久の乱後の処分、公家政権内の悲嘆にも触れる。表には後鳥羽とそれ以外の帝王がいかに叙述されているのかを整理した。

表　『六代勝事記』における帝王の叙述

後白河	後年高運〔の〕君也。御賀・御逆修……分段の秋の霧、玉体ををかして、無常の春〔の〕風、花のすがたをさそひき。往生極楽はあさ夕の御のぞみ也ければ、臨終正念みだれず。……普天かきくらし、率土露しげし。草木愁たるいろ也……慈悲の恵、一天の下をはぐくみ、平等の仁、四海の外にながれき。
高倉	高倉院天皇は、神武八十代の正統、後白河仙院の二子……八歳にして帝位をつぎ給、廿にして崩じ給へり。御宇十二年、徳政千万端、詩書仁義のすたれたる道をおこし、理世安楽のたえたるあとをつげり。世上、文王の短祚ををしむといへども、階下、武将の大逆をなすにのがれ給へり。晏駕の不乱、帝運の令然也。
安徳	安徳天皇は……三歳にしてゆづりをうけ給て、在位三ケ年のほど、天下おだやかならず。海底に入給へり。
後鳥羽	隠岐院天皇は……御年四歳にして位につき給へり。御宇十五年。芸能二をまなぶなかに、文章に疎にして、弓馬に長じ給へり。国の老父、ひそかに文を左にし武を右にするに、帝徳のかけたるをうれふる事は、彼呉王剣客をこのみしかば、天下に疵をかぶるものおほく、楚王細腰をこのみしかば、宮中にうゑてしぬる者おほかりき。そのきずとうゑとは世のいとふ所なれども、上のこのむに下のしたがふゆゑに、国のあやふからん事をかなしむなり。
順徳	佐渡廃帝は……四歳にして立坊。十四にして即位。御宇十一年。
土御門	阿波院天皇は……四歳にして位につき給へり。凡在位十二年のあひだ、天地変異なく、雨降時をあやまたず、国おさまり、民ゆたか也。太上天皇（注、後鳥羽）、威徳自在の楽にほこりて万方の撫育をわすれ給ひ、又近臣寵女のいさめつよくして四海の清濁をわかざるゆゑに、今上陛下の帝運いまだきはまり給はざるをおろしたてまつり、茅洞の風秋冷しく、茨山の月影さびしかりき。
後堀河	（特に叙述なし）

評論部では、「時の人」と「心有人」の問答という形式をとって歴史を総括する。

史料1　『六代勝事記』九五頁

抑、時の人うたがひていはく、『①我国はもとより神国也。人王の位をつぐ、すでに天照太神の皇孫也。何によりてか三帝一時に遠流のはぢある。……②本朝いかなれば名ををしみ恩を報ずる臣すくなからん。……③壮士なんぞ兵法にたへざる』となり。

心有人答ていはく、『臣の不忠はまことに国のはぢなれ共、④宝祚長短はかならず政の善悪によれり。憲宗は人のつひえをいたはりて、五載まで驪宮のちかきにみゆきせず。玄宗は人のうらみをさとらずして、一天みだれて、蜀山のはげしきにさまよひ給き。⑤帝範に二の徳あり。知人と撫民と也。知人とは、太平の功は一人の略にあらず。君ありて臣なきは、春秋にそしれるいひなり。撫民とは、民は君の体也。体のいたむときに、その御身またい事えたまはむや。……（注、殷の武丁、唐の太宗、夏の禹、周の文王の理想的な君臣関係を叙述）⑥悪王国にある時は、へつらへるを寵してかしこきをしりぞけ、……六十年よりこの□、⑦好文重士の君まれにして、政道過□にみだる、たびに、其身やすからず、其心くるしぶゆゑに、一人よろこびあり□、兆民かうぶらむ事をねがふばかり也』。

『六代勝事記』の歴史観はこの評論部に集約されている。時の人は、我国は皇孫が人王の位をつぐ神国なのに何故「三帝一時に遠流のはぢ」があるのか、中国と比較して、なぜ本朝には名・恩を顧慮する臣が少なく、院方の壮士は逃亡したのかと問う。心有人は、いったん、「臣の不忠」は「国のはぢ」とした上で、どの国であっても治世が短くなるのは帝王の悪政が原因である旨を答える。悪政とは帝徳の欠如のことであり、『帝範』を典拠に「知人」「撫民」を帝徳として挙げるが、前後の叙述（傍線②③⑥や省略した中国の君臣の叙述）から、君臣関係や臣の任用を意味する「知人」の欠如に重点を置いていることがわかる。これによって、「臣の不忠」は後鳥羽の不徳に帰着することになる。

具体的には後鳥羽をめぐる問答を、「不徳の帝王は宝祚が短くなる」法則として作品全体の結論に置くことから明らかな通り、『六代勝事記』は帝王の徳不徳という人間のありかたを、歴史を動かす起因とするのである。(29) かかる歴史観を帝徳史観と称することとしたい。

その思想的基盤は、鑑戒の史学論と儒教の応報観からなる中国の歴史思想(30)と考えられる。

鑑戒の史学論とは、歴史は、民のために、為政者の鑑戒としての役割を果たすものであり、正確に書かれねばならないとする理念である。『六代勝事記』には、「見もし聞もせしこと」の歴史を叙述し、見知らぬ時代については確実な材料を用いるごとく、(31)「勝事」の記録としての正確さへの志向―志向にとどまることは後述―が見出せる。また、執筆の意図を「民のため」(序文)とし、結びでも「兆民」が喜びを「かうぶらむ事をねがふ」(史料1傍線⑦)とする。これらは、『新楽府』を直接の典拠として(注(3)後藤論文、注(3)外村論文参照)、鑑戒の史学論を表したものといえよう。

儒教の応報観とは、例えば帝王であれば善政をしくか否かといった、自己の社会的職分を全うするか否かによって善悪の応報が本人や子孫に表れるとするものであり、これに基づいて叙述することで歴史が鑑戒としての意味を持つ。『六代勝事記』は、「不徳の帝王は宝祚が短くなる」とするごとく儒教の応報観に基づいている。(32)

六国史や『今鏡』の序文から、日本でも古代以来、鑑戒の史学論を受容し来たったことが知られるが、それらの内容の叙述では儒教の応報観が反映されていなかった。(33) 南北朝期の百年以上前に、『愚管抄』や『慈光寺本』といった人間不可測の歴史観が存在する中で、『六代勝事記』は、儒教の応報観に基づき、鑑戒の史学論が内実を持ったことで、人間起因の歴史観を成立させているのである。これは歴史思想史上の画期と位置付けられよう。

二　平安後期貴族社会の帝徳批判

先学の指摘する通り、『六代勝事記』の帝徳批判は『帝範』や『貞観政要』に基づくものであるが、貴族は承久の乱前からそれらの漢籍を受容している。承久の乱前の貴族が獲得した政治思想が具体的にいかなるものであり、彼らがなぜ漢籍を必要としたのかを解明する必要があろう。しかし既往の研究では、弓削氏が、『帝範』等が文武の併用を説く点に注目して、武者の世となった保元の乱以降の時世にかなう所説であったとするにとどまる。そこで本節では、『六代勝事記』が歴史展開の起因と関連付けた帝徳論の構造と、平安後期貴族の帝王をめぐる言説の特色を論じ、両者の関係を考察する。

1　『六代勝事記』の帝徳論

『六代勝事記』における帝徳とは、表の後鳥羽紀と史料1傍線⑤から、「芸能」「知人」「撫民」を指すことがわかる。これら三つの帝徳は、君・臣・民の身分観に対応して設定されたものといえよう。後鳥羽はその全ての欠如を批判されているのである。

政治の究極目的たる「撫民」の欠如に対しては「近代の君臣、民の血をしぼりたる紅軒」等の批判があり、作中でも随所に「民」「万方」に言及している。しかし、作者が最も重視する帝徳は、史料1で明らかなごとく「知人」すなわち君臣関係であった(34)。承久の乱の発端の叙述では、後鳥羽の追討命令に対して北条政子が、

史料2　『六代勝事記』八三頁

有勢の武士を庭中に召あつめてかたらひていはく、『……故大将家（源頼朝）、伊与入道（源頼義）・八幡太郎（源義家）の跡をつぎて、東夷をはぐくむに……報謝のおもひ大海よりもふかかるべし。朝威をかたじけなくする事は、将軍四代のいまに露ちりあやまる事なきを、不忠の讒臣等、天のせめをはからず、非義の武芸にほこりて、追討の宣旨申くだせり。……』。

と、北条義時追討命令を将軍追討命令であるかのごとく演説し、「不忠の讒臣」に対抗する名目で東国武士を結束させたとする。朝威を重んじてきた将軍を討たんとする讒臣に対する批判は、その言を容れた後鳥羽に帰着するのである。(35)

次に、「芸能」との関連から西面の叙述を見ておきたい。

史料3　『六代勝事記』八一頁

ちか比西面とてえらびおかれたる、いつはりて弓馬の芸を称するたぐひの、官禄身にあまり、宴飲心をまどはして、朝にうたひ夕に舞、たちゐのあらましには、あはれいくさをしてさきをかけばやとのみねがひて、烏帽子ををり、魚父を打はきしともがら。

西面のうち、有官の者は下北面同様に衛府尉から検非違使・国守へ昇進しており(36)、「官禄身にあまり」とあるのは、かかる院近臣的側面での後鳥羽の「知人」欠如に対する批判であろう。また、西面は武芸を得意としたが(37)、ここでは「いつはりて弓馬の芸を称」したとある(38)。この批判も、帰着するところは彼らを「えらびお」いた後鳥羽の「知人」欠如であろうが、帝王自身が弓馬に長じたことを批判する帝徳「芸能」の考え方が、帝王の私兵的性格を有する西面にも投影されているからと考えられる。

同様に注目されるのが、後述でも触れる法住寺合戦の叙述である。

史料4　『六代勝事記』七一頁

すべからく関東の兵略を待べしといへども、近臣の短慮よりいでて、法皇数万の官兵をめして法住寺殿にたてこもり給るを、同十一月十九日に、義仲わづかに千余騎の勢を三にわかちて、仙洞をおそひた丶かふに、……（注、院方が）血をながして河をなせり。冥顕の擁護をあやまつ、非職の兵仗をそむくにあらずや。

院方が冥顕の擁護を得られなかったのは、非職の者が兵仗を持つべきではないという規範にそむいたからではないかとする。ここでも帝徳「芸能」が投影されており、史料3と併せて『六代勝事記』には帝王が武力を率いてはならないとする武力論があると考えられる。その武力を率いるべきは、「西海の白波をたひらげ、奥州の緑林をなびかして後、錦のはかまをきて入洛」した頼朝以下代々の将軍であり、史料2に見る如く、朝威を重んじて東夷を率いる将軍を臣と位置付け、その君臣関係を最重視するのである。

以上の帝徳論を作中の他の語に対応させると、次のようになろう。

帝王自身は文章に長じ、弓馬は東夷率いる将軍に委任し―芸能―、近臣寵女を近づけず、臣たる将軍や執政、文武百官との君臣関係を最重視して―知人―、民を撫んずる―撫民―。

かかる三つの帝徳「芸能」「知人」「撫民」を兼備する理想の帝王像は、史料1傍線⑦の「兆民」に善政をしく「好文重士の君」という表現に集約されている。(39)『六代勝事記』が歴史展開の起因と関連付けた帝徳論は、かかる構造をなしていたのである。

2　平安後期の貴族と「知人」

次に、平安後期貴族の帝王をめぐる言説について考察したい。

帝徳批判の成立時期を明示することは本章の課題を超えるので控えるが、しばしば肯定的に引用される石井進氏の見解に若干の検討を加えておく。石井氏は、院政期に院・天皇が神から人へ転化し、貴族による仮借なき批判にさらされるようになったとした(40)。氏の挙げた事例は厳密にいえば帝徳批判ではないが、帝徳批判は帝王個々人を人間とみなすゆえに為政者としての責任を問う言説であり、氏の指摘するごとく平安後期に帝王が神から人へ転化したならば、軌を一にして帝徳批判も成立したことになる。しかし、すでに長和三年(一〇一四)に藤原道長・藤原道綱が三条天皇に対して「天道奉レ責二主上一之由」を奏したとあり(『小右記』三月十四日条)、その後も藤原資房が日記『春記』に、後朱雀に対して「殿上濫行、是公家不徳之故也」と記し、後冷泉の病を「天道所レ咎」と記すごとく(41)、帝徳批判は平安中期から確認できる。

平安中期における帝徳批判の特質については後考を期さねばならないが、天皇が人間と見なされつつあった平安中期から平安後期にかけて、より人間的・専制的な帝王たる院が現れ、権力を確立するのに対応して、貴族が院を批判し相対化する言説として帝徳批判を多用するようになったと考えるべきであろう(42)。

では、平安後期の貴族はいかなる帝徳の欠如を問題としたのか。白河院が院政を開始し、専制君主として政務を主導しえたのは、皇位・摂関にまで及ぶ人事権を掌握していたからであった(43)。一方、貴族には「叙位除目事。公事中第一大事只在レ此。是人命之所レ繋。朝政之善悪只在レ此」(『貫首秘抄』)とする政治論があった。中御門宗忠が白河の死に際して「任レ意、不レ拘レ法、行二除目叙位一給」「天下之品秩破」と批判したのは、かかる院権力の本質と貴族の政治論とによっている。この史料には、保安元年(一一二〇)十一月の藤原忠実の内覧停止を「魚水之契忽変、合体之儀俄違以来、天下衆人被レ仰二聖徳滅了一」(『中右記』大治四年七月七日条。注(40)黒田論文参照)とする割注が続く。前掲『愚管抄』にも所見するごとく、「魚水」「合体」は君臣共同統治の理想を表現しており、その破綻を「聖徳滅」とするのである。官位の「超越」に対する不満をあらわにし、意に適う叙位除目を「善政」とする貴族達にとっては、(44)本来「撫民」の手段であるはずの人事が、そのまま「政」であった。災異を帝王の不徳に対する天の警告と考える貴族が、天変等に際してさまざまな施策（徳政）を要求するごとく、(45)古代以来、政治の究極目標は「撫民」だったが、具体的な名目を挙げない帝徳批判も多い中で、平安後期に貴族が最も問題視し、批判の対象として槍玉に挙げた帝徳の欠如は、官位秩序をはじめとする君臣関係の乱れ、すなわち『六代勝事記』に言う「知人」の欠如だったのである。

その一方で、宗忠が、側近として仕えた堀河天皇の死に際して、堀河が「叙位除目御意所レ及、為レ先二道理一」しながら「只恨時世及レ末、天下頗乱。但是偏非二一人之咎一歟。法王（白河）已在、世間之事相二分両方一之故也」（『中右記』嘉承二年七月十九日条）と、「時世及末」や他の帝王（白河）に責任を帰して堀河に帝徳批判を加えない場合もある。この場合は白河批判も含まれるが、宗忠が堀河に対するのと同様に、帝王擁護のために人間不可測の言説たる末代観を用いる例は平安後期より前から認められる。

長久元年（一〇四〇）七月、伊勢の豊受宮が大風で顚倒した。これについて後朱雀天皇は「此国是神国也。本自不レ厳二警戒一、只彼憑二神助一也。而世已為二澆漓一。神事如之。目レ之知三神明無二其助一。嗟呼悲哉、主無二己徳化一、神亦忘却。何有二其憑一乎」と歎いた（『春記』長久元年八月二十三日条）。翌日、そのことを藤原資房が小野宮実資に伝えると、実資は寛弘二年（一〇〇五）の内裏焼亡による神鏡焼損や延暦十年（七九一）の伊勢内宮火災にふれて「件事等只世運之及二季末一之故也。……専非二一人之御慎一也。……是則以二明王一当二乱世一、只以二道理一叶二天意一□□給万民歟。然則雖二末代一何無二神助一乎」と、末代を理由に後朱雀を擁護し、天意に叶えば神助があると語ったという（『春記』長久元年八月二十四日条）。

すなわち、徳治主義が確固たる規範として存在し厳密に世の治乱を帝徳と関連付けていたのではなく、自身の政治的立場や帝王との関係等によって、帝王批判に帝徳を、帝王擁護に末代を、恣意的に使い分けていたのである(46)。ただし、武士とは異なり貴族が武力を用いて反逆することはなかった。貴族にとって帝徳批判が現実性を持つためには、院への自分以外からの打撃を必要としたのである。

既述を踏まえて、寿永二年（一一八三）十一月十九日、平家西走後の京で木曾義仲が後白河院御所を襲撃した法住寺合戦の同時代史料を見てみたい。法住寺合戦は、院を流すところまでには至らず幽閉にとどまるが、帝王と武士との合戦、後者の勝利という点では承久の乱と類似している。九条兼実は合戦の二日前、「義仲忽無下可レ奉レ危二国家一之理上」にも関わらず、院方が戦の準備をしていることを「出レ自二小人之計一歟」として、「小人等近習之間、遂至二于此大事一。君之不レ見レ士之所レ致也」と後白河を批判し、合戦が義仲の勝利に終わった十九日には「義仲者是天之誡二不徳之君一使也」と記している(47)。兼実の、士を見ざる不徳の君が天によって誡められる、という論理が『六代勝事記』の「心有人」の言に重なることは明らかであろう。

以上から、君臣関係の最重視を平安後期貴族の帝徳批判の特徴として挙げることができる。『六代勝事記』は、帝徳の中でも「知人」を最重視しており、まさしく平安後期の貴族が獲得した帝徳批判を前提としているのである。

3　帝王と「弓馬」

帝王は文章に長じるべしとする考え方は一般的であった。例えば藤原行成の日記『権記』長保二年（一〇〇〇）六月二十日条には聖代とされる村上天皇を指して「天暦以後、好文賢皇也」とあり、順徳天皇が承久年間に天皇故実を記した『禁秘抄』上に「諸芸能事」として「第一御学問也……第二管絃」とある。また儒学労による兼官の嘆願という文脈ではあるが、寛弘四年（一〇〇七）二月二十二日「大江以言奏状」（『本朝文粋』巻六）に「方今聖主好レ文。賢相択レ士」とあるのは、「好文」が聖主の要件だからであろう。

一方、帝王と「弓馬」の関係については、帝王自身の武芸修練の事例が少ないこともあり、承久の乱以前において『六代勝事記』のごとき鮮明な批判はほとんど見出せない。前掲『慈光寺本』等の承久の乱後の歴史叙述が後鳥羽の武芸好みを批判的に叙述する背景に、承久の乱を起こして敗北したことの影響が大きいことは疑いない。

しかし、以下の諸事例から、遅くとも平安後期から鎌倉前期頃においては、一般貴族とは異なり、帝王自身の武芸は、どちらかといえば好ましい行為ではないと認識されていたと考えられる。すなわち、平安前期には天皇自らが騎馬したのに対して平安後期には騎馬しなくなり（注(37)秋山論文）、天皇と王卿がともに弓を射ることを理念とする弓場始で実際に弓を射た天皇は村上天皇のみであった(48)。また、前掲『愚管抄』の叙述のほか、『今鏡』すべらぎの中第二〔紅葉の御狩〕に「白河院御弓なども上手におはしましけるにや、「池の鳥を射たりしかば、故院（後三条）のむずからせ給ひし」なむど仰せられけるとかや。まだ東宮の若宮など申しける時よりなるべし」とある。先に触れた『禁秘抄』「諸芸能事」には武芸への言及がない。

また、帝王が武力を率いてはならないとする「守文」の帝王論がある。寿永二年（一一八三）七月二十五日、北陸から源義仲らが京に迫り、平家は安徳天皇と三種の神器を伴って都から鎮西へ落ちていった。京では故高倉院の二人の宮から新帝を立てることとなったが、そこへ義仲が横槍を入れた。自身の庇護下にある北陸宮（以仁王の遺児）を「義兵之勲功在二彼宮御力一」と推したのである。後白河法皇は使者を遣わして「我朝之習、以二継体守文一為レ先。高倉院宮両人御坐。乍レ置二其王胤一、強被レ求二孫王一之条、神慮難レ測。此条猶不レ可レ然歟云々」と拒否した（『玉葉』寿永二年八月十四日条）。義仲の主張は、かつて以仁王は「至孝」によって挙兵し身を亡ぼした、その息北陸宮は「義兵」を挙げて平家を追い払った、という「武」の実績を前面に押し出したものだが、後白河は―おそらく中国の放伐革命を意識して—本朝では天皇だった者の子（「継体」）で「守文」[49]の者が皇位につくべきだ、と主張したのである。

その背景として、高倉が「文王」と称されていることが指摘できる（表　高倉紀、『明月記』治承五年正月十四日条）。後白河の主張がその場しのぎの方便でないことは、前掲『愚管抄』の宝剣消失の叙述に、「継体守文」の語で国王自身は「文」たるべしとする観念が表現されていたことからも明らかであろう。

以上のごとく、平安末から鎌倉前期の貴族社会では、帝王は「弓馬」と直結すべきではないとする意識が共有されていた。それゆえ、半井本『保元物語』が四宮雅仁親王を指して「文ニモ武ニモアラヌ」と、天皇となるのに武芸が必要であるかのごとく叙述するのは、当該期における一般的な考え方ではない。

しかし別の見方をすれば、帝王と文武の関係を意識せねばならないほどに武を無視しえない時代となっていたともいえる。慈円が保元以後を「武者ノ世」とし、『六代勝事記』が「六代」以前の事件たる保元の乱に言及するごとく、「保元以後、天下乱逆」（『玉葉』文治元年十二月二十七日条）とする同時代認識は一般的であった。平治の乱後の応保二年（一一六二）頃に藤原伊通が二条天皇に献じた『大槐秘抄』に「世はことの外にひさしくなりては。非常のこゝろある者いでまうでき候ぬれば、（注、田村丸のような）武者一人は、たのみてもたせおはしますべきなり」とあるごとく、帝王を守護する武力が必要となっていたのである。保元の乱以降の貴族社会には、単に武を重視するか否かではなく、無視しえない武を帝王が率いることなく位置付けねばならないという課題があり続けたのである。

この課題は、後白河の頃に、内乱の中から成立した鎌倉幕府に王朝の軍事警察権を委譲するという形式をとって解消されたかに見えた[50]。しかし、自身も武芸を好む後鳥羽は武力を組織して承久の乱を起こし、その敗北が、この課題を一層深刻なものとして貴族社会に直面させる。それに対する『六代勝事記』の解答が、帝徳「知人」「芸能」を兼備する「好文重士の君」が弓馬を将軍に委任する、というものだったのである。

以上のごとく、『六代勝事記』が最も重視する「知人」は平安後期貴族の君臣関係最重視の帝徳批判を、また「芸能」は特に保元の乱以降の貴族社会で課題となった文章・弓馬と帝王とのあるべき関係の意識を、それぞれ継承して明確化し、強調したものであった。既述では、帝徳批判を歴史展開の起因に関連付けた『六代勝事記』が歴史思想史上の画期であることを指摘したが、その帝徳批判は承久の乱前から存在する政治思想を継承したものだったのである。換言すれば、平安後期貴族社会が、承久の乱を契機として成立した『六代勝事記』の、画期的な歴史観の中核たる帝徳批判を準備していたことになる。

人事権を握る院が君臨し、武力の政治的意味が大きくなった平安後期固有の政治構造の中で、貴族は帝王批判の思想的根拠を必要とした。その要請に応え得たものが、君臣関係を論じ、武の位置付けにも言及する『貞観政要』『帝範』等の漢籍だったのである。両書とも平安前期には日本に伝来していたと考えられるが、平安後期以降、天皇への進講や貴族の受容を示す史料が増えるという。(51)『六代勝事記』の漢籍受容は、かかる平安後期以来の思想的動向の延長線上に位置するのである。

三　承久の乱と『六代勝事記』の思想の体系

本節では、『六代勝事記』が承久の乱後早くに成立したことの意味と、その後の政治思想・歴史思想への継承を考察する。

1　後鳥羽批判と皇孫擁護

後鳥羽に対しては、承久の乱前から、「凡近代之政、不レ請二□《（オカ）》智一不レ論二英華一、只以二内奏之者一所レ被二許任一也」（『玉葉』建暦元年九月八日条）とする批判や、院近臣藤原範光（後鳥羽の乳母卿二位兼子の兄弟）の男範朝を聟としていた日野資実が藤原親経を超越したことを「邪政其一也」（『三長記』元久三年四月三日条）とする批判があった。また「主上《（後鳥羽）》有二御弓事一。射者六芸其一也。但以レ文可レ被レ為レ先歟[52]」とあるごとく、文を疎かにして武芸を好み、武士を支配下に置くことを志向したとされる[53]。

その後鳥羽に対して、「好文重士の君」を理想とする『六代勝事記』が「知人」に加えて「芸能」を批判したのは的確だが、作為的な面もなくはない。後鳥羽が儀礼の復興に努めたことや（注(53)目崎著書一〇七頁以下）、『六代勝事記』が帝徳論の根拠とする『帝範』や『貞観政要』を―真髄を学んだとはいえないにせよ―進講されたことには[54]触れていない。『明月記』承元元年（一二〇七）十二月二十九日条には「近日仙洞偏詩御沙汰云々。事若非二後干一者、好文之世已近歟」とある。『明月記』建暦二年（一二一二）十二月三日条には、来る二十二日の雅成親王の元服に関して、雅成が「自二去夏之比一、称二上皇之厳訓一、偏好二弓馬事一又水練角力、……已抛二好文之思一之由人以嘆息。而昨日上皇召二為長《（菅原）》卿一、偏可レ奉レ勤二文道一之由被レ仰二含之一。是凶徒之所レ称歟。更非二叡慮所一レ好云々」とある。雅成が、武芸を修練せよとの厳訓を父後鳥羽のものとして受け入れた背景に、後鳥羽ならそう命じても不自然ではないという認識のあったことは確実だが、後鳥羽は「偏可レ奉レ勤二文道一」と言っているのである。

さらに、表からは矛盾も見出せる。一つは高倉の「短祚」。「短祚」とは寿命の短い意であり、必然的に「宝祚」（治世）も短くなるはずである。ならば史料1傍線④から悪政の果となるはずだが、そうは叙述せず、「徳政千万端」

として肯定的に描いている。もう一つは後白河と「知人」。法住寺合戦は、「近臣の短慮よりいでて」合戦に及んだ結果、院方が敗北する（史料４）。帝徳「知人」の論理からすれば、人を選ばなかった後白河を不徳の君とせねばならないはずだが、後白河を「平等の仁」として善政をたたえている。

これらを含めて表から、後鳥羽以外の帝王は肯定的に描かれるか、あるいは「政の善悪」という基準では叙述されないのに対して、後鳥羽のみは為政者としての責任を厳しく問われていることがわかる。承久の乱前の貴族の使い分けと同様に、『六代勝事記』にとっての徳治主義は、それに照らし合わせて歴史を叙述する規範というものではなく、後鳥羽を批判するという目的が最初にあって必要とされたと考えるべきであろう。既述した記録としての正確さへの志向は、出来事の説明や解釈には及んでいないのである。

ではなぜ、後鳥羽に対して、人間不可測の言説たる末代観を用いて擁護するのではなく、帝王自身の責任を問う帝徳論を用いて批判し、他の帝王は矛盾が生じてまで賛美するのであろうか。その理由は、承久の乱後の政治的・思想的状況から見出すことができよう。

承久の乱は、臣に対する帝王の敗北、配流という前代未聞の結果となったが、幕府の要請によって後高倉院・後堀河天皇という体制が生まれ、皇孫が人王の位をつぐ、という原則は残った。このことは、公家政権のみならず武家政権にとっても、皇孫たる院・天皇両者を帝王に推戴する政治形態が「民」を支配する体制として必要だったことを示している。しかし、治天の君後鳥羽が流罪に処せられたことで、帝王権威は崩壊の危機にあった。『慈光寺本』のごとく帝王本人の行動と無関係に帝位にある者を相対化する思想がある中で、公武両政権の存立のためには、支配の正当性を保障し、諸権門の統合を果たす機関として、皇孫が即く帝位の尊厳を保たねばならなかった。そこで必要とされたのが、後鳥羽一人に全責任を負わせることで三人の帝王が受けた恥と帝位とを峻別する言説、そして、帝位に即く皇孫に権威を付与する言説であった。前者の要請に応えたのが帝王個々人を人間とみなすゆえに為政者としての責任を問うことが可能な言説、帝徳批判であり、後者の要請に応えたのが「皇孫」が帝位にあることを正当化する言説、神国思想である。両者を評論部（史料1）に並置する『六代勝事記』の、後鳥羽を批判するという既述の目的は、皇孫を擁護するという、もう一つの目的と表裏の関係にあったのである。[55]

如上の理解をなすためには史料1の神国思想と帝徳批判の並置について論ずる必要があろう。『六代勝事記』は、帝徳批判研究史上の言及が皆無に等しいのとは異なり、神国思想の先行研究ではしばしば言及されてきた。その代表は、史料1の問答で本章に言う帝徳批判が見えることを「絶望の淵に沈んだ公家権門の危機感が漂っている」とする佐々木馨氏の解釈である。[56]また、鍛代敏雄氏は「「神国」論をもって武家に抗うためには、新たな儒学的教説を入れて理論化を図ったことは想定されうる」としている。[57]弓削氏は、政治史や神国思想の先行研究を踏まえての立論ではないと思われるが、[58]承久の乱による神国思想の危機を合理化するために後鳥羽を切り捨てたとしている。

これらの見解が、神明擁護・神孫君臨という神国思想の二つの意味[59]のうちの神孫君臨と、帝徳批判との並置に注目する点は妥当である。[60]しかし、いずれも、貴族が承久の乱前から院個々人に帝徳批判を加えていることには留意しておらず、単純に「公家権門」を一体のものと見なす理解は妥当ではない。

さらに史料1の傍線①を指して、貴族の絶望や神国思想の危機と解釈する点にも再検討を要する。後高倉を治天とし、後堀河を践祚させることで、神孫君臨の主張を危機にさらさなかったのは、他ならぬ武家であった。既述のごとく『六代勝事記』は、歴史叙述部で将軍を臣と位置付けて君臣関係を重視しており、作品全体から見て武家への対抗を強調する理解には難がある。

また改めて言うまでもなく、史料1の問答は作者が自らの主張を表明するために仮構したものである。それゆえ、序文や歴史叙述部との関連で、評論部の問答全体がいかなる主張を導き出すのかを問題とせねばなるまい。既述のごとく『六代勝事記』が歴史叙述部で後鳥羽以外の帝王を賛美していることや、神国思想についての、支配秩序総体の危機に際して喧伝され、支配層の求心力として機能するという指摘を勘案すれば、[61] 傍線①は、帝王権威の低下という危機に対して、後堀河即位という現実を背景に神孫君臨を強調するものであり、その「我国」や「皇孫」に恥があってはならないとする主張が、恥をもたらした後鳥羽に全責任を負わせて排除する傍線④を導く、という論理の一環をなすと解すべきなのである。

如上の政治的な契機から成立しながらも、[62]『六代勝事記』は、場当たり的な政治的言説にとどまらなかった。歴史観としての普遍性を志向し、善政を行わねばならない帝王の鑑戒であろうとしたからこそ、矛盾が生じたとはいえ画期的な人間起因の歴史観を形成しえたのである。

2 承久の乱後の帝徳批判・神国思想

承久の乱後の帝徳批判と神国思想の展開から、承久の乱と『六代勝事記』の意義を確認しておく。

まず、帝徳批判について。承久の乱前と大きく相違する点は、乱で後鳥羽が敗れ、流されたという史実が生じたことで、平安後期貴族社会では現実性のなかった、不徳の君は廃されるとする思想が実体を持ったことである。承久の乱後に徳治主義が広まり、公武双方で徳政の理念が重視され、[63] 南北朝期まで後鳥羽に対する帝徳批判が存続するのは、このことを前提としている。ただし、実体を持ったとはいえ、『六代勝事記』の帝徳批判は君臣関係を重視して臣の立場から君を批判する平安後期的な論理構造であり、後述するごとく、不徳の君を廃した臣が代わって君となる易姓革命の論理ではなかった。

次に、神国思想について。承久の乱の前後を通じて、自国擁護や神への尊崇といった神明擁護を意味する場合が、神孫君臨よりも多いことに変わりはないが、承久の乱前には僅少であった、明確に神孫君臨を主張する史料が増加する。(64) 神孫君臨をあえて主張するようになったのは、承久の乱の敗北後にこそ、帝位に即く皇孫がより一層必要とされるに至ったことを示していよう。もちろん、神孫君臨の観念自体は古代から存在し、承久の乱前でも『愚管抄』が神孫君臨を主張しているが、「神国」とは表記していない。承久の乱後に神孫君臨を意味する「神国」表記が多く見えるようになったのは、『六代勝事記』の受容を通してその用例が広まった可能性がある。

以上のごとく、帝徳批判と神国思想の展開史上、承久の乱は一つの画期であった。承久の乱後の双方の出発点に位置する『六代勝事記』は、神孫君臨の神国思想や徳治主義・帝徳批判が必要とされた際に、それらを伝える重要な根拠という役割を担ったと考えられるが、特に重視すべきは、帝徳批判と神孫君臨を並置する『六代勝事記』の思想の体系と、承久の乱後の歴史叙述との関連である。

序に挙げた通り、『六代勝事記』を受容したことが解明されている鎌倉中後期成立の書物は多いが、中でも『承久記』の変容は注目すべきものがある。慈光寺本『承久記』が『六代勝事記』や『吾妻鏡』『保元物語』を受容して成立した流布本『承久記』(65)の、現存本文総体がいつ頃成立したかは不明であるが、冨倉徳次郎氏の注目した「後鳥羽院」・「佐渡院」(順徳)の諡号の使用から、(66) 仁治三年~建長元年(一二四二~一二四九)には一部が成立していたと考えられ、『六代勝事記』の影響が指摘されている次の終結部の叙述は、その頃に成立したと推測される。

史料5　流布本『承久記』下――一四六頁

……日本国の帝位は伊勢天照太神・八幡大菩薩の御計ひと申ながら、賢王、逆臣を用ひても難レ保、賢臣、悪王に仕へても治しがたし。一人怒時は罪なき者をも罰し給ふ、一人喜時は忠なき者をも賞し給にや。されば天、是にくみし不レ給。……

既述のごとく、慈光寺本段階では果報史観によって北条義時の勝利を肯定していたが、流布本の終結部は、君臣関係を重視し、帝王の行為に天が応えるとする帝徳史観へと変化しているのである。(67)そして後述するごとく、南北朝期にもかかる『六代勝事記』的な思想の体系は確認できる。

これと関連して近年の後鳥羽院（顕徳院）怨霊の研究に触れておきたい。承久の乱後、隠岐に流された後鳥羽は延応元年（一二三九）に没する。その生前・没後に朝幕の要人が死去した際等には、しばしば後鳥羽院怨霊の祟りが噂された。仁治三年（一二四二）には四条天皇の急逝によって皇位を継ぐ後高倉皇統が途絶え、土御門院の男後嵯峨が即位するが、後鳥羽院怨霊の対処について、川合康氏は幕府の戦後処理という視点から、徳永誓子氏は後嵯峨皇統の展開との関係から論じ、ともに後嵯峨皇統の安定後に後鳥羽に対する帝徳批判が定着するという見通しを示している。(68)「定着」という点では妥当な見解であるが、両氏が触れていない『六代勝事記』の成立という事実が端的に示す通り、後鳥羽に対する帝徳批判は承久の乱後早くから存在した。

注意すべき点は、『六代勝事記』が、後鳥羽の父高倉を「正統」とし、同書成立時には天皇の直系尊属ではなかった土御門を擁護するごとく（表　土御門紀）、特定の皇統ではなく「皇孫」擁護を目的としたことである。それゆえ、後高倉・土御門いずれの皇統の治世にあっても後鳥羽批判が必要とされた場合には、流布本『承久記』の範となったごとく、その要請に合致する書物として受容されたのである。(69)

おわりに

以上、論じてきたことを整理しておく。承久の乱を前後して存在した『愚管抄』の末法約諾史観と『慈光寺本』の果報史観は、ともに人間不可測の歴史観であった。時を近くして成立した『六代勝事記』が儒教の応報観に基づき、帝王の鑑戒であろうとして、帝徳の有無という人間のあり方を歴史展開の起因とする帝徳史観を成立させたことは、歴史思想史上の画期である。その歴史観の中核たる帝徳批判は、平安後期の君臣関係最重視の帝徳批判、および帝王と弓馬の直結に対する批判を継承して「知人」「芸能」と明確化し、「好文重士の君」を理想とするものであり、平安後期貴族社会が『六代勝事記』の画期的な歴史観を準備したといえる。『六代勝事記』の帝徳批判は、後鳥羽批判という目的から必要とされた言説であり、その目的は皇孫擁護という目的と表裏の関係にあった。その表れが評論部の帝徳批判と神国思想（神孫君臨）の並置である。その二つの目的は、承久の乱によって崩壊の危機にあった帝王権威の尊厳を保ち、後鳥羽個人に責任を負わせるという公武両政権の要請に応えるものであり、『承久記』の改作に見るごとく、『六代勝事記』の思想の体系は承久の乱後も受容され続けたのである。

最後に、南北朝期以降に成立した歴史叙述との関連から、帝徳批判の変容について展望しておきたい。

北畠親房の『神皇正統記』は、序論で「大日本者神国也。天祖はじめて基をひらき、日神ながく統を伝給ふ」と、神孫君臨を強調した上で、承久の乱の際の後鳥羽の挙兵については次のごとく叙述している。

史料6　『神皇正統記』一五三頁

是（注、頼朝）にまさる程の徳政なくしていかでたやすくくつがへさるべき。縦又うしなはれぬべくとも、民やすかるまじくは、上天よもくみし給はじ。次に王者の軍と云は、とがあるを討じて、きずなきをばほろぼさず。……義時久く彼（注、頼朝）が権をとりて、人望にそむかざりしかば、下にはいまだきず有といふべからず。一往のいはればかりにて追討せられんは、上の御とがとや申すべき。……但下の上を剋するはきはめたる非道なり。終にはなどか皇化に不レ順べき。

武家の思想を表しているとされる『梅松論』（一一頁）には、承久の乱の際の北条泰時と義時の問答が記される。泰時の「身ニ当テ無レ誤ト云共、今正ニ勅勘ヲ蒙事、歎有レ余。只天命難レ遁者也」とする言に対して、義時が「但是ハ君王御政正キ時ノ事也。近年……一所ニ数輩ノ主ヲ付ル、間、国土敢テ穏ズ。所詮天下静謐ノ為タル上ハ、運ヲ天ニ任、可レ致二合戦一。若東士等理ヲ得バ、申進ル凶臣ヲ給テ重科ニ属スベシ。御位ニ於テハ彼院ノ御子孫ヲ位ニ付奉ルベシ」と言ったとする。また地の文には「我朝ハ王孫一流……誠ニ神国宝祚長久ノ堺也」とする記述もある。

さらに、鎌倉中期に原型が成立した後、さまざまな説話が増補されていったとされる『梅尾明恵上人伝記』にも、『梅松論』と同様の問答が記されている。泰時が「一天悉く是王土に非ずと云ふ事なし。……されば戦ひ申さん事、理に背けり」と言ったのに対して、義時は次のごとく言ったとする。

史料7　『梅尾明恵上人伝記』巻下――一八六頁

其は君土の御政正しく、国家治まる時の事也。今此の君の御代と成りて、国々乱れ、所々安からず、上下万人愁ひを抱かずと云ふ事なし。……（注、関東は）万民安穏の思ひを成せり。若し御一統あらば、禍ひ四海に充ち、煩ひ一天に普くして、安き事なく、人民大きに愁ふべし。是、私を存じて随ひ申さざるに非ず。天下の人の歎きに代りて、縦ひ身の冥加尽き、命を捨つと云ふとも、痛むべきに非ず。……関東若し運を開くと云ふとも、此の御位を改めて別の君を以て御位につけ申すべし。天照太神・正八幡宮も何の御とがめか有るべき。君を誤り奉るべきに非ず。申し進むる近臣共の悪行を罰するまでこそあれ。

当該説話は増補と考えられている部分であり、[70] 南北朝期以降の歴史像を考える際の史料と位置付けることができよう。

これら諸書の、神孫君臨の原則は不変だが後鳥羽の帝徳欠如を歴史展開の起因とする帝徳史観は―『梅松論』『梅尾明恵上人伝記』は近臣を罰するとするところまで―まさしく『六代勝事記』同様である。このことは南北朝期以降にあっても、帝徳批判と神国思想を並置する『六代勝事記』的な思想の体系が必要とされ、広まっていたことを示している。

ただし、ここに挙げたいずれの歴史叙述においても、後鳥羽に対する帝徳批判が君民関係を最重視し、次に君臣関係を挙げていることには注意を要する。平安後期の―すなわち『六代勝事記』の―帝徳批判が君臣関係を最重視して君を批判していたことに比べて、南北朝期以降では武家を、民を統治する存在（すなわち「君」）に擬しており、反逆の論理が統治の論理を伴うものに発展しているのである。これによって論理的に易姓革命が可能となったかのごとく見える。既往の帝徳批判研究では中世前期を通観して論理構造の変遷を論ずるという視角がなかったが、しばしば注目される南北朝期の易姓革命思想は、平安後期の帝徳批判を前提として、その論理の変容を経たものだったのである。

では、承久の乱の頃から南北朝期の間で、最重視される帝徳が「知人」から「撫民」に変化するのはいつ頃であろうか。その過程にはさまざまな要因が考えられ、詳細は後考を期さねばならないが、注目されるのは、後嵯峨院政の後期以降、公武で「徳政」「撫民」の理念を共有したことである。[71]

承久の乱の結果、前代に比すべき専制的な院が不在となり、院の恣意に対する「知人」批判は減少したと想定される。そして、公家政権内部で徳政の最要として興行が要求された叙位除目と訴訟のうち、前者は寛元四年（一二四六）

に導入された院評定制にいったん帰結し、(72)後者は院評定制以後も訴訟制度の整備として続けられる。(73)家の分立という鎌倉時代固有の課題に伴う人事問題は絶えず（注(69)西谷論文）、「知人」も重視され続けたが、この頃を起点に、徐々に「撫民」最重視に変化してゆくと考えておきたい。(74)鎌倉後期にかけて漢籍が盛んに受容されるようになり、(75)さらに鎌倉末期には民を重視して革命を容認する『孟子』の受容が特に盛行することも、(76)この思想的動向の延長上に位置するであろう。

以上を踏まえた上で改めて注目すべきは、先に挙げたいずれの歴史叙述においても、帝徳批判が神孫君臨の主張と並置されていることである。すなわち、『六代勝事記』と同様、帝徳批判は不徳の帝王個人を排除する言説として用いられ、事実としても神孫君臨を打破する易姓革命が実現することはなかったのである。

承久の乱後、帝徳批判の基軸が「知人」から「撫民」へと変化しながらも、帝徳批判と神孫君臨の神国思想が広がり、南北朝期までその両者を並置する歴史叙述が成立し続けたことは、『六代勝事記』が、まさしく平安後期的な帝徳批判を継承して成立し、その帝徳批判と神国思想を並置する思想の体系が、後代の多くの歴史叙述を規定する位置にあることを示すのである。

注

（1）弓削繁『六代勝事記の成立と展開』（風間書房、二〇〇三年。以下、弓削著書と略）に先行諸研究が論点ごとに整理されている。

（2）研究史の詳細は弓削繁「作者と成立事情」（弓削著書第一章第二節。初出一九八二年）、弓削繁「作者説の展開（補説）」（弓削著書第一章第三節）参照。

弓削論文に言及のないものでは、五味文彦「新・定家の時代誌」（同『明月記の史料学』青史出版、二〇〇〇年）が、かつての日野資実説を撤回して藤原長兼説を採っている。思想を論ずる本章では、作者が貴族社会の一員という理解でも可能な範囲で考察を進め、作者比定は後考を期したい。

(3) 後藤丹治「六代勝事記を論じて承久記の作成問題に及ぶ」(同『中世国文学研究』磯部甲陽堂、一九四三年。初出一九三九年)、外村久江「六代勝事記と源光行」(同『鎌倉文化の研究』三弥井書店、一九九六年。初出一九六四年)、増田欣「六代勝事記と白氏文集」(同『中世文藝比較文学論考』汲古書院、二〇〇二年。初出一九八一年)、弓削繁「構想と表現」(弓削著書第一章第四節)、弓削繁校注『中世の文学　六代勝事記・五代帝王物語』(三弥井書店、二〇〇〇年)。

(4) 弓削著書第二章の諸論文参照。弓削著書に言及のないもので、東啓子「『平家物語』に関連する『六代勝事記』の記事」(『軍記物語の窓　二』和泉書院、二〇〇二年)は、「延慶本のような本文がもとになっ」た記事が『六代勝事記』にあるとするが、疑問。長村祥知「法住寺合戦について」(『紫苑』二、二〇〇四年)は、『六代勝事記』が『平家物語』の現存諸本以前の段階に影響を与えたであろうことを論じた。

(5) 弓削繁「序」(弓削著書)、弓削繁「軍記物語の政道観と六代勝事記」(弓削著書第三章第三節。初出一九九三年)、弓削繁「承久の乱と軍記物語の生成」(弓削著書第三章第四節。初出一九九七年)。以下、特に注記しない弓削氏の見解は本注による。

(6) 思想史研究の課題と方法論は、石田一良「生活と思想」(伊東多三郎編『国民生活史研究　三』吉川弘文館、一九五八年)参照。また、対象とする時代に伴って研究史的背景も異なるが、近世における「書物の思想史」を提起する若尾政希『安藤昌益からみえる日本近世』(東京大学出版会、二〇〇四年)等も参考とした。

なお、五味文彦『書物の中世史』(みすず書房、二〇〇三年)も書物を歴史的産物として考察する方法を主張しているが、五味氏が書物の編著者や成立時期の究明を主眼とするのに対して、本章は思想の体系的な表現形態として書物に注目する点で関心に相違がある。

(7) 歴史思想とは、①狭義の歴史観(歴史の動因をめぐる見解)、②歴史像、③史学論(歴史の社会的役割についての見解)の三者からなるものとする(玉懸博之「歴史思想」〈『日本思想史事典』ぺりかん社、二〇〇一年〉)。

(8) 石田一良「『愚管抄』の思想」(同『愚管抄の研究』ぺりかん社、二〇〇〇年。初出一九六七年)等。近年では佐々木馨「中世の歴史思想」(同『日本中世思想の基調』吉川弘文館、二〇〇五年。初出二〇〇四年)があるが、石田著書には触れていない。

(9) 下川玲子「「天命」と「神意」」(同『北畠親房の儒学』ぺりかん社、二〇〇一年)等。

(10) 包括的研究は、西田直二郎「日本における文化史研究の発達」(同『日本文化史序説』改造社、一九三二年)、尾藤正英「日本における歴史意識の発展」(『岩波講座日本歴史　別巻一』岩波書店、一九六三年)、石毛忠「中世における歴史意識をめぐる対立」(今井淳・小澤富夫編『日本思想論争史』ぺりかん社、一九七九年)、玉懸博之「軍記物と『増鏡』・『梅松論』」(『日本思想史講座三』雄山閣出版、一九七六年)、玉懸博之『日本中世思想史研究』(ぺりかん社、一九九八年。初出一九六七年～一九八九年)、笠井昌昭「〈改稿〉神話と歴史叙述」(笠井編『文化史学の挑戦』思文閣出版、二〇〇五年。初稿一九九六年)等。

『六代勝事記』には玉懸博之氏が若干言及しているが(後掲注(29)参照)、専論ではない。

(11) 多くの研究が『愚管抄』と『神皇正統記』の相違を指摘するにとどまる中、注(10)尾藤論文は前近代の多数の歴史叙述を体系的に位置付けた重要な論考である。氏は「仏教的歴史意識」から「儒教的歴史意識」への転換点に日蓮を位置付けた。その後、注(10)玉懸著書は、日蓮や『神皇正統記』を、超越的なものに歴史展開の原因を求める「中世的歴史観」として、『梅松論』をもって近世に展開する人間の徳不徳に歴史展開の原因を求める「道徳史観」の成立とした。これに対しては、『神皇正統記』も「道徳史観」とする注(9)下川論文や、日蓮等の思想が民衆の支配権力に抵抗する精神的根拠として機能した点に注目する佐藤弘夫「中世仏教者の歴史観」(同『神・仏・王権の中世』法蔵館、一九九八年。初出一九八九年)の批判がある。

佐藤氏は、仏教界の主流たる旧仏教の世界観は歴史観の形成になじまず、異端である日蓮の思想は人間に特定の行動を求め賞罰を下す〈応える神〉が歴史を動かすという点で、南北朝期以降に展開する人間に徳を要求する天の思想と共通することを論じ、近世的歴史観への転換を〈応える神〉の解体と把握すべきことを論じた。佐藤氏の指摘は的確だが、主題の性格上、先行研究が―史料の残存状況から必然的に―主な対象としてきた「一部の為政者」の作った歴史叙述が考察に有機的に組み込まれていない。また、中世における〈応える神〉を動因とする歴史観(本章では、人格神に限らず、『六代勝事記』のごとく人間に応える超越的原理を動因とする歴史観を包括できるよう、「人間起因」と概念化した）への変化には言及していない。以上をふまえて本章は、中世における歴史観の変化を為政者層の歴史叙述から考察する。

(12) 石毛忠「歴史と表象」（『日本思想史学』二八、一九九六年）参照。かつての総合的な日本史の講座類では、『日本歴史講座　八』（東京大学出版会、一九五七年）や『岩波講座日本歴史　別巻二』（岩波書店、一九六三年。注(10)尾藤論文を収める）が前近代の歴史思想史にも紙数を割いていたが、その後は前近代を扱わなくなっていることにも、当該分野の停滞状況が反映されていよう。

(13) 儒教では有徳の者が天から天下の統治を委任され、民のために善政をしかねばならず、悪政をしく不徳の君は民意を反映する天によって排除されるとする。以下で触れる儒教の応報観・災異説等も同根の思想である。

なお、『六代勝事記』は天皇・院を共に「帝王」とする。もちろん、両者は各々固有の意味を持つ存在だが、同一視する観念のあることを示していよう。本章でも為政の主体としての院・天皇両者を帝王と称する。

(14) 上横手雅敬「南北朝時代の天皇制論」（同『権力と仏教の中世史』法蔵館、二〇〇九年。初出一九六二年）。

(15) わずかに田中文英「院政期貴族の帝王観」（同『院政とその時代』仏教大学通信教育部・思文閣出版、二〇〇三年。初出一九七二年）、美川圭「貴族たちの見た院と天皇」（『岩波講座天皇と王権を考える　一〇』岩波書店、二〇〇二年）の言及が目につく程度である。十一世紀以前の国家支配理念に関する儒教的政治思想については、本章原論文の公表後に公刊された有富純也『日本古代国家と支配理念』（東京大学出版会、二〇〇九年）参照。

(16) 石毛忠「南北朝時代における天の思想」（『日本思想史研究』創刊号、一九六七年）、注(10)玉懸著書、伊藤喜良「両統と正当化論」（同『中世国家と東国・奥羽』校倉書房、一九九九年。初出一九九三年）、村井章介「易姓革命の思想と天皇制」（同『中世の国家と在地社会』校倉書房、二〇〇六年。初出一九九五年）等。

古代～中世後期における王権正当化イデオロギーの研究状況を整理した池享「中世後期の王権をめぐって」（同『日本中近世移行論』同成社、二〇一〇年。初出二〇〇六年）が、本章原論文を的確に位置付けている。

(17) 本章とは視角を異にするが、『六代勝事記』と『慈光寺本』を対比した研究には注(3)後藤論文や弓削繁「承久記と鎌倉期の歴史物語」（弓削著書第二章第三節。初出一九九九年）等がある。ただし、両書を『愚管抄』と対比したものは見受けられない。

(18) 日下力「軍記物語の生成と展開」（同『平家物語の誕生』岩波書店、二〇〇一年。初出一九九五年）。同書所収の他の論文も参照。

(19) 通説では承久二年とされているが、石田一良「『愚管抄』の成立」（注(8)石田著書。初出一九六七年）は承久元年説を詳論している。

(20) 『愚管抄』巻三―一四七頁、巻七―三二九頁・三三三頁・三四五頁。慈円が代筆した承久三年三月九日「九条道家願文案」（田中忠三郎氏所蔵文書。鎌遺五―二七二九）にも「君臣魚水之契」とある。慈円の代筆については、赤松俊秀「愚管抄について」（同『鎌倉仏教の研究』平楽寺書店、一九五七年）二七二・二九七頁参照。

(21) 『愚管抄』巻四―一九九頁、巻七―三三二頁・三四五頁・三五〇頁。

(22) 『愚管抄』巻二―一二〇頁に「此御時、北面ノ上ニ西面トイフ事始マリテ、武士ガ子ドモナド多ク召付ラレケリ。弓馬ノ御遊有テ、中古以後ナキ事多ク始マレリ」とある。周知の通り、慈円もその一員である貴族社会は先例の維持を重視し、新儀には批判的であった。

(23) 河内祥輔「中世における神国の理念」（同『日本中世の朝廷・幕府体制』吉川弘文館、二〇〇七年。初出一九九五年）は、『愚管抄』の神国思想を、君臣関係を秩序化する理念と説く。しかし、君臣関係論は、例えば『貞観政要』求諫に「惟君臣相遇、有レ同二魚水一。則海内可レ安」とあるごとく儒教を本質とするものであり、氏の言う「神国の理念」は儒教を包摂した神祇思想のことと考えられる。確かに古代以来、神祇思想と儒教の習合はさまざまに見られるが、「天」等の中国に由来する思想固有の機能を認めず、帝王に関係していれば全て神国思想とする理解では、解釈し難い史料が多い（本章後掲や河内論文の注(48)等）。

(24) 杉山次子「慈光寺本承久記成立私考（一）」（『軍記と語り物』七、一九七〇年）。

(25) 森野宗明「『慈光寺本承久記』の武家に対する言語待遇に就いて」（『川瀬博士古稀記念国語国文学論集』雄松堂書店、一九七九年）。在地社会に関係のある人物とはいえ、中央と無関係のはずはなく、比較の対象としても問題はなかろう。具体的な作者説では宇多源氏慈光寺家が注目されている（研究史は日下力「源仲兼一族の足跡」〈注(18)日下著書。初出一九九六年〉参照）。

(26) 末木文美士「因果応報」(『岩波講座日本文学と仏教 二』岩波書店、一九九四年)。
(27) 大津雄一「「誰カ昔ノ王孫ナラヌ」」(同『軍記と王権のイデオロギー』翰林書房、二〇〇五年。初出一九八九年)。
(28) 自力救済の中から王朝とは異なる武士独自の行動の論理が生まれたとする元木泰雄「治天の君の登場」(上横手・元木・勝山『日本の中世 八』〈中央公論新社、二〇〇二年〉六六頁)の指摘を敷衍すれば、承久の乱の際に院方武士と刃を交えた幕府方武士の思想と理解してよいであろう。
(29) 注(10)玉懸著書二三頁は、この点を指摘しながらも、武士が為政者たりうるか否かを重視する視角から、為政者を天皇と前提した『六代勝事記』ではなく、天の前に朝廷と武家が同列である『梅松論』を画期と論じた。しかし、問題とすべきは為政者を誰に措定するかという政治思想的側面ではなく、歴史観の構造とその史的位置であろう。
(30) 尾藤正英「歴史思想」(同編『中国文化叢書 一〇 日本文化と中国』大修館書店、一九六八年)、川勝義雄『中国人の歴史意識』I章諸論文(平凡社、一九八六年)、稲葉一郎『中国の歴史思想』(創文社、一九九九年)等参照。
(31) 保元の乱関連の叙述は、保元元年閏九月八日「後白河天皇宣命」(石清水文書。平遺六―二八四八)に拠っている。後藤丹治「六代勝事記と石清水文書」(『国語国文』一七―四、一九四八年)。
(32) 先行研究には、作中随所に仏教的言辞が見え、序文に作者の出家や「善悪二の果」の表現があることから、「仏教的因果応報観」とする理解もある(土井弘「六代勝事記」〈『群書解題 五』続群書類従完成会、一九六〇年〉等)。確かに「因果応報」という語は仏教独自のものだが、儒教にも応報の思想は存在する。両者の相違を大雑把に整理すると、仏教の因果応報は三世を輪廻する個人の日常的な善悪に対する報いであり(注(26)末木論文)、儒教の応報は仏教に言う現世のみで、祖先や自分が社会的職分を全うしたか否かに対する報いである(注(30)等参照)。『六代勝事記』は、序文と評論部の対応に見るごとく、基本的に儒教の応報観で叙述されており、全体を評して仏教的因果応報観とするのは適切ではない。

なお儒者である大江時棟の寛仁四年(一〇二〇)正月十五日「奏状」(『本朝続文粋』巻六)に「抑好文之君。宝祚長矣」と見える。

(33) 山岸徳平「皇朝時代の文学に現れたる歴史思想」(『山岸徳平著作集　Ⅳ』有精堂出版、一九七三年。初出一九四一年)、注(10)尾藤論文。

(34) 弓削氏も「政道の基本を君臣関係に見定め、文武にわたる人臣任用の姿勢を問題に」すると指摘している。ただし、表　後鳥羽紀の傍線部を、文と武の「兼備を説く考え方」とし、その考え方が「為政者自身の素養に留まらず、文武登用論へと展開する」(傍点は長村による)とする氏の論理展開では、後述するごとく武芸に長じた西面が批判されることが説明できず、帝王と武の直結が批判されるとする私見とは異なる。

(35) 戦場に赴いた関東方武士とは別に、政子はじめ幕府首脳陣が依拠した反逆正当化の論理には、京下りの吏僚が伝えた(注(14)上横手論文参照)帝徳批判があったと考えられる。なお、『吾妻鏡』承久三年五月十九日条に見える同様の叙述は『六代勝事記』が基であることを、平田俊春「吾妻鏡と六代勝事記との関係」(同『平家物語の批判的研究　下』国書刊行会、一九九〇年。初出一九三九年)、弓削繁「六代勝事記と吾妻鏡の構想」(弓削著書第二章第七節。初出二〇〇一年)が実証している。

(36) 平岡豊「後鳥羽院西面について」(『日本史研究』三一六、一九八八年)。

(37) 秋山喜代子「西面と武芸」(同『中世公家社会の空間と芸能』山川出版社、二〇〇三年)。

(38) 後述する通り『六代勝事記』の帝徳論は、「弓馬」は将軍(の率いる御家人)に委任すべしというものである。『六代勝事記』が史料3で記す「西面」は、御家人以外の武士を示していると思われる。西面の軍事的意義については、長村祥知「後鳥羽院政期の在京武士と院権力」(上横手雅敬編『鎌倉時代の制度と権力』思文閣出版、二〇〇八年。本書第一章)参照。

(39) 当該叙述の典拠となった『帝範』に「武士儒人」とあるごとく、この「士」は武士のみならず文士をも含む。

(40) 石井進「院政時代」(『石井進著作集　三』岩波書店、二〇〇四年。初出一九七〇年)。石井氏の見解を肯定する研究は、注(15)田中論文、注(15)美川論文、黒田紘一郎「日本中世の国家と天皇」(同『中世都市京都の研究』校倉書房、一九九六年。初出一九七六年)等。

(41) 『春記』長久元年八月九日条・永承七年七月一日条。七月四日条では「天之咎」とする。

（42）例えば藤原頼長は、父忠実が鳥羽院を指して「其政多不道。上違二于天心一、下背二人望一」と言ったと記している（『台記』久安元年十二月三日条）。

また九条兼実は、内乱や治安の悪化を後白河の不徳に帰して、以下のごとく日記に記している。

・「此難及二市辺一、昨日失二買売之便一云々。天何棄二無罪之衆生一哉。可レ悲々々。如レ此之災難、出レ自三法皇嗜慾之乱政与二源氏奢逸之悪行一二」（『玉葉』寿永二年九月三日条）。

・「我君治二天下一之間、乱亡不レ可レ止」（『玉葉』寿永三年正月二十一日条）。

・「（注、住吉）明神未レ棄レ国レ歟。但無徳之世猶以難レ憑歟。為二之如何一」（『玉葉』元暦二年二月二十日条）。

・「仏厳上人語云、去頃有二夢想事一。……大地震……死亡人満レ国……所レ帰猶在レ君。何況、其外非法濫行、不徳無道、不レ可二勝計一」（『玉葉』元暦二年八月一日条）。

ここに挙げた通り、具体的な帝徳の欠如を挙げず、他者の言とするものも多い。

（43）橋本義彦「院政政権の一考察」（同『平安貴族社会の研究』吉川弘文館、一九七六年。初出一九五四年）、元木泰雄「治天の君の成立」（同『院政期政治史研究』思文閣出版、一九九六年）。

（44）百瀬今朝雄「超越について」（同『弘安書札礼の研究』東京大学出版会、二〇〇二年。初出一九九六年）。

（45）稲葉伸道「新制の研究」（『史学雑誌』九六—一、一九八七年）等。

（46）帝徳批判の恣意的使用は通時代的に認められるが、当該期における末代観との使い分けは注目される。王朝貴族の末代観を絶望感・無力感と否定的にとらえる古典的通説（数江教一『日本の末法思想』〈弘文堂、一九六一年〉等）もあるが、末代観と帝徳批判とを使い分ける、したたかさと解しうるからである。

なお、貴族の末代観に関して本章とは異なる関心からの古典的研究批判には、坂本賞三「『春記』にみえる王朝貴族の国政的危機意識について」（『続律令国家と貴族社会』吉川弘文館、一九七八年）、平雅行「末法・末代観の歴史的意義」（同『日本中世の社会と仏教』塙書房、一九九二年。初出一九八三年）がある。また本章原論文の公表後、末代観の構造や末代観と末法思想が全く異なることを論じた森新之介「末代観と末法思想」（同『摂関院政期思想史研究』思文閣出版、二〇一三年。初出二〇〇八年・二〇〇九年）が発表された。

(47)『玉葉』寿永二年十一月十七日条・同十九日条。閏十月十三日条でも「小人為二近臣一、天下之乱無二可レ止之期一」としている。

(48)髙橋昌明「遊興の武・辟邪の武」（同『武士の成立、武士像の創出』東京大学出版会、一九九九年。初出一九九七年）。なお、批判の対象か否かは不明ながら、天皇自身の弓の事例はある。例えば『中右記』永長元年（一〇九六）二月十四日条に、堀河天皇が「弓場殿有二弓興一。近日毎日事也。有二御射一」とある。

(49)帝王が武力との直結を忌避する存在であることは、元木泰雄「王権守護の武力」（薗田香融編『日本仏教の史的展開』塙書房、一九九九年）参照。なお、本文で引用した『玉葉』寿永二年八月十四日条のごとく、「継体」と「守文」を連ねる用例が多い（例えば『日本国語大辞典』『大漢和辞典』参照）。

(50)川合康「序章」（同『鎌倉幕府成立史の研究』校倉書房、二〇〇四年）一七頁の指摘する通り、公権委譲論は「鎌倉期の公武権力にとって適合的な」歴史像であった。

(51)坂本太郎「帝範と日本」（『坂本太郎著作集　四』吉川弘文館、一九八八年。初出一九五六年）、原田種成「本邦伝来の歴史」（同『貞観政要の研究』吉川弘文館、一九六五年）、佐々木馨「『貞観政要』の中世的受容」（注(8)佐々木著書。初出一九七六年）。

(52)『三長記』建久六年八月八日条（『大日本史料』第四編之四―九六三頁。増補史料大成本は「主上有御弓、書射者六芸……」とする）。注(2)五味論文二九頁は、増補史料大成本の翻刻を挙げて、『三長記』記主藤原長兼を『六代勝事記』作者とする説の一根拠としている。

(53)注(37)秋山論文、中澤克昭「王権と狩猟」（同『中世の武力と城郭』吉川弘文館、一九九九年。初出一九九七年）、目崎徳衛『史伝後鳥羽院』（吉川弘文館、二〇〇一年）九六頁以下、上横手雅敬「後鳥羽院政と幕府」（注(28)『日本の中世　八』）二〇五頁等。

(54)注(51)参照。後鳥羽は幼少期には『新楽府』も学んでいる（『玉葉』建久元年十月二十一日条）。

(55)帝徳を論ぜられる個々人の帝王と帝位とを分ける考え方は、黒田俊雄「中世国家と神国思想」（同『日本中世の国家と宗教』（岩波書店、一九七五年。初出一九五九年）三一七頁、佐藤弘夫「中世の天皇と仏教」（注(11)佐藤著書。初出一九九四年）参照。ただし、両氏の研究は承久の乱や『六代勝事記』の意義を論じたものではない。また、両氏は天皇を焦点に論じているが、史料で確認できる帝徳批判は院に対してのものが多い。

(56) 佐々木馨「神国思想の中世的展開」（注(8)佐々木著書。初出一九八七年）一二九頁。

(57) 鍛代敏雄「中世「神国」論の展開」（『栃木史学』一七、二〇〇三年）。鍛代敏雄『神国論の系譜』（法藏館、二〇〇五年）四九頁にも同趣旨の記述がある。

(58) 弓削繁「序」（弓削著書）二八五頁・弓削校注書二二五頁補注三二一等の、「わが国を神国と見、皇統を神裔とみる古代的な思想」「旧体制側の危機意識の表れ」とする神国思想理解は、公家政権の中世的性格や武家政権との相互補完関係、神国思想が中世にこそ高揚すること等を論じた注(55)黒田著書以降の政治史・思想史の研究史とは大きな隔たりがある。

(59) 田村圓澄「神国思想の系譜」（同『日本仏教史　二』法藏館、一九八三年。初出一九五八年）。

(60) ただし、従来は注目されていないが、前掲『春記』長元元年八月二十三日条の後朱雀天皇の言のごとく、神明擁護の神国思想と帝徳論の並置は乱前からも確認できる。

(61) 佐藤弘夫「中世的神国思想の形成」（注(11)佐藤著書。初出一九九五年）。

(62) 帝王の敗北・流罪が『六代勝事記』執筆の根源にあることはもちろんだが、本章の理解に基づき、執筆の直接的な契機と時点を考察しておく。

従来、執筆の契機を示すという序文の「普天かきくもりしゆふだちの神なりにおどろきて」は、承久の乱の衝撃を指すと解釈されてきた（注(3)弓削校注書の補注四参照）。しかし、『詩経（毛詩）』小雅・北山の、王事の苦しみを表す「溥天之下、莫ㇾ非二王土一」の表現は、日本の諸史料では（「溥天」を「普天」として）王の支配の絶対性を表す意味で多く用いられる。『六代勝事記』でも、後白河の死去を「普天かきくらし」（表　後白河紀）とすることを勘案すれば、序文の「普天かきくもり」とは帝王の死、すなわち貞応二年（一二二三）五月十四日の後高倉院の死去を指すと解釈すべきであろう。幕府が要求してまで存続させた院政という政治形態が消滅し、親政をしくこととなる後堀河の権威を不安定にした後高倉の死が、皇孫擁護を目的とする書物執筆の直接の契機となったと考えられる。

なお、すでに注(2)弓削「作者と成立事情」は、作者が自らを「太子のいとけなきをなげ」く「魯国のやもめ」(史料1の省略部分の叙述。典拠は『蒙求和歌』)に投影していると解釈して、後高倉の死去を執筆の直接の契機としている。本章は別の視角からその説を肯定するものだが、弓削説の、作者藤原隆忠が自らの男で後高倉猶子となった聖基を介して後堀河に奉った、とする部分の判断は保留したい。

(63) 多賀宗隼「太政大臣徳大寺実基及び左大臣公継について」(同『論集中世文化史　上』法蔵館、一九八五年。初出一九四〇年)、多賀宗隼「鎌倉時代の思潮」(前掲多賀著書。初出一九七九年)、多賀宗隼「御家人の統制と教育」(『図説日本文化の歴史　五』小学館、一九七九年)、玉懸博之「鎌倉武家政権と政治思想」(注(10)玉懸著書。初出一九七六年)、笠松宏至「鎌倉後期の公家法について」(『日本思想大系　二二　中世政治社会思想　下』岩波書店、一九八一年)、石毛忠「北条執権の政治思想」(石田一良編『日本精神史』ぺりかん社、一九八八年)、本郷和人「終章」(同『中世朝廷訴訟の研究』東京大学出版会、一九九五年)等。
なお、本郷恵子「鎌倉後期の撫民思想について」(『鎌倉遺文研究　Ⅲ　鎌倉期社会と史料論』東京堂出版、二〇〇二年)は多賀氏が論じた「徳大寺実基政道奏状」に窺える「人間第一主義」の源泉を専修念仏とする。しかし、多賀氏が「仏者の著」であるが政治については儒教の古典に依拠しているとして引用箇所を具体的に指摘したのに対して、本郷氏の論拠は十分とはいえず、多賀氏の見解を妥当と考える。

(64) 例えば、平田俊春「神皇正統記の神国観と仏祖統記」(同『神皇正統記の基礎的研究』雄山閣出版、一九七九年)が列挙する「神の子孫の天皇の統治」を意味する「神国」史料のうち、大半は『六代勝事記』以後の成立である。また、注(56)佐々木論文も参照。

(65) 注(3)後藤論文、杉山次子「承久記諸本と吾妻鏡」(『軍記と語り物』一一、一九七四年)、兵藤裕己「承久記改竄本系の成立と保元物語」(『軍記と語り物』一四、一九七八年)、注(17)弓削論文。これに対して、益田宗「承久記」(『国語と国文学』三七―四、一九六〇年）、松尾葦江「承久記の成立」（同『軍記物語論究』若草書房、一九九六年。初出一九九一年）等、慈光寺本と流布本を同名異書とする説もあるが、本章は改作説を採る。

(66) 冨倉徳次郎「慈光寺本承久記の意味」（『国語国文』一三—八、一九四三年）。

(67) 原田敦史「流布本『承久記』の構造」（『国語と国文学』九〇—六、二〇一三年）は、本章原論文を踏まえて、『承久記』諸本の中でも流布本への『六代勝事記』の影響が色濃いことを論じている。

(68) 川合康「武家の天皇観」（注(50)川合著書。初出一九九五年）、徳永誓子「後鳥羽院怨霊と後嵯峨皇統」（『日本史研究』五一二、二〇〇五年）。

(69) 本章では『六代勝事記』の思想史的意義を解明するために後鳥羽批判の言説を多く挙げたが、後鳥羽には好意的な評価も存した。注(53)目崎著書や辻浩和「院政期における後鳥羽芸能の位置」（『史学雑誌』一一六—七、二〇〇七年）等が指摘する通り、後鳥羽は『新古今和歌集』に結実する和歌をはじめとして詩・読経・管弦・蹴鞠・相撲・水練など多芸多能であり、同時代においてすでに、諸道の振興を図り臣民の才を発掘・登用する側面が称賛されている。

例えば一二一〇年代に成立した『源家長日記』（正治元年—一九頁）には、「よろづの道々につけて、残る事なき御遊びともぞ侍る。……よろづの道を学び置きける人々の、それに引かれて身も成り出で、人となるよすがなンめる」といった叙述が複数ある（田村柳壹「『源家長日記』の描く後鳥羽院像をめぐって」〈同『後鳥羽院とその周辺』笠間書院、一九九八年。初出一九九三年〉参照）。

のち南北朝期の『増鏡』第一〔おどろのした〕（二五三・二五六頁）も、後鳥羽の治世を次の如く称賛する。

世治まり民安うして、あまねき御うつくしみの浪、秋津島の外まで流れ、しげき御恵み、筑波山のかげよりも深し。よろづの道〳〵に明らけくおはしませば、国々に才ある人多く、昔に恥ぢぬ御世にぞ有ける。……上のその道を得給へれば、下もおのづから時を知る習にや、男も女も、この御世にあたりて、よき歌よみ多く聞え侍りし中に……

これらの史料からも窺える通り、鎌倉時代には、帝王自身の所作によって芸能諸道の興隆が実現するという思想が広まっており

（前掲辻論文）、この文脈で後鳥羽は称賛された。その一方で『六代勝事記』は、「上のこのむに下のしたがふ」という後鳥羽称賛と同じ論理―その典拠は注(3)弓削校注書の補注九四も指摘する『貞観政要』政体第二「臣聞、上之所レ好、下必従レ之」であろう―を用いて、既述のごとく後鳥羽の「芸能」「知人」を批判している。

すでに後鳥羽の生前から後鳥羽批判と称賛の両様の言説が存し、後代にも、例えば後嵯峨皇統による皇位継承が危うい時期には、「怨霊」や「模倣・賞揚すべき先祖」等の後鳥羽像が主張されたごとく（注(68)徳永論文参照）、時々の情勢や立場によってさまざまな後鳥羽評がありえたのである。

特に鎌倉後期における後鳥羽の正負相反する評価に関して、西谷正浩「鎌倉時代における貴族社会の変容」（同『日本中世の所有構造』塙書房、二〇〇六年。初出一九九八年）六一六頁は、鎌倉期の貴族社会集団が政治志向の集団と文化志向の集団に二極分化しつつあった状況に通底するという見通しを示している。そうした中で、承久の乱後早くに成立した『六代勝事記』の後鳥羽批判が後代の歴史叙述に受容され続けた点は、後鳥羽論としても重要であろう。

(70) 平野多恵「『明恵上人伝記』の系統と成立」（同『明恵 和歌と仏教の相克』笠間書院、二〇一一年。初出二〇〇三年）によれば、当該説話は、室町時代書写の東大寺本、室町中期書写の法隆寺本、天文六年（一五三七）書写の成簣堂文庫本、寛文五年（一六六五）他の版本に所見する。

(71) 注(63)参照。なお、寛元三年（一二四五）二月十日、天変による徳政議定で平経高は「所詮其肝心、只在三授官之道与二決訴之法一」と述べている（『平戸記』）。飯田久雄「鎌倉時代に於ける公武交渉史の一齣」（『西日本史学』六、一九五一年）一八頁は、この任官叙位・訴訟の重視と『六代勝事記』の知人・撫民重視とに一致する所があることを指摘している。

(72) 市沢哲「中世公家徳政の成立と展開」（同『日本中世公家政治史の研究』校倉書房、二〇一一年。初出一九八五年）。

(73) 白井克浩「鎌倉期公家政治機構の形成と展開」（『ヒストリア』一五八、一九九八年）は、後鳥羽院政期には「雑訴」（史料上に個人間の相論として現れる訴訟案件）が軽視されており、承久の乱後にはその過去を清算する意思が伏在して雑訴興行推進策の内発的要因となっていた可能性を指摘する。鎌倉時代公家政権の訴訟制度に関する研究史は金井静香「鎌倉時代の公家裁判」（大山

喬平編『中世裁許状の研究』塙書房、二〇〇八年）参照。

（74）例えば、ともに『日本思想大系　二二　中世政治社会思想　下』（注(63)）所収の、文永三～九年（一二六六～一二七二）頃に書かれた「徳大寺実基政道奏状」と、元亨元年（一三二一）に書かれた「吉田定房奏状」とを比較すると、前者が「知人」的な徳と「撫民」的な徳をともに重視するのに対して、後者は主に「撫民」的な徳を重視している。より多くの奏状類を考察すべきであるが、一傾向は見出せよう。「吉田定房奏状」の執筆時期は村井章介「吉田定房奏状はいつ書かれたか」（注(16)村井著書。初出一九九七年）参照。

（75）足利衍述「鎌倉時代」（同『鎌倉室町時代之儒教』日本古典全集刊行会、一九三二年）。

（76）井上順理「宮廷公卿に於ける孟子受容」（同『本邦中世までにおける孟子受容史の研究』風間書房、一九七二年）。

終章　成果と展望

本書は、日本中世前期公武関係史上の重要課題でありながら、従来研究不十分であった承久の乱の諸論点を考察したものである。在地領主としての武士と鎌倉幕府に重点を置いていた先学の研究に対して、本書では、貴族と武士の共通の基盤というべき京に重点を置き、平安後期との連続性や段階差に注意して、基礎的事実の解明を疎かにしないという意識のもと、武士論を基軸とする政治過程・政治構造論、史料論、史学史・思想史論を展開した。

特に第一章・第五章・第六章は武士論を基軸とする政治過程・政治構造論として、第二章・第四章は史料論として、第三章・第七章は史学史・思想史論として、それぞれの方法論を意識したものである。また第一章・第七章では、平安後期からの連続性と段階差を追究し、院政史上における特質の解明を意図した。これらはいずれも、承久の乱以外の文脈からも考察されるべき論点であり、その方法論もさらに錬磨すべきであろう。

ここでは、各章で明らかにした点を時系列に沿って整理したい。

承久の乱以前の在京武士と院権力

平安後期の武士は、京と在地所領での活動を一族内で分担していたが、鎌倉に武家政権が成立したことにより、京を西国所領網の核とし、鎌倉を東国所領網の核として、一族内で東西の活動を分担する武士が現れた。京においては、平安後期的な存在形態を維持した京武者の武力には限界があり、鎌倉をも基盤とする西国守護等の有力御家人が軍事的主力であった（第一章）。京武者と有力在京御家人の相違は、承久の乱時の動向からも明らかであり、有力御家人が一族で京方・鎌倉方に分裂したことに対して、京武者は一族同心して京方に属した（第五章）。

後鳥羽院は、京武者と有力在京御家人の双方を含む在京武士に対して、公権力により軍事活動に動員し、さらに権門武力組織を拡充した。こうした後鳥羽のあり方は、基本的に白河院・鳥羽院以来の院の延長上にあり、後白河期に弱体化した院の公権力が復活したものと位置付けられる。京・畿内近国においては院を中心とする強力な軍事警察体制が機能していた。後鳥羽は新たに西面を設置し、そこに祗候する有力在京御家人もいたが、大規模軍事動員の際の史料に記される「西面」は、個々は弱体な武士の編制された部隊と考えられる（第一章）。

平安後期以降、貴族社会内部で院に対して帝徳論に基づく批判が行なわれており、後鳥羽の武芸好みや近臣厚遇に対しても同様の批判があった（第七章）。

承久の乱の戦況経過に即して

承久三年五月十五日、後鳥羽は権門武力に組織した京・畿内近国の武士を動員して、京都守護として在京中であった伊賀光季を追討した（第六章）。

同日、後鳥羽は鎌倉の北条義時追討を命じた。『慈光寺本』所引の同日付「後鳥羽上皇院宣」は実際に発給されたものであり、その奉者である葉室光親は伝奏の立場で同日付「官宣旨」発給の根幹にも位置した（第二章）。後鳥羽は、院宣によって京との関係が比較的深い特定有力御家人を動員するとともに、彼らを起点として、官宣旨により不特定多数の東国武士を動員することで北条義時を追討しようとした（第三章）。

しかし、鎌倉の有力御家人は院の命令を知りながら従わず、北条政子・義時の軍事動員に応じて東国武士は上洛した。鎌倉方の軍事動員は、私的利益を追求すべく自発的に軍事行動を展開した彼らに支えられていたため、指揮を逸脱した彼等の行動を、鎌倉方の各司令官は否定することができなかった（第六章）。六月十三日から十四日にかけて京周辺の諸所で戦闘が展開するが、宇治川合戦における鎌倉方の勲功を記した『吾妻鏡』承久三年六月十八日条所引交名は、武蔵・相模武士を主力とする鎌倉方の構成や、一族単位の軍事行動、乱中の私戦など、承久の乱の実態を考える上でさまざまな可能性を秘めている（第四章）。

一方、後鳥羽は、鎌倉方を迎撃すべく公権力による軍事動員を発動した。院の軍事動員に対して自発的・積極的に受容した者は、院の権門内部の支配関係の枠を超えて存在した。京方においても、上級権力の意図から逸脱した合戦参加者による軍事動員命令の自発的受容を見出すことができ、院と北条氏に同質性が指摘できる。しかし、鎌倉方の速やかな進軍により、畿内より西から上洛した京方武士の多くは間に合わず、京方は敗北を喫した（第六章）。

承久の乱後の賞罰と歴史叙述

一族で東西に分裂した御家人一族と、一族同心して京方に属した京武者という、二種の武士一族に対して、鎌倉幕府のとった姿勢は『御成敗式目』十七条に窺える（第五章）。また、『吾妻鏡』承久三年六月十八日条所引交名は、軍奉行である後藤基綱の作成した士代・案文の類に基づくものであり、そこに記されていない鎌倉方の存在とあわせて、『吾妻鏡』（特に政子「将軍」記）の原材料を考える上で重要な素材である（第四章）。

承久の乱後、葉室光親が死罪という厳罰に処されたのは、院宣と官宣旨の双方の発給に関わったためであった。公卿層の処罰については複数の編纂史料があるが、最も信用すべきは、同時代人の筆になる藤原定家本『公卿補任』と考えられる（第二章）。

〈承久の乱〉の歴史像は、十四世紀頃から十六世紀頃にかけて変容し、北条義時追討を命じた実在の院宣と官宣旨から乖離した討幕の事件として再構成されていった。『承久記』諸本における慈光寺本→流布本→前田家本という変容もその一環と位置付けられる（第三章）。

承久の乱後に成立した『六代勝事記』の人間起因の歴史観は、歴史思想史上の画期である。同書の「好文重士の君」を理想とする帝徳論は、平安後期貴族社会の帝徳批判を継承し明確化したものであり、同書の〈帝徳批判と神孫君臨の並置〉という思想の体系は、後鳥羽個人に責任を負わせて帝王権威の尊厳を保つという目的に発し、南北朝期まで受容され続けた（第七章）。

以上の乏しい成果にも一定の意義はあるものと信ずるが、もとより課題は多々残されている。中でも本書で展開すべくしてできなかった課題として、次の三点が挙げられる。

第一に、承久の乱以前の、後鳥羽院政下の京・畿内近国の権力構造がいかに形成されてきたのかを、政治過程に即して具体的に解明することが必要であろう。この点については、治承・寿永内乱期の在京武士や木曾義仲の畿内近国支配に即して、後白河院に対する京武者と東国武士の相違や当該期の京に武家政権が確立しなかった背景を論じており(1)、本書で描いた歴史像との接合を企図してさらなる考察を深めていきたい。

第二に、京と密接に連関して展開した東国の政治過程および武家政権の政治構造の考察である。第四章で武蔵・相模武士と北条氏の関係に若干言及したが、東国全体の中で鎌倉殿権力の変容と北条氏の覇権確立の過程を論ずる必要がある。それは、京・畿内近国とは異なる院権力への対応のあり方が東国においていかに形成されてきたのかの解明にもつながるはずである。また、京においては院の軍事動員を受容していた有力御家人が、鎌倉において後鳥羽による義時追討命令を相対化したことを第六章で指摘したが、視野を有力御家人から東国の大多数の武士に広げて、京から政治的にも一定の距離を置くに至る武家政権の確立過程を考える必要があろう。

第三に、承久の乱がその後に与えた影響の解明であり、それが中世前期公武関係における承久の乱の評価にも深く関わることはいうまでもない。村井章介氏は、承久の乱が以後の歴史に与えた影響として次の四点を挙げている。（1）幕府が優位に立って朝廷との協調関係を確立したこと、（2）東国武士が征服者として西国に臨み、異なった社会慣習を持ち込んだために本所や住民と相論が頻発し、また、交通が活発化したこと、（3）天皇権威の無条件の絶対性がくずれ、天皇にも徳を修めることを求める徳治主義の考え方が強まったこと、（4）幕府権力構造上、将軍勢力が弱体化して執権勢力の優位が確立したこと。[2] 妥当な整理であるが、付け加えるならば、（5）公家政権内の権力構造上、治天の君個人が専制的に行使しうる権力が弱体化し、「院政の制度化」をもたらしたことも挙げるべきであろうか。[3]

このうち（2）に関しては、簡略に触れたこともあるが、[4] 第四章で論じた勲功交名と実際の恩賞の連関や、第一章で論じた京・鎌倉を核とする御家人の量的増加が何をもたらしたのか等に注目して、より詳細な検討が必要であろう。（3）に関しては、第七章で比較的詳細に論じたが、帝徳批判の基軸が「知人」から「撫民」へ変化したとする私見や、京・鎌倉・その他諸地域における儒教思想の内実、歴史叙述への影響など、さらに考察を深めていきたい。（5）は、第七章で指摘した帝徳批判の展開とも密接に関わるはずである。さらに第二章で指摘した承久の乱以前の伝奏のあり方を踏まえて、鎌倉時代公家政権の制度史的展開を再考する必要があろう。その他（1）（4）についても、在京武士や『吾妻鏡』の史料論といった本書の視角を踏まえて、今後研究を深めていきたい。

注

（1）長村祥知「治承・寿永内乱期の在京武士」（『立命館文学』六二四、二〇一二年）、長村祥知「木曾義仲の畿内近国支配と王朝権威」(『古代文化』六三―一、二〇一一年)。

(2) 村井章介「一三―一四世紀の日本」(同『中世の国家と在地社会』校倉書房、二〇〇六年。初出一九九四年)。

(3) 橋本義彦『平安貴族社会の研究』吉川弘文館、一九七六年)、美川圭『院政の研究』(臨川書店、一九九六年)、美川圭『院政』(中公新書、二〇〇六年)、白根靖大『中世の王朝社会と院政』(吉川弘文館、二〇〇〇年)等。

(4) 長村祥知「西遷した武士団　中国方面」(関幸彦編『武蔵武士団』吉川弘文館、二〇一四年)、長村祥知「西遷した武士団　鎮西方面」(前掲『武蔵武士団』)。

著者略歴
一九八二年　京都府に生まれる
二〇〇四年　同志社大学文学部卒業
二〇一〇年　京都大学大学院人間・環境学研究科博士後期課程研究指導認定退学
二〇一一年　京都大学博士（人間・環境学）
京都府京都文化博物館学芸員を経て
現在　富山大学学術研究部人文科学系講師

〔主要著書・論文〕
「木曾義仲の上洛と『源平盛衰記』―近江国湖東路の進軍と反平家軍の連携―」（『軍記と語り物』四八、二〇一二年）
「寿永西海合戦と石見国の川合源三―毛利家文庫遠用物所収「木曾義仲下文写」小考―」（『鎌倉遺文研究』三三、二〇一四年）
「中世前期の在京武力と公武権力」（『日本史研究』六六六、二〇一八年）
『京都観音めぐり　洛陽三十三所の寺宝』（編著、勉誠出版、二〇一九年）

中世公武関係と承久の乱

二〇一五年（平成二十七）十二月十日　第一刷発行
二〇二二年（令和　四　）五　月十日　第二刷発行

著　者　長《なが》村《むら》祥《よし》知《とも》
発行者　吉川道郎
発行所　株式会社　吉川弘文館
郵便番号一一三―〇〇三三
東京都文京区本郷七丁目二番八号
電話〇三―三八一三―九一五一〈代〉
振替口座〇〇一〇〇―五―二四四
http://www.yoshikawa-k.co.jp/

印刷＝藤原印刷株式会社
製本＝株式会社 ブックアート
装幀＝山崎　登

ISBN978-4-642-02928-5

索　引

＊Ⅰ　人名，Ⅱ　研究者名，Ⅲ　史料（典籍）名
＊表に記載の人名・史料名は採録対象としていない．

Ⅰ 人　名

あ　行

か　行

さ 行

た　行

な　行

は　行

ま　行

や　行

ら　行

わ　行

Ⅱ　研究者名

あ　行

か 行

さ 行

た 行

な　行

は　行

ま　行

や　行

ら　行

わ　行

Ⅲ　史料（典籍）

あ　行

か　行

さ　行

た　行

な　行

は　行

ま　行

や　行

ら　行

わ　行

これまでを振り返って、多くの方の支えによって今の自分があることを実感する。ここにお名前を記してきた他にも、教えを受け、お世話になった方はあまりにも多い。皆様に厚くお礼申し上げたい。

最後に私事にわたるが、多くが教員・公務員という「手堅い」職に就いている家族・親族の中で、大学進学から現在に至る自身の選択は、しばしば両親と祖父母を心配させてきた。両親と祖父母・親族、そしてなにより日々の苦楽を共にしている妻に、感謝の気持ちを伝えたい。

二〇一五年九月

長村祥知

思われる。自身はそのいずれも未熟であるが、大過なく仕事ができているのは、職場の皆様のおかげである。

職場で管理を担当している資料はもちろんのこと、一年に数度の主担当・副担当として展覧会の準備を進めるなかで、文献をはじめとする実物資料を取り扱う機会に恵まれた。いずれも研究の余地を残したまま次の仕事に取り掛かるということの連続だが、資料に対面している時間は、モノを介して過去の人々の真理に肉迫できる至福の時である。職場の大先輩でもある藤本孝一先生が調査でお越しの際には写本学を実地に教えて頂いている。

本書の刊行は、本書第二章の原論文が二〇一一年七月に第十二回日本歴史学会賞を受賞したことを契機とする。日本歴史学会会長の笹山晴生先生をはじめとする理事・評議員・編集委員の大半の先生方には一面識もなかったが、名誉ある賞を拝受できたことは大きな励みとなった。厳しい出版事情のなか、日本史分野で定評ある吉川弘文館から早くに著書刊行という過分のお誘いを受けながら、当初は個々の章をさらに練り上げてから改めて著書として公表したいと考えて、少し時間を頂くこととした。その後、前後の時代や不足している論点について報告や執筆の機会を頂き、いくつかの小論を発表したが、就職に伴う身辺の変化もあって、書き直しはあまり進まなかった。公務に追われる日々のなかで、置き去りとなっていた個人研究に区切りをつけようと思い、刊行をお願いしたが、やはり手間取ってしまった。

結果として博士論文から少しの進展しかないまま今日まで遅延したのは、なによりも自身の怠慢ゆえであるが、その「少しの進展」を得るのに必要な時間だったと思いたい。特にこの一年は出張が多かったこともあり、この「あとがき」を入稿する今に至るまで、吉川弘文館の堤崇志氏・板橋奈緒子氏には多大なお世話になった。本書の校正・索引作成には、青谷美羽氏・岩田慎平氏の御助力を得た。

論文が書けない苦しさはいつものことだが、修士論文に取り組んでいた二〇〇五年の夏から秋にかけては特に鬱々とした日々であった。厳しく、しかし不出来な弟子でも決して見放さない元木先生の熱心な御指導を仰ぎ、なんとか後鳥羽院政期の在京武力を主題とする修論を提出することができた。

博士課程に進学してからは、在京武士に関わる論を具体化することに加えて、治承・寿永内乱期や史料論にも取り組むようになった。特に二〇〇九年度は、奈良文化財研究所歴史研究室の吉川聡室長のもとで寺院史料の調査や目録作成補助のアルバイトという、文化財の現場を体感する貴重な経験をさせて頂いた。

二〇一〇年度からは勝山清次先生に受入教員となって頂き、日本学術振興会特別研究員（ＰＤ）に採用されることとなった。勝山先生は、細かいことは何も言われず、自由に研究に取り組む環境を与えて下さった。その年度の後半は、十一月に提出する博論の執筆と並行して、池坊短期大学の非常勤講師として教壇に立つ喜びを感じることができた。

高校生の頃から就職難は身近な話題であり、学部生の頃から自身の将来についても不安で一杯だったが、幸運にも二〇一二年六月から京都府京都文化博物館に学芸員として勤務することとなった。大学生（あるいは中学生か高校生かもしれない）の頃から折に触れて足を運び、憧れていた施設は、慌ただしさのなかにさまざまな楽しさが満ちあふれた職場である。

地方自治体の施設で仕事をしながら、しかし公務員ではない（財団法人、のち公益財団法人の職員）という身分で、商業の論理、行政の論理に触れながら、各種専門業者の協力を得て、専門家から小中学生までを含む多数の来館者（数十万に及ぶこともある）を想定して展覧会を準備するという、学生・院生の頃とは大きく異なる環境に、戸惑うことは今でも多い。乏しい経験ながら実感として、学芸員は研究者・教育者・技術者・交渉人という多側面から成るように

し、古代・中世・近世……という時代的な区分だけではなく史学史・美術史・思想史・社会史……という分野・方法論を意識した教育からは、学問の奥深さを実感することができた。

史学と文学の接点というべき歴史叙述の思想史的研究への関心から、竹居明男先生の講義「日本史学史」に魅了された私は、先生の御指導を仰いで本書第七章の原型となる卒業論文を提出した。竹居先生、そして井上一稔・蔭山兼治・故笠井昌昭・故加美宏・北康宏・佐々木宗雄・鋤柄俊夫・露口卓也・西岡直樹・松本公一・武藤直・八木聖弥・山田和人・山田邦和の諸先生方からも、文化史学や国文学の実践を学び、折々にご相談に伺い、卒業後も諸方面でお世話になっている。

同志社大学に出講されていた首藤善樹先生には、初めて古文書の原本（聖護院文書）に触れる機会を頂いた。野口実先生には、武士論研究に導いて下さったのみならず、本務校の京都女子大学で開催されていた私的な研究会（通称野口ゼミ）にお誘い頂いた。

卒論に取り組む過程で、中世前期の歴史叙述と切り離せない政治史を本格的に学びたいと思い、元木泰雄先生のおられる京都大学大学院人間・環境学研究科修士課程に進学した。修士課程以降の京大在籍時、正課の講義・演習や学内外の研究会・学会では、いつも自身の不勉強を痛感し、議論を追うのに必死であったが、元木先生に加えて上横手雅敬・杉橋隆夫・西山良平・野口実・美川圭の諸先生方の御指導を仰ぎ、先輩・同期・後輩と議論を深めるなかで、古記録・古文書の読解や議論の組み立て方など、研究者としての基礎を徹底的に叩き込まれた。同じ年にそれぞれの大学院修士課程に進学した坂口太郎・高橋大樹・田窪理志・辻浩和・坪井剛・萩原大輔・花田卓司・平田樹理・山本陽一郎の諸氏と一学年上の滑川敦子氏・山田徹氏には、研究上のさまざまな場面で刺激を受けるとともに、日常的にも折々にお世話になっている。

あとがき

本書は、二〇一一年三月に京都大学博士（人間・環境学）の学位を授与された論文をもとに、章の加除や並び替えと改稿を経たものである。博論の審査にあたり、数々の御意見を頂戴した主査の元木泰雄先生、副査の西山良平先生・勝山清次先生に、まずはお礼を申し上げたい。当初は別の未発表論文や治承・寿永内乱期に関わる既発表論文を加えようと思い、いくつかの構成案を考えたが、どれも許される紙数の中で一書としてのまとまりが悪く感じられ、結局このようなかたちに落ち着いた。とはいえ、現状とてまとまりが良いと胸を張れるものではなく、羊頭狗肉の書名であることは否めない。

振り返れば、芽生えたばかりの学問への関心をさまざまな教科の先生方が涵養して下さった同志社高等学校を卒業し、日本の歴史と古典文学を思い切り学びたいと考えて同志社大学文学部文化学科文化史学専攻（現・文化史学科）に入学してから、もう十五年が過ぎた。

大学入学後は文化史学専攻・国文学専攻の講義を中心にいろいろと聴講するのが楽しく、博物館学芸員資格と高等学校地理歴史・公民・国語、中学校社会・国語の教員免許を取得したが、当時教職を志望して複数取得に相応の努力を要した教員免許は有効活用できずに今に至っている。

同志社の文化史学の特徴はいくつかあるが、美術や芸能といった狭義の文化に限らず人間活動の総体を研究対象と

新稿。

第七章　『六代勝事記』の歴史思想——承久の乱と帝徳批判——

同題（『年報中世史研究』三一号、二〇〇六年五月）。

終　章　成果と展望

新稿。

・初出論文があるものは、いずれも論旨を変えない範囲で加筆・補訂を加えている。

・本書には平成十八〜二十年度および平成二十二〜二十四年度の科学研究費補助金（特別研究員奨励費）による成果を含んでいる。

初出一覧

序　章　研究史と本書の課題
　新稿。
第一章　後鳥羽院政期の在京武士と院権力――西面再考――
　同題（上横手雅敬編『鎌倉時代の権力と制度』思文閣出版、二〇〇八年九月）。表1は増補した。表5は新稿。
第二章　承久三年五月十五日付の院宣と官宣旨――後鳥羽院宣と伝奏葉室光親――
　同題（『日本歴史』七四四号、二〇一〇年五月）。表2は新稿。
第三章　〈承久の乱〉像の変容――『承久記』の変容と討幕像の展開――
　同題（『文化史学』六八号、二〇一二年十一月）。
第四章　承久鎌倉方武士と『吾妻鏡』――『吾妻鏡』承久三年六月十八日条所引交名の研究――
　第一節と、はじめに・第四節の一部は、「『吾妻鏡』承久三年六月十八日条所引交名と後藤基綱」（野口実・長村祥知「承久宇治川合戦の再評価――史料の検討を中心に――」第二章〈『京都女子大学宗教・文化研究所　研究紀要』二三号、二〇一〇年三月〉）。表は新稿。
第五章　一族の分裂・同心と式目十七条
　「承久の乱における一族の分裂と同心」（『鎌倉』一一〇号、二〇一〇年十二月）。第二節2と表1・表2は新稿。
第六章　承久の乱にみる政治構造――戦況の経過と軍事動員を中心に――